U0602951

看字识人：教你玩转笔迹分析

罗　峻◎著

北方联合出版传媒(集团)股份有限公司
万卷出版公司

图书在版编目（CIP）数据

看字识人：教你玩转笔迹分析 / 罗峻著. —沈阳：
万卷出版公司，2017.6（2021.8重印）

ISBN 978-7-5470-4570-1

Ⅰ.①看… Ⅱ.①罗…Ⅲ.①笔迹—鉴定 Ⅳ.
①D918.92

中国版本图书馆CIP数据核字（2017）第145982号

看字识人：教你玩转笔迹分析

出版发行：万卷出版公司
（地址：沈阳市和平区十一纬路25号　邮编：110003）
联系电话：024-23284090/010-88019650
传　　真：010-88019682
E - mail：fushichuanmei@mail. lnpgc. com. cn
印 刷 者：三河市兴国印务有限公司
经 销 者：各地新华书店

幅面尺寸：170mm×240mm
字　　数：330千字　　印　　张：20.5
出版时间：2017年6月第1版　　印刷时间：2021年8月第2次印刷

责任编辑：李明　　责任校对：王洪强
封面设计：大名文化　　封面制作：大名文化
版式设计：大名文化　　责任印制：高春雨

如有质量问题，请速与印务部联系　联系电话：010-88019750

ISBN 978-7-5470-4570-1
定价：58.00 元

内容提要

一部介绍汉字笔迹分析操作方法的专著，可以让没有基础的人学会简单的笔迹分析。该书介绍了一种类似于查字典的操作方法，通过对书写的笔迹进行分析，得出书写者在性格、思维、能力、工作、情感等多方面个性特点的认识。本书用图文对照的方式提供了详细的笔迹特征解释表，运用对高频词进行统计的方法，实现了笔迹分析的规范性和可操作性。另外，本书列举了大量的分析案例，介绍了笔迹分析技术在相关领域的具体应用。本书适合心理学工作者、笔迹学从业人员及爱好者、人力资源管理人员、教育工作者、社会工作者以及广大普通读者学习和使用。

前言

随着时代的发展和进步，笔迹分析技术逐渐走进人们的生活。笔迹分析是通过对手写的笔迹线条进行分析和推理，分析出书写者在性格、思维、能力、工作、情感等多方面的个性特点。笔迹分析涉及心理学、社会学、教育学、医学、书法、军事、刑侦、人力资源管理、职业规划、人际交往、婚恋等多个领域，有着广阔的发展前景。在西方发达国家，笔迹分析已经得到常规应用，笔迹分析师的社会地位和经济收入与律师、医生相当。很多国家设有笔迹学院，或者在大学中设有笔迹学专业。

我国的笔迹分析技术起步较晚，在理论和实际应用上与西方有较大的差距。从 20 世纪 90 年代开始，韩进、徐庆元、金一贵等笔迹学先驱经过不懈努力和实践应用，引领了一批笔迹学爱好者投身到笔迹分析之中，为笔迹分析的推广应用打下了坚实的群众基础。1999 年，国家人事部人事与人才研究所正式立项，将“笔迹分析技术在人才招聘中的应用研究”正式作为课题进行研究开发。之后，这项技术开始应用于人才招聘和选拔。2011 年，全国首个汉字笔迹学学会——厦门市笔迹学学会成立。同年，国内首家高校笔迹分析科研机构——“华南师范大学笔迹学研究与应用中心”挂牌成立。2010 年 10 月，中国笔迹学学会（筹）正式成立，先后在合肥、长沙、厦门、广州、南京和杭州召开了六次年会。笔迹分析技术目前已在我国呈现出遍地开花、欣欣向荣的良好态势。

不过，我国的笔迹分析技术在理论体系和实证研究方面还比较薄弱，完善的理论体系和标准化的学习教材比较缺乏，因而制约了对该技术的学习和应用。没有基础的人，依靠自学来掌握简单实用的笔迹分析方法有较大的困难，很多爱好者因为学习不得法而不得不中途放弃。

本人从 1999 年开始自学笔迹分析，长期致力于研究笔迹分析的操作方法和规范问题，从笔迹分析的主要方法——特征法入手，经过多年的深入研究与大量实践，研发出一种以概率统计为基础的分析方法——统计分析法。该方法通过对笔迹特征释义中出现的高频词语进行统计、分析与推导，“计算”出较为准确和客观的笔迹分析结论。

本书重点介绍的这种笔迹分析操作方法，类似于使用英汉词典，科学性强，简单易懂，易于操作，即使没有基础的普通人也能理解和掌握。本书适合心理学工作者、笔迹学从业人员及爱好者、人力资源管理人员、教育工作者、社会工作者以及广大普通读者学习和使用。笔者希望本书能为我国笔迹学事业的发展壮大添砖加瓦。

罗 峻

2016 年 12 月 8 日

目录

第 1 章

神奇的笔迹分析

你听说过这样一门技术吗？只要简单得知书写人的性别、年龄和文化程度，在没有与书写者见面的情况下，仅凭书写者随意书写的一段话，就能从文字中分析出书写者的性格、能力、思维、情感、情绪、人际、婚姻、职业事业、优缺点等多方面的信息，其准确性居然还挺高，有时甚至能窥测到连书写者本人都自认为绝对隐秘的方面。莫非这是在搞诈骗或宣扬封建迷信？如果你目前还没有领教过笔迹分析技术，或者对有关它的神奇传闻半信半疑甚至嗤之以鼻的话，那么，请耐心看完这一章。

1.1 他们的笔迹会说话

耳听为虚，眼见为实。笔迹分析是否真的像传说中的那样神奇，靠自卖自夸甚至忽悠是行不通的，必须要以事实说话。不过，想亲自找个专业笔迹分析师来答疑解惑可不容易，要知道目前他们的数量还很少，因此还是先暂时看看一些近年来新闻媒体上关于笔迹分析的报道吧！

1.1.1 职场伯乐的神兵利器

如果你是一位货真价实的人才，是否因为没有受到赏识而被埋没，从而不得不另谋高就？如果你是一名人力资源管理者（HR），在进行人才选拔和招聘中是否常常遇到难以抉择甚至看走眼的情况？作为一名当代职场伯乐，即使你已经掌握了很多人才测评的手段，是否还是会有力不从心之感？你希望掌握“看字识人”的人才测评方法吗？

《广州日报》2008 年 9 月 1 日报道过这样一条消息：在广州举行的一次精英沙龙上，资深猎头顾问黎玲女士现场为上百名 HR 传授笔迹分析的秘诀，并随机选取了 30 名 HR，对其笔迹逐一点评并给出职业发展的建议。活动结束后，仍有多位 HR 希望得到她的点评，直到晚上 10 点，最后一位才满意离去。

广州日报 C5

责任编辑：赖剑修 qxzn@gzdaily.com
美术编辑：黄思勤

精英沙龙
咨询电话：81092601

本报第 78 期精英沙龙：

管理新招：看笔迹用人

公司需要招聘一名销售经理，两位候选人都很优秀，谁更符合职位的要求呢？怎样分辨谁是最适合的人选？如果掌握了笔迹测评技术，HR只需要看看他们的笔迹，就可以将他们的性格、能力和求职动机等特质了然于心，快速掌握应聘者性格与岗位的匹配度。在本报第 78 期精英沙龙上，资深猎头顾问黎玲女士给现场上百名 HR 传授笔迹分析秘诀，并现场点评了 30 名 HR 的性格特征并给出职业发展建议，分析之准确令在场许多 HR 都点头叹服。　　本栏文／图：记者余琴

HR 排号等待点评到晚上 10 时

教您一招：

从笔迹看性格

黎玲女士结合真实的笔迹实例，教给大家几招如何看笔迹中反映的书写者性格。

字幅无留白体现的性格

·字幅整体都挤在右边，没有丝毫的空隙或者留有很窄的空间；

·表现出书写者有着一定的经济意识和打理自我资金的心理。

字行逐渐上升体现的性格

·心态积极，追求向上；

·容易不知足（内心对自我的期求较高）；

·充满生机和热情，有斗志和锐气；

·活泼、开朗，是个乐观主义者；

·喜欢社会活动，有高估自己能力的倾向；

·平时习惯写中、小字体，不善于写大字，签名也较规范的话，那此人喜欢社会活动、活泼、开朗、乐观、自视过高的特

图 1-1　《广州日报》2008 年 9 月 1 日 C5 版《管理新招：看笔迹用人》

一次沙龙，何以受到如此多 HR 的追捧，值得排队等待坚持到晚上 10 点？难道这（笔迹分析方法）就是他们梦寐以求的“武林秘籍”？原来，这里提到的笔迹分析测评，是人才素质测评的一种工具，根据书写者笔迹的特点和规律，分析出书写者个性心理、能力和行为方式等特性。通过该方法，有可能分析出许多普通考试甚至面试都得不到的信息，作为人才评价与选拔的一种辅助手段

相当有效。

从这几年举办的笔迹分析培训可以看出，HR 在学员中所占的比例最高，可见笔迹分析技术确实能够对他们的工作起到重要的帮助作用。

1.1.2 惊讶的毕淑敏

如果有人对你说，只需任意书写几行字，就能窥视出你的性格、气质，甚至连你过往的经历都有可能“蒙对”，你信吗？

研究笔迹与个性、笔迹与心态关系的学科称作笔迹学。如今，笔迹学已成为心理学的分支学科，笔迹学的成果也被广泛用于医学、人才学、刑事侦察学等领域。

撩开笔迹分析的神秘面纱

笔迹透露你的秘密

笔迹分析的神和不神

大道之行也天下為公選賢與能講信修睦故人不獨親

笔迹分析在应用中

图 1-2 《浙江日报》2009 年 2 月 27 日 9~11 版《撩开笔迹分析的神秘面纱》

《浙江日报》2009 年 2 月 27 日报道了这样一件事：在北京师范大学心理学系进行的一次笔迹分析的演示中，一位女士在黑板上写下了“红军不怕远征难，万水千山只等闲”这两行字和几个数字。和她素昧平生的笔迹分析者就根据这寥寥数笔得出了笔迹分析的结论：书写速度快，线条流畅，下笔重，整体线条和谐统一，反映出此人快人快语，单纯而不复杂，即使是坏事，也能用好的眼光去看待等性格特征；喜欢做亲自动手的工作、技师型的工作，比如医生；她还有艺术方面的才能，可能要通过业余方式发展……略加思索，这位笔迹分析者又在黑板上写下“文学”两个字。

这令在场的人感到十分惊讶和佩服，因为那位女士就是作家毕淑敏。她以前确实做过医生，也一直酷爱文学，后来成为知名作家，写出了不少有影响的作品。而这位厉害的笔迹分析者，则是著名的笔迹分析大师徐庆元。

笔迹分析的应用，不但可以掌握书写者的性格特征、为人处世风格，还可以根据书写者的性格特点分析出书写者对过去、当前和未来的生活态度，推测出书写者过往的经历。除此之外，笔迹分析还能够根据分析出来的性格和能力特点，为当事人在人际交往、恋爱婚姻、职业规划等方面提供具有针对性的帮助和建议。

1.1.3　一起成功的离婚调解

清官难断家务事。对于婚姻纠纷而言，常常“公说公有理，婆说婆有理”，外人很难了解事情真相，这就给法院出了一个难题——为尽量避免不必要的离婚判决，该如何“掺和”才能更有效地调解婚姻纠纷呢？

夫妻积怨十年闹离婚
笔迹分析揪出心魔

商报讯（记者 邱予 通讯员 文弈 听海）集美法院首次引入笔迹心理学分析法，近日成功调解一起积怨近十载的离婚诉讼。

此前，王女士到集美法院起诉，因十多年来与张先生夫妻关系紧张，丈夫对他长期迫害使她的身心受到重创，严重影响正常生活，故请求法院尽快判令他们离婚。

承办法官在接到诉状后，担心王女士的人身安危，第一时间约见其丈夫张先生。出乎意料的是，张先生向法官陈述了截然相反的事实。夫妻双方在一起生活近30年，前20年感情还是很不错的，但近10年来，王女士因怀疑张先生有外遇，患上妄想症，今年以来病情越来越重，猜疑也愈演愈烈。“少年夫妻老来伴”，张先生希望能和王女士好好生活下去。

在受理该案后，王女士先后4次给法官写来近万字的亲笔信。法官带着这些亲笔信走访笔迹心理学专家。专家在仔细甄别王女士的行文、字迹后，向法官描述了书写者的心理、性格特征。专家的描述给法官提供了重要的线索，也印证了法官的推断：王女士存在多疑、妄想的性格特征。

法官先后多次约谈王女士，对症下药，疏通开导，不仅让王女士不安、恐慌的情绪得到宣泄，也让她感受到法官对她生活的关心。最后，法官转达了张先生希望和他们母女俩好好生活的意愿。王女士最终撤诉，十多年的夫妻积怨不仅没有进一步升级，还得到了较好的缓和。　S0202037

图1-3　《厦门商报》2010年2月2日A9版

《厦门商报》2010年2月2日报道了这样一件事：王女士到某法院提起离婚诉讼，声称十多年来夫妻关系紧张，丈夫对她的长期迫害导致其身心受到重创，严重影响正常生活，请求尽快判决离婚。承办法官接到诉状，担心王女士的安全，于是立刻约见其丈夫了解情况。结果被告知王女士因怀疑丈夫有外遇而患上妄想症，且病情逐渐加重，猜疑也愈演愈烈。

满腹狐疑的法官带着王女士的笔迹走访了笔迹心理学专家，经过专家的分析和判断，法官得到了重要线索：王女士具有多疑、妄想的性格特征。

法官多次对王女士进行疏通开导，并转达了其丈夫希望继续与其共同生活的意愿，使王女士内心的不安、恐慌情绪得到了有效宣泄，重新树立起对家庭的信心，最终撤诉，十多年的夫妻积怨最终得到了缓和。

因不了解而相爱，因了解而分手，这是许多恋人（夫妻）分手（离异）的主要原因。如果能够提前了解对方真实的性格，并为此做好充分的心理准备，那么婚后的生活就会因理解和包容而更容易保持和谐稳定。想提高婚恋的质量吗？笔迹分析可以帮助你。

1.1.4 被成功预言的学生心理问题

孩子的心理问题是每一个家长都有可能遇到的。特别是处于青春叛逆期的孩子，有些问题往往不愿和家长进行及时有效的沟通，这无形中增加了甄别孩子心理问题的难度。

中央电视台10套在2010年8月22日21点“讲述”栏目中讲述了这样一件事：

笔迹学专家金一贵在某学校进行书法辅导的时候，偶然发现一位女中学生的笔迹不大正常，从中表现出了较为严重的心理问题。于是他电话联系到了学生家长，希望引起家长的重视，不料此举却引起了家长的不满，认为自己的孩子学习成绩优秀，不可能有什么心理问题。结果几天后，该学生居然真的出现了明显的行为异常，家长这才慌了手脚。于是，金一贵和其他几位心理专家共同努力，找到了该生心理问题的根源。经过针对性的治疗，该学生很快康复。

孩子长大之后，希望有自己的活动空间，讨厌父母的过度关心或干涉，和父母的关系逐渐疏远。有些孩子小时候养成的一些不良习惯或性格缺陷会对他们的人格发展及人际交往产生负面影响，稍不注意就可能发展成为心理问题。通过孩子的笔迹，可以分析出书写者是否有人格缺陷，或者存在焦虑、愤怒、抑郁、悲观等非正常心理状态。通过笔迹分析，可以及早发现并采取针对性的引导或治疗，从而对孩子的身心健康提供帮助。

1.1.5 知人知面可知心

俗话说："画虎画皮难画骨，知人知面不知心。"通常情况下，只有靠慢慢了解，才有可能逐渐认识一个人。如果需要在很短的时间内全面掌握一个人的个性，那就不太容易了。难道除了动用测谎仪之外就无计可施了吗？如果有一种透过现象看本质的快捷方法就好了。

《楚天金报》2009年10月19日有一篇报道，介绍了笔迹分析的两个案例。

（1）有一家公司高薪招聘一名总经理，在网上找到了一位名气很大的应聘者，此人拥有光鲜的履历和众多的头衔，甚至还有多部著作。于是，老板联系上了此人，并要求他寄来一份手写的简历。带着这份笔迹，老板向笔迹大师韩进请教，经过对此人各方面的分析和评判，韩进给出了否定的评价。老板不相信笔迹分析结论，于是直接请来那位应聘者进行了一番面谈，发现确实如此。那位所谓的人才不过是有后台的沽名钓誉之人，没有什么真才实学。

（2）两位合伙人共同创业，事业蒸蒸日上，他们的公司后来发展成为一家大型企业。就在事业如日中天之时，两人却闹起了矛盾，萌生了散伙的念头。听说笔迹分析很有效，他们也很希望通过这种方法了解彼此矛盾的根源。经过笔迹大师韩进的详细分析，确定了双方性格的特点和差异，找出了问题的症结并提出了有效的建议，最终双方尽释前嫌。

在社会交往以及职场中，难免会遇到一些人际方面的问题，其中有很多矛盾和冲突的产生是双方性格差异造成的。想与人和谐相处，需要花不少的时间和精力去了解和理解对方。如果你希望自己在与人交往的过程中更加游刃有余，不妨学点笔迹分析技术吧！

1.2 渐被追捧的笔迹分析技术

看了上面这些报道，你是否对笔迹分析有了一些初步的看法？是否萌生了想了解甚至自学一下的念头？设想一下：你正在为选择理想的恋爱对象而烦恼，是否想到可以用它来搞个秘密“选妃”活动，或者为“锁定”一个有潜在价值的“钻石王老五”而制定切实可行的恋爱攻略？如果你已婚，是否想更深入地了解爱人的所思所想，从而把小家庭建设得更加和谐美满？如果你正为如何帮子女填报合适的大学专业而苦恼，是否想过用它来为子女量身打造职业发展方向？如果你是领导，是否想通过它更好地管理自己的手下？如果你是青春期孩子的家长，是否想过用它来帮助自己了解孩子，指引孩子更加健康地成长？如果你担心同事里有惹不起的人物，是否想过该怎样与这种人和平共处？如果你只是一个普通的俗人，是否想过用它来给身边的亲朋好友测测字，以满足自己小小的虚荣心？……下面就先来看看笔迹分析在各个行业的应用吧！

1.2.1 在心理咨询和心理治疗领域的应用

心理咨询在我国已经开始普及，对解决心理、人际问题起到了极大的作用。不过，在进行常规的心理咨询时也会遇到一些问题，比如需要花不少时间来了解咨询者的人格特性、心理状态、病因产生等，一旦出现不配合的情形，心理咨询或治疗就难以顺利进行下去，从而增加了咨询难度和治疗成本。目前，笔迹分析作为一种工具，已经开始在心理咨询中得到一定的应用，虽然还不够普及，但有着广阔的发展前景。如果在心理咨询的前期，通过笔迹分析快速掌握咨询者的病因、心理状态和个性特征，然后有针对性地制定咨询和治疗方案，将有效减少咨询过程中出现阻抗、移情或因主观片面而造成的偏差或失误。另外，笔迹分析技术在危机干预和自杀预防方面也能起到积极的作用。

在心理咨询中使用笔迹分析的优势：

（1）可以不需面询就能进行分析和评估，在婚恋、人际、亲子关系方面具有较大优势。如通过双方的笔迹，分析出婚姻问题中人格相冲突或互不了解的方面，进行有针对性的完善或提出改善措施，做到防患于未然，及早化解可能激化的感情问题。在婚恋问题的心理咨询中，可避免受到其中一方的主观因素干扰，而难以及时找出双方婚姻中的本质问题。

（2）笔迹材料容易获得，节省了做测量表或面谈的时间，而且不受环境限制，方便快捷，效率高，成本低。采用笔迹分析可以弥补会谈性治疗中的不足，而且分析结论具有针对性，信度和效度高于做测量表的方法，能够有效提高对个案评估的准确性。

（3）容易突破咨询者自我防御所带来的阻抗。可以直接通过笔迹分析对其心理问题、人格特点等进行分析与评估，使评估阶段到治疗阶段得以更加顺利地过渡，从而建立良好的信任。相对而言，有心理问题或对心理咨询有顾虑者更容易接受笔迹分析的方法。

（4）可以针对咨询者预先制订合理的咨询方案，可以结合精神分析、客体关系治疗等，运用方便灵活的心理治疗手段，避免把大量时间和精力用在了解对方基本情况上。笔迹分析提高了心理咨询的成功率，节省了治疗时间和降低了咨询或治疗的费用。

1.2.2 在企业人力资源管理领域的应用

笔迹分析在人力资源领域具有广泛的市场空间。在公司的人事部门中，可以用笔迹分析作为辅助方法进行人才招聘、人事调整工作，为招聘提拔优秀人才提供参考。通过笔迹分析技术，可以较全面、准确地认识和掌握求职者的个性特征、能力、特长、意志行为、管理素质、品德以及兴趣爱好等，为进行就业咨询、人才评价、人才激励、人才潜能开发等提供有力的保障。可以依据人才的不同特点科学地安排其工作，做到人尽其才、才适其职，使人才配置合理化。在提高公司效益的同时，人才的个人潜能也得到最有效的发挥。和其他几种常用测评方法（申请表、笔试、面试、心理测验、评价中心）相比，笔迹分析技术有明显优势，其测评信度、效度、成本、可用性和公平程度都令人满意。

笔迹分析技术在西方发达国家，如美国、德国、法国被约 80% 的大企业用作人才招聘、选拔的必要测评手段。目前，75%以上的法国公司利用笔迹分析作为人员选拔的基本方法，而在瑞士该比例还要高一些。笔迹学在德国、奥地利、比利时、荷兰和意大利等国也得到常规应用。欧洲大陆的报纸招聘广告中常常指明递交手写应聘书，而申请者也希望进行笔迹测试。不过英国人对笔迹学的使用比较谨慎，但也有3%的英国公司出于人员选聘的目的采用了笔迹学测试，而这些公司多属于美国《时代》杂志评出的100强。

在国内，早在1999年，国家人事部人事与人才研究所就正式立项，将“笔迹分析技术在人才招聘中的应用研究”正式作为课题进行研究开发。之后，笔迹分析作为一项人事技术开始应用于人才招聘和选拔当中。目前，不少地方都有笔迹分析师培训和应用实践工作坊的课程，报名学习者多为从事人力资源、心理咨询和教育工作的人士。

1.2.3 在公安司法领域的应用

笔迹分析技术在公安司法领域有一些应用，主要在笔迹鉴定、犯罪心理、刑侦审讯方面具有较高的实用价值。在笔迹鉴定方面，公安部门通过对当事人留下的匿名信、伪造签名、证件、文件或其他文字材料进行识别鉴定，为侦破案件提供有力证据。在笔迹心理学应用方面，可通过分析嫌疑人的笔迹，掌握其性格及心理特点，缩小侦察范围，加快案件的侦破或危机的化解，为刑侦、审讯、犯罪预防以及危机干预提供帮助。另外，通过笔迹分析，还可以推测出书写者的容貌体态特征，为案件的侦破提供重要线索。

1.2.4 在文化教育领域的应用

笔迹分析可以帮助教师区分不同学生的性格类型，因材施教，提高教育效果。同时，教师可有指导性地要求学生反复练字纠正不良书写习惯，以克服与消除个性中的不足与弱点，强化与巩固个性中的优点，使个性获得健康发展。

厦门心理学会的金一贵老师在这方面做了许多尝试并取得了明显效果。他通过让学生有意识地进行书写练习来改变学生的性格缺陷，不过这种书写练习和一般的书法练习有所不同。例如，写字的笔画力度与其自我观念相关，纸上留下过重痕迹的学生通常自我观念强而固执，可考虑让他们用坚硬的垫板、容易破的纸和很尖的笔练习书写。这样学生练写时就得非常小心，这种小心的行为就会改造以往的书写行为，反射到大脑形成记忆，从而改变先前的自我观念。金一贵老师在笔迹学方面的成就已经得到社会的广泛认可，数家电视台曾经为他制作专题节目，如央视 10 套 2010 年 8 月 22 日“讲述”之《手心手背》；央视 12 套 2010 年 11 月 29 日和 30 日“心理访谈”之《笔迹的秘密：字如其人》、“心理访谈”之《笔迹的秘密：“画”中有话》；东南卫视 2010 年 12 月 25 日“东南新闻眼”之《金一贵：字如其人》。

《广州日报》2004 年 12 月 9 日报道：广东省未成年犯管教所现正尝试用笔迹矫正这种新型的心理矫治方法矫治服刑人员：“说简单点，就是他们可以边练字边得到心理治疗。”据介绍，这种做法在广东省监狱系统还是首次。未成年犯管教所心理矫治中心干警介绍说，考虑以笔迹矫正来矫正服刑人员心理，主要是考虑到他们是未成年犯这一特殊性：“青少年有叛逆期，太强调自我，但又可塑性强。与其多次说教他们都不接受，不如让他们在练字这种潜移默化的方式中得到改造。而且能写一手好字也是多数服刑人员的愿望。”

1.2.5　在商务管理领域的应用

在商务管理领域，可通过收集谈判对象、竞争对手或客户的笔迹进行分析，来指导公关和商务竞争等。还可以通过笔迹分析，了解客户的性格特征、消费心理来制订合理的营销策略和计划。

1.2.6　在社交、婚恋领域的应用

在个人社交、婚恋中，可以通过对想要交往的朋友、恋人进行笔迹分析，以确定对方是否适合自己。通过笔迹分析，可以更加有效地了解对方，从而主动调适自己来适应对方，使朋友、恋人、夫妻关系更加和谐。也可以通过笔迹分析技术来提高婚姻介绍、心理咨询和民事调解的成功率。

1.2.7　在职业生涯规划领域的应用

在职业生涯规划领域，可通过笔迹分析结合自身的性格特点来进行职业、人生发展的规划和优化，制定切实可行的发展目标。在考生填报高考志愿方面，可以通过笔迹分析，结合自身的性格、能力等特点，制定出适合自己发展的学业方向，避免报考的盲目性。目前，专业的职业规划人士还很稀缺，行业具有广阔的发展空间。如果能够把职业规划与笔迹分析相结合，将会极大提升这个行业的整体水平。

1.3　笔迹分析的科学性

提起笔迹分析，人们很容易想到笔迹鉴定。笔迹鉴定通常应用在公安司法领域，通过比对各种笔迹特征的异同，鉴定出笔迹是否伪造或者遗嘱是否真实等法律问题。笔迹鉴定属于笔迹学的一个分支，笔迹分析则是笔迹学的另一个分支，它的许多理论建立在心理学之上，但也有一些理论超出了心理学的范畴。由于笔迹分析应该归属于心理学还是单独成为一门独立的学科存在分歧，因此本书所指的笔迹学仅限于笔迹分析技术本身，不涉及学科的归属问题。

大家一定有所疑虑：笔迹分析同心理学的关系到底有多大？与算命测字有关吗？该不会是说不清道不明的玄学吧！

1.3.1　笔迹学的悠久历史

现代笔迹学的真正起源在法国。西方学者认为 Michon 是笔迹学的最主要创始人，是笔迹分析学的奠基者。他从收集的几千件同时代人的笔迹中，发现性格相似的人的笔迹有相似之处，从而得出笔迹反映书写人性格的结论。经过多年的研究，他对书写中的各种现象作出了归纳，于 1872 年后相继出版了《笔迹学的体系》《笔迹学方法》。1875 年，Michon 成立了笔迹学社，这是在当时笔迹学研究领域中具有大学水平的领导性组织之一。由此，笔迹学开始受到西方学者的重视，并开始为世人所注目。Michon 发现的笔迹学规律一直使用至今。

19 世纪末，德国笔迹学家领导了笔迹学的发展。耶鲁大学心理学教授 Wilhelm Preyer 出版了《笔迹心理学》。汉堡大学教授 Rudolf Pophal 在此书的基础上，发表了《笔迹乃心迹》，建立了自己的笔迹学主要思想。

随后，Ludwig Klages 成为笔迹学研究领域公认的领头人，他是德国第一个笔迹学社团的创始人，是第一个创立了完整、系统的笔迹学理论的人，也是第一个认为人的笔迹可以反映书写者的各个方面的人。他出版的著作成为欧洲书写学学院学生的基础教科书。

法德堡大学心理心灵学院教授 Robert Heiss 在《笔迹解读》一书中将自己广博的心理学知识同笔迹学相结合，后来，这本书成为欧洲笔迹学研究的标准著作。

西方笔迹学研究历经几百年的发展，其理论构架、研究手段和方法以及应用体系都已相当完备。西方笔迹学家运用弗洛伊德的精神分析学说、阿德勒的个性心理学、荣格的心理类型学、勒森的人格类型理论和实证分析手段，总结出西方字母文字中与书写者个性和心态有关的三百多种特征，如压力、速度、大小、方向、布局、形式、连续性、运动等。这些特征的不同组合，揭示了千姿百态的个性心理差异。

现今，德国、英国、意大利、荷兰、比利时、瑞典、奥地利、澳大利亚、以色列、捷克、日本、瑞士等国笔迹学非常发达，许多国家还建有专门的笔迹学学院，很多大学设有笔迹学专业，例如法国的马赛第二大学、德国的波恩大学、瑞士苏黎世大学、英国笔迹学研究学院、比乌尔比诺大学高等笔迹学研究学院、比利时心理笔迹学学院、意大利莫海蒂笔迹学院等。这些国家还设有专门的笔迹学学会和全国性学术组织，如国际笔迹学学会，欧洲笔迹学学会，美国国家笔迹学学会，美国笔迹分析基金会等。在这些国家，笔迹学已成功地应用于刑侦、公关、军事、经济、管理、心理学、人才学及教育学等不同领域。目前，75%

以上的法国公司利用笔迹学作为人员选拔的基本方法，而在瑞士该比例还要高一些。笔迹学还在德国、奥地利、比利时、荷兰和意大利等国得到常规应用。

近年来，在一些发达的西方国家中，笔迹学已被公认为心理学的一个分支学科，不少名牌大学已把它定为选修课。一些学者在继承古代“笔相学”及西欧现代笔迹学理论中合理成分的基础上，又从生理学、语言学、社会学以及书法艺术等不同角度对笔迹和书写活动加以探索和研究，提出笔迹的心理分析的观点。笔迹心理分析有关理论的应用范围也越来越广。

在中国历史上，虽然有“字如其人”的说法，但有关笔迹学的论述比较零散，一直没有形成较为系统的笔迹学学科，只是零散见于书法评论、民间俗语及文学作品中。

我国的笔迹学在笔迹鉴定方面发展得比较成熟，但笔迹分析技术发展得比较晚，只是在20世纪80年代以后，有关笔迹学的报道才开始出现在报刊中。这个时期，我国的笔迹学还处于探索阶段，仅有徐庆元、韩进等极少数的笔迹学专家走向社会，开展笔迹分析的实践和宣传工作。1999年，国家人事部人事与人才研究所正式立项，将“笔迹分析技术在人才招聘中的应用研究”正式作为课题进行研究开发，之后，笔迹分析技术才作为一项人事技术开始应用于人才招聘和选拔。进入新世纪，随着笔迹学学者的增加，笔迹学专业著作的出版以及笔迹学专业网站的先后建立，笔迹学获得了稳步的发展。

目前，我国的笔迹学已经结束了长期停滞徘徊的局面，逐渐得到了社会的认可。随着越来越多的人加入进来，笔迹学已经得到较快的发展，为相关行业提供有效的帮助。

1.3.2 星相、算命与巴纳姆效应

有一个故事：三个秀才一起去赶考，让算命先生算一下他们能否金榜题名。算命先生装模作样地算了一下，以天机不可泄露为由，仅向他们伸出一只手指。当放榜结果出来后，不管三个秀才是否中榜，算命先生都说对了。你相信吗？

算命先生的这一个手指，涵盖了三个秀才所有的中榜可能：（1）如果只

有一个人中榜，可以表示只中榜一人。（2）如果两人中榜，可以表示有一人名落孙山。（3）如果三人全中，可以表示一起中榜。（4）如果三人全部落榜，可以表示一起落榜。这位狡猾的算命先生故意模糊了这一指的具体含义，而秀才们也没有想过这个手势是只有唯一的含义还是包含有更多的可能性，于是他们就根据放榜结果来找证据，从而证明算命先生确实算得很准。

上述故事是一起受到主观验证影响的典型案例。所谓主观验证，简单来说，就是因为我们心中想要相信某一件事，于是就刻意收集各种各样支持自己的证据。就算是毫不相干的事情，我们还是可以找到一个逻辑让它符合自己的设想。

这种对号入座的情形属于一种心理学现象——巴纳姆效应。具体来说，就是人们常常会认为一种笼统的、一般性的人格描述十分准确地揭示了自己的特点。当人们用一些普通、含糊不清、宽泛的形容词来描述一个人的时候，人们往往很容易就接受这些描述，认为描述中所说的就是自己。

心理学家弗拉（Bertram Forer）于 1948 年对学生进行一项人格测验，他从星座与人格关系的描述中收集出如下内容："你祈求受到他人喜爱却对自己吹毛求疵。虽然人格有些缺陷，大体而言你都有办法弥补。你拥有可观的未开发潜能尚未就你的长处发挥。看似强硬、严格自律的外在掩盖着不安与忧虑的内心。许多时候，你严重地质疑自己是否做了对的事情或正确的决定。你喜欢一定程度的变动并在受限时感到不满。你为自己是独立思想者自豪并且不会接受没有充分证据的言论。但你认为对他人过度坦率是不明智的。有些时候你外向、亲和、充满社会性，有些时候你却内向、谨慎而沉默。你的一些抱负是不切实际的。"然后他将上述这段话作为测试结论给所有被测者分别发了一份，结果认为描述很准确的人居然达到了 85% 。

人们还会受到谄媚效应的影响。大部分人或多或少存在谄媚效应，他们更愿意相信让他们自己看起来更正面和更积极的事情，于是他们会认同自己还有很多未能得到发挥的潜力以及自己是喜欢独立思考的人之类的描述。

算命与星相之所以被认为缺乏科学性，还在于缺乏一套规范的操作方法，无法得知具体推算过程和结论是怎么得出来的。

我国的笔迹分析在应用中有时也会被质疑为缺乏科学性，主要原因在于笔迹分析的一些方法主观性过强，缺乏规范的分析流程，有的笔迹分析人员在表述中还存在着模棱两可或者绝对化等问题，很容易让人将笔迹分析与看相算命等玄学混为一谈。在2011年9月18日贵州卫视的“神机妙算尹大师”中，号称能通过看笔迹和听声音测出一个人的身高、体重、相貌、性格、往事、命运的尹大师进行“观字通”展示，将笔迹分析弄成了玄学，结果在表述上频频失误而被方舟子打假成功。

要做到让人相信笔迹分析的科学性，单靠分析者的个人水平是难以服众的，必须要有一种具有可操作性的标准化的分析方法与过程，才能体现出科学性。笔者经过十几年的研究与实践，研发出一套标准化的笔迹分析方法与流程。本书主要介绍该方法的准确性和科学性究竟如何，读者朋友可以自行使用验证。

1.3.3 笔迹分析与心理学的关联性

笔迹分析的很多理论和心理学有关，这些理论称为笔迹心理学。笔迹心理学的理论主要包含气质心理学、性格心理学、个性心理学、情绪心理学、行为心理学等普通心理学以及心理测量中的投射理论等。心理学中关于气质、性格、个性的原理和分析方法对笔迹分析具有指导意义，笔迹分析可以直接借鉴普通心理学的研究成果。除心理学范畴之外，笔迹分析还有动力定型理论、概率论和统计学等其他科学理论。

笔迹分析的方法之一——特征法，需要通过笔迹特征来进行分析。笔迹特征的判断是笔迹分析的重要部分，而笔迹特征含义的解释准确与否直接关系笔迹分析的准确性。那么，笔迹特征的含义是不折不扣的神秘主义还是更具有心理学特点？笔者认为多数笔迹特征的释义具有心理学影响的痕迹，不过由于目前在心理学实证检验方法方面的研究数据较少，笔迹特征释义与心理学的关联性无法以精确的统计数据来呈现，这还有待于深入研究。下面就笔迹特征和心理特点的相关性举几个例子。

例如，细心的人在行为上常表现出细心认真、处事谨慎、不爱张扬、较为务实的特点。这种人在书写时，书写动作也往往与他的其他行为表现相一致，极有可能因为细心而将所有笔画都写到位，而这种认真的写法，是遵守书写规则的表现，会导致书写速度变慢，于是字形就会显得工整一些，字体的结构也会较为紧凑。而粗心的人通常会表现出办事粗枝大叶、注重效率而不注重质量、思维缺乏条理和周密、对细节的把握不太好、耐性不足等特点。在写字时，粗心者的这种特性会不自觉地显现在书写过程之中，于是就可能写出速度较快、潦草、字体松散、省略部分笔画的字来。

再比如，字体的基本笔画——点、横、竖、撇、捺等，每种笔画都有若干种写法，而每一种写法反映书写者的心理含义也不尽相同。以横画为例，很多写法的释义就具有心理学的意义。一个人的心态积极与否，我们可以从他的言行举止看出端倪：心态积极向上者，头向上抬起，目光稍向上；心态消极悲观者，头往下低，目光向下；而狂妄自负者则高扬起头，目光明显向上。这些心态对行为的影响也可以反映在书写过程中：心态积极向上者，较为自信乐观，在书写时，手部也往往会不自觉地有向上的动作，于是很可能将横画写成向上倾斜的形状，甚至整个字行都越写越向上。如果书写者过于积极主动和自信乐观，进而发展出自以为是、固执甚至骄狂的特性后，其行为表现的变化在书写动作上也会有所反映，就很有可能写出过于向上倾斜的横画。相反，横画越写越向下，笔画软弱无力者，反映出书写者消极被动和悲观的心态。

在以上两例中，对笔迹特征或解释的判定全部使用了“可能”，为什么呢？由于笔迹特征的解释只是列出了一些较高的可能性或倾向性而已，因此笔迹分析结论的得出并不是简单地把各种笔迹特征的解释进行叠加拼凑，而是需要综合分析和判断相关笔迹特征之间的关联性和规律性，从这些线索中筛选出有价值的内容。如果只是以个别的笔迹特征作为分析依据而不顾其他，就很容易像盲人摸象般得出片面的甚至错误的结论，因此切不可断章取义、以偏概全。

虽然许多笔迹特征具有明显的心理学含义，但我国目前在这个领域的心理学实证研究做得很不够，缺乏系统的心理学统计数据和完善的测试手段，从而制约了笔迹学在心理学领域的发展。不过，笔迹特征的解释中也确实存在着一些暂时还无法做出心理学解释的经验性成果，需要不断进行深入的研究与完善。

1.3.4 动力定型

俄国生理学家和心理学家巴甫洛夫提出了条件反射理论。在日常生活中，如果一个人比较稳定地从事某一活动，客观刺激的系统经常按照一定的顺序和强弱作用于有机体。大脑皮层可以把这些刺激有规律地协调成为一个条件反射链索系统，即形成了动力定型。这个系统形成后，一旦有关刺激物作用于有机体，条件反射的链索系统就自动地出现，所以动力定型又称自动化了的条件反射系统。巴甫洛夫认为，动力定型的系统一再重复，就越来越巩固、越来越易于完成、越来越自动化，从而在大脑皮质内形成了一定的动力定型，即一种系统性。

在很多运动项目中，都需要用到动力定型。如练习篮球投篮的初学者，因为眼睛、大脑、手、脚与身体的协调性不够，投篮命中率会很低。在经过若干次练习后，眼手协调能力就会得到强化，于是自然而然地按照最恰当的投掷力量和角度来投篮，使命中率得以提高。当投篮次数增加到一定数量之后，这个投篮动作就形成了稳定的动力定型。

长期写字也会形成动力定型，笔迹鉴定的科学基础就建立在动力定型之上。刚开始学习写字的孩子，由于刚接触书写行为，眼手协调能力较差，没有形成稳定的动力定型，因此文字常常写得时轻时重、线条时长时短、书写质量时好时坏。经过年复一年持续不断的练习，大致在高中阶段，笔迹的风格就会逐渐稳定下来。等到了老年阶段，有一部分人可能会受到视力和身体机能下降的影响，动力定型又变得不稳定起来。另外，书写动作习惯并不是一成不变的，它也会随着本人的经历、阅历、心态及性格的变化而产生逐渐的局部的改变。

不同的人，由于其生理、心理、练习的时间以及环境的不同而存在差异，书写动作和习惯也会有不尽相同的表现。由此而形成特有的稳定的书写风格，使得每个人的笔迹与其他人的有所不同。

1.3.5 心理投射

投射技术是心理学三大重要技术之一。一个人真正的动机、欲望以及其他心理活动，可以通过此人的其他心理过程或心理活动间接地表现和反映出来，亦即投射出来。在临床心理学中，为了帮助临床工作者获得有关诊断、治疗对象的人格方面的情况，往往会使用人格测验技术。人格投射测验常用洛夏测验、主题统觉测验、房—树—人测验、梦的解释等方法。

常用的房—树—人绘画测验（H—T—P）部分借鉴了笔迹分析的理论，虽然发展晚于笔迹分析，但因为进行了大样本的实证研究而具有较强的科学性和实用性。与其他投射测验有少许不同，它要求被测试者在一张纸上绘制包含房子、人以及树三个主题所共同构成的一幅画，然后通过对绘画内容进行分析，找出绘画特征与心理特质之间的关系，从而分析出被测者的人格特征、心理特质等内容。

例如，某人画了一间由围墙围起来的房子，房门紧闭而且较小，没有门把手，窗子也未画出。从这幅画中可以找到多个心理投射的线索：关闭的门——象征对外界的防御；无门把手——不欢迎别人走进自己内心；未画窗户——具有封闭的心理；围墙——自我防卫，不愿受外来干扰。根据上述线索，我们可以推测出绘画者具有很强的自我防卫心理，不愿主动接触外界，也不愿与人深入交往。

和拼音文字不同，汉字的笔画要比字母多得多，且结构复杂，所包含的信息量远远大于字母文字，需要密集地按照一定的规则分布在一个方形的框架结构内。由于汉字是在绘画的基础上从象形文字逐步发展而来的，其书写形式有些类似于绘画，因此从某种意义来说，一个字就是一幅画，使得汉字的笔迹分析理论和“房—树—人测验”有很多可以相互借鉴的地方。

笔迹反映了作者长期以来形成的书写习惯，这种书写习惯与书写者的视觉、动作协调、情绪、注意、思维，乃至个性和能力等心理活动息息相关。书写者在书写过程中就会不知不觉地把这些心理活动投射到笔迹之中。通过笔迹分析，可以把这些投射在笔迹线条中隐藏的心理活动甄别出来。

例如，一个平时写字比较柔和的人，在愤怒状态下，很可能会把这种负面的心理状态通过书写而投射到文字之中，使笔迹的力度、速度和线条的长度发生明显变化，从而写出刚劲凌厉的笔画，甚至会划破纸张。

1.3.6 概率论与数理统计

概率论是一门研究随机现象数量规律的数学分支。概率与统计的一些概念和方法最初用于研究赌博和人口统计模型。随着科学的发展，从机会游戏起源的概率论被逐步应用到自然科学、经济学、医学、金融保险以及人文学科中。

看似与数学关系不大的笔迹分析，其实与概率统计有着密切的关系。笔迹特征与人格特质的对应关系，是笔迹分析工作者在长期实践中不断验证，通过直接或间接统计与分析概率而总结出来的。例如，大量收集工整认真的笔迹与潦草随意的笔迹，然后分别对书写者进行人格测试或问卷调查，再对反馈的结果进行统计分析，就可以得知：书写工整认真的人做事耐心细致的可能性很大，而书写潦草随意的人做事不够耐心和粗心的可能性很大。一代一代的笔迹学专家就是这样通过不断地分析与统计，找到了越来越多的笔迹特征与人格特质的关联性。如果将这些笔迹特征及其释义的对应关系编写成一本类似于英汉词典的工具书，就可以像查词典一样进行简单的笔迹分析。

笔迹特征与概率的关联性：

（1）笔迹特征与人格特质的相关性无法达到100%，存在着概率关系。例如，字写得较小的人性格内向的可能性比较高，但并不是所有写小字的人都一定内向。

（2）相互独立事件（事件A是否发生对事件B是否发生的概率没有影响）。不同分类的笔迹特征存在着独立性，例如，横的形状与竖的形状没有必然的联系。

（3）互斥事件（不可能同时发生的两个事件）。有一些笔迹特征存在互斥现象，在寻找笔迹特征时不能同时使用。例如，笔迹中同时出现字体大和字体小两个选项，从而形成大小不一的形态。由于字体大和字体小是互斥的，在选取笔迹特征时就不能同时选择“字体大”和“字体小”这两项，应根据字体大或小所占的比例选择占有明显优势的选项。如果两者所占比例接近，应选择“字体大小不一”选项。

例：俗话说，三个臭皮匠顶个诸葛亮。假设诸葛亮解决问题的概率为80%，臭皮匠 A 解决问题的概率为 50%，B 为 45%，C 为 40%，那么三个臭皮匠联手后能赛过诸葛亮吗？

依据概率论中关于相互独立事件的计算公式，三个臭皮匠联手解决问题的概率为：

$1-0.5\times0.55\times0.6=0.835=83.5\%>80\%$（臭皮匠联手可以战胜诸葛亮）

通过举例，我们可以推测：如果有若干个不同笔迹特征的释义都描述了同一个人格特征，同时这些笔迹特征之间的关系也是相互独立的，那么，即使单个笔迹特征与人格特征的相关性不很高，但在有多个笔迹特征都指向了该人格特征的情况下，同样也能得到较高的概率。

我们可以简化估算一下，假设每一个笔迹特征的释义符合某人格特征的概率为 50%，那么：

两个笔迹特征的释义符合某人格特征的概率：$1-0.5^2=75\%$

三个笔迹特征的释义符合某人格特征的概率：$1-0.5^3=87.5\%$

四个笔迹特征的释义符合某人格特征的概率：$1-0.5^4=93.75\%$

如果符合率有 40%，那么四个笔迹特征的释义与人格特征的符合概率：

$$1-0.6^4=87.04\%$$

如果符合率仅有 30%，那么四个笔迹特征的释义与人格特征的符合概率：

$$1-0.7^4=75.99\%$$

由此可以看出：在进行笔迹分析时，如果能够对笔迹特征释义中出现的重复词（高频词）进行统计，那么重复率越高的词，准确率也会越高，分析价值也就越大。

在一份笔迹特征足够多的笔迹中，只要以概率与数理统计为依据，就能通过统计高频词的方法提取出有较高价值的关键词语，然后对这些词语进行简单的拼凑，从而得到最简单的笔迹分析结论。再辅以理性的逻辑推理与分析，就能实现笔迹分析的客观性和可操作性。

第2章

笔迹特征：全篇布局特征

要实现笔迹分析的科学性和规范性，必须要有一份规范和通用的笔迹特征解释表作为笔迹分析的标准，类似于字典或词典，可以通过查阅释义来理解或翻译某字词的含义。笔者认为，完全脱离笔迹特征而纯粹依靠个人的直觉感知所进行的笔迹分析方法是不够规范和严谨的。

当前我国笔迹分析流派众多，在笔迹分析的科学性和规范性方面一直存在问题，没有形成操作性强的标准化的分析方法，导致长期以来屡遭质疑。针对这一现状，笔者多年来收集整理了大量的文献资料，经过不断筛选和调整，编制出本书从第二章至第六章这份汉字笔迹特征对照测量表（简称量表）。该量表分门别类地列出了各类常见的笔迹特征，释义部分则选用了科学性强、准确性较高的词语作为其内容，可作为词典来查阅使用。（偏旁部首、拉丁字母以及少数笔迹特征因使用量不多或准确性不高而未予以收录）

这份量表是特征法笔迹分析体系的核心。同其他笔迹学书籍有所不同，由于该量表需要对单词的出现次数进行统计与归纳，因此量表中笔迹特征的释义绝大多数被精简为含义相同或相近的词和词组。另外，初学者需要明确一点，这些释义只是将笔迹特征与人格特质对应性较高的内容列举出来，需要与其他笔迹特征结合起来综合分析。就像通过查字典来确定某个字的含义一样，要想找到正确的选项，需要综合分析这个字所处的语言环境，才能确定该字的正确含义。

笔迹特征测量表的内容很多，虽然逐项了解起来会比较枯燥，但却提供了通过笔迹特征来破解内心秘密的基本线索。如果学会了辨别和提取有价值的笔迹特征，只要将所有提取的笔迹特征及其对应的解释挑选出来，然后对选出的这部分内容加以整理、归类、分析和统计，就可以“炮制”出一篇比较准确的笔迹分析结论了。

本书所列的笔迹特征量表，系参照了测量法、特征对照法、主动触觉法等多部笔迹分析的书籍资料综合整理而成，按照从宏观到微观、从外围到核心的顺序编制，由全篇布局特征、字体结构特征、基本笔画特征、线条动态特征以及签名特征五个部分组成。由于笔迹特征内容比较多，想直接学习操作方法的人，可以跳过这几章，直接从第七章开始阅读。

全篇布局特征所关注的是由多个汉字所组成的宏观全局方面的排列规律，如全篇章法、空白边（左右留边）、字行走势、行间距、字间距等。

布局反映了书写者面对一个尚未介入过的空间的态度及合理使用可供自我支配的空间的方式，与书写者的思维清晰度、处世态度、人际关系的密切程度以及组织能力等有关。

2.1　字阵与纸张的相对位置

在一张白纸上写上一段文字（类似于把许多单个的字排成某种阵形，称为字阵），比如抄写一首诗，你会发现，不同的人有不同的布局习惯，有的人书写的文字会偏向于纸张的某一个位置，这会预示着什么特别的含义呢?

字阵在纸张上的相对位置通常反映了书写者面对外部世界的态度以及占有方式。

（1）字迹在纸张正中央（图2-1左图）：自我意识强，自信，以自我为中心，正直。

图 2-1　字迹在纸张正中央（左）及字迹在纸张的左部（右）

（2）字迹在纸张的左部（图 2-1 右图）：逃避现实，缺乏耐心，缺乏责任感，胆小，考虑事简单。

（3）字迹在纸张的左上部（图 2-2）：自卑，吝啬，心胸狭窄，自私，贪婪，孤僻。

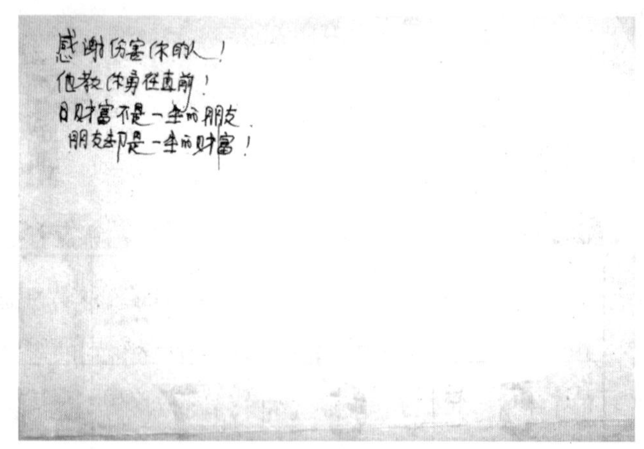

图 2-2　字迹在纸张的左上部

（4）字迹在纸张的上部（图 2-3 左图）：自信，坦荡，正直，高傲。

（5）字迹在纸张的下部（图 2-3 右图）：缺乏理想，自私，投机，谨慎，缺乏自信。

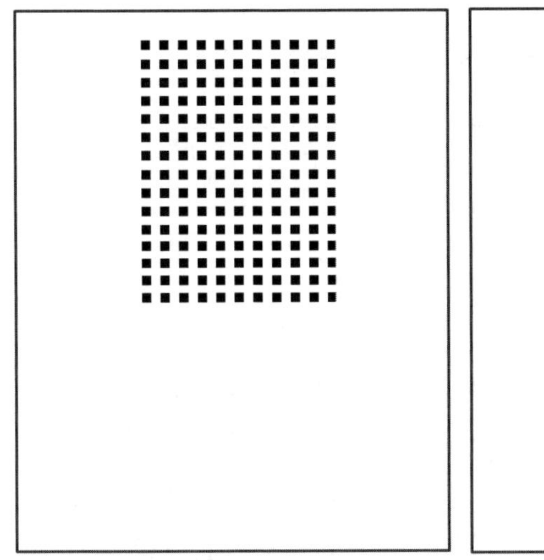
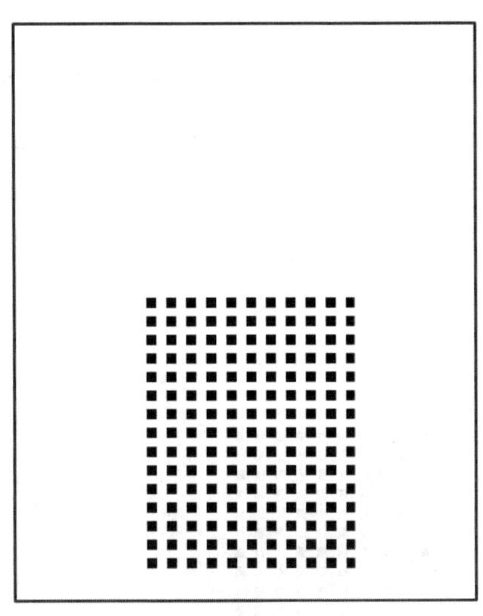

图 2-3　字迹在纸张的上部（左图）和下部（右图）示意图

（6）字迹在纸张的右部（图 2-4 左图）：心胸宽广，善于运筹，有条理，胆小，犹豫。

（7）字迹在纸张的右上角（图 2-4 右图）：活泼，任性，合作性差，独立。

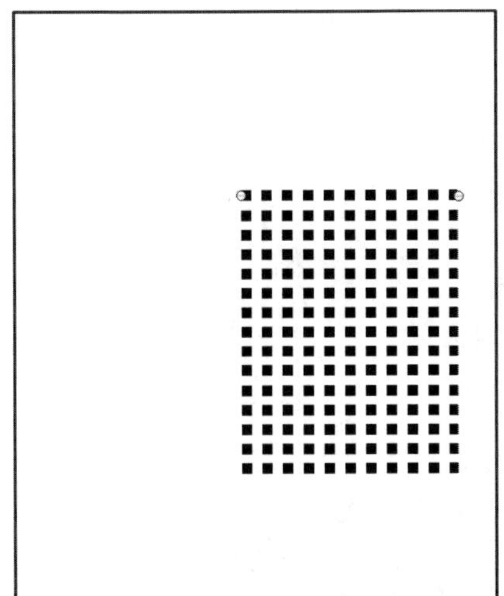
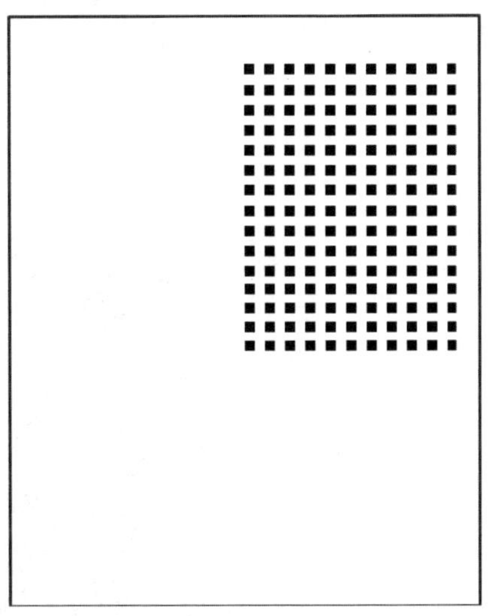

图 2-4　字迹在纸张的右部（左图）和右上部（右图）示意图

（8）字迹在纸张的左下角（图 2-5 左图）：羞怯，谨小慎微，目光短浅，平庸。

（9）字迹在纸张的右下角（图 2-5 右图）：消极，自卑，缺乏自信。

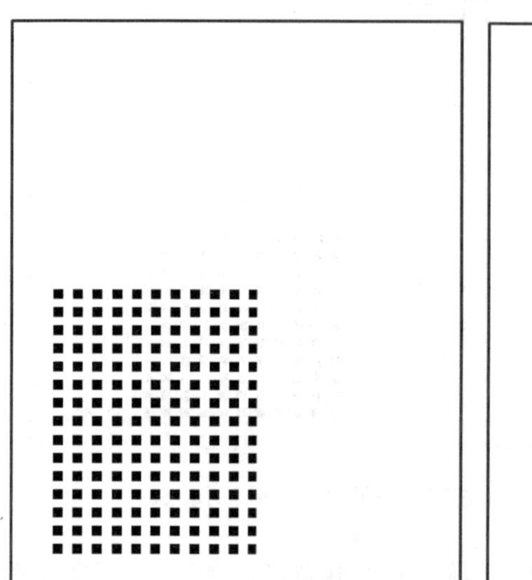
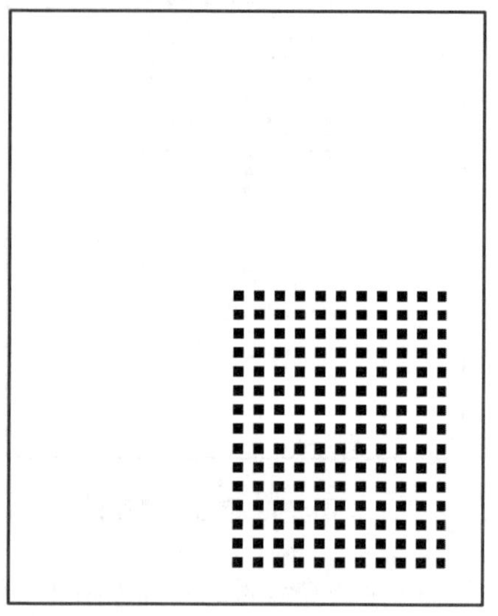

图 2-5　字迹在纸张的左下角（左图）和右下角（右图）示意图

（10）字迹集中在中央，四周空白边都过大（图 2-6）：不注重钱财，豪爽慷慨，自我意识过强，怕困难。

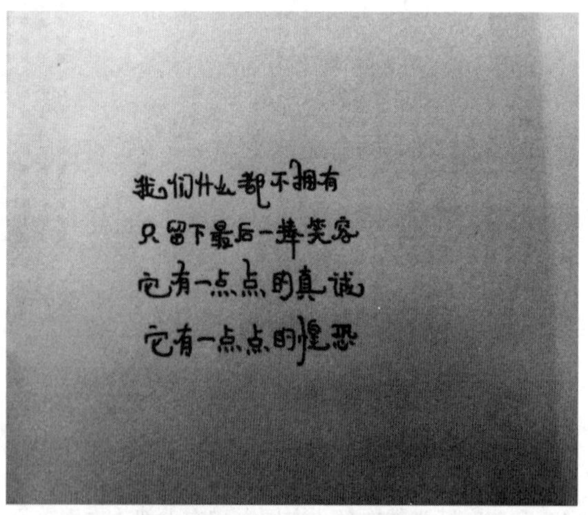

图 2-6　字迹集中在中央，四周空白边都过大

（11）写满整张纸，四周空白边都很小（图 2-7）：不关心周围事物，缺乏理想，做事不留余地，节俭。

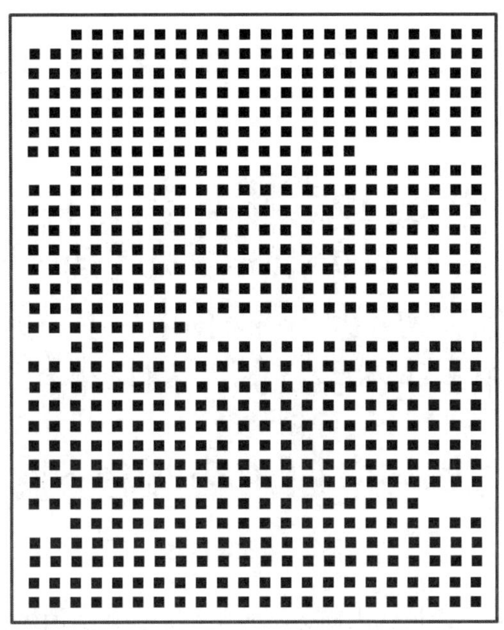

图 2-7　写满整张纸，四周空白边都很小（示意图）

2.2　左右留边和上下空白

在一张 16 开（A4）白纸上写满一段话，然后观察字迹与纸张的左右或上下边沿的距离大小。这种白边称为留边或留白（也称为页边距），其中位于纸张左边的白边称为左留边，位于纸张右边的留边称为右留边。不同的人会有不同的书写习惯，有的人书写时左留边和右留边都很整齐，而有的人写得却宽窄不一，这又会有什么含义呢？

左边象征过去，与儿童时期的思想意识有关，也反映了书写者利用空间的方式。右留边与将来及外界有关。左右留边反映了书写者对过去、未来以及外界的态度。上方空白（也称为天头）表示对社会习惯、风俗、权力机关等的尊重。

在 16 开白纸上书写时，左留边和右留边的合理宽度一般大约为 10 ~ 15 毫米，上方空白和下方空白应留得更多一些。如果纸张较小，留边的合理宽度也会相应减小。

（1）左留边宽：乐观，情绪稳定，热情，随和，善于交际，注重全局，有条理。

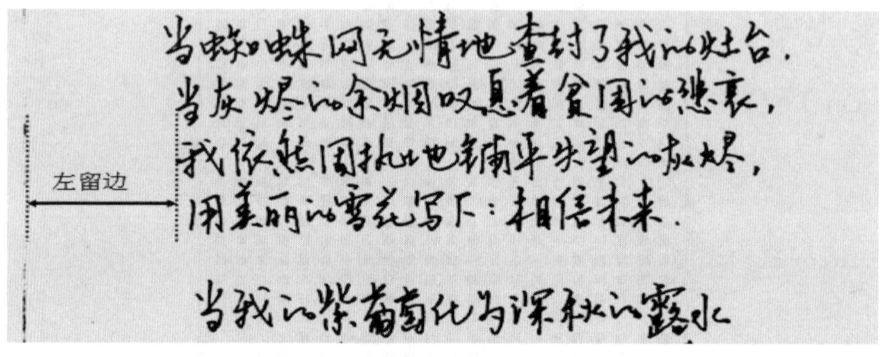

图 2-8　左留边宽

（2）左留边窄：谨慎，内向，不善交际，孤僻，消极，缺乏进取精神，自我反省，忧虑，烦恼，逃避。

图 2-9　左留边窄

（3）左留边参差不齐：急躁，情绪不稳，任性，随意性强，自控力差，缺乏条理。

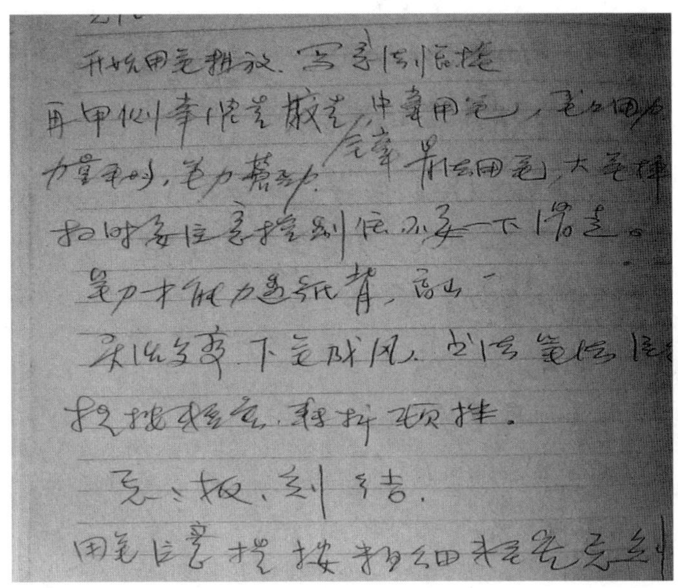

图 2-10　左留边参差不齐

（4）右留边宽：谨慎，保守，固执，对未来缺乏信心，怕困难，消极。

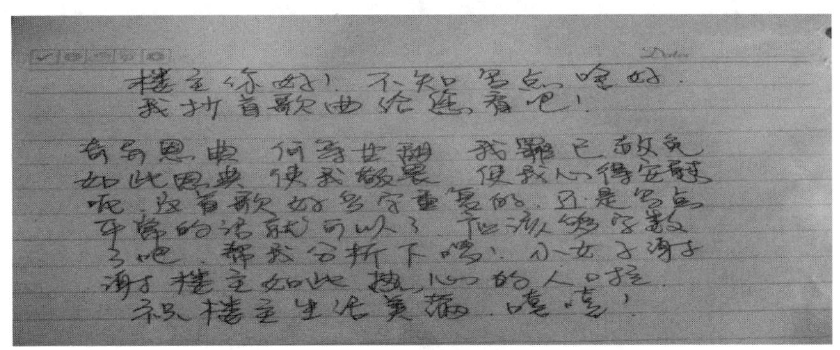

图 2-11　右留边宽

（5）右留边窄：内向，沉默，独立，执着，努力，注重未来。

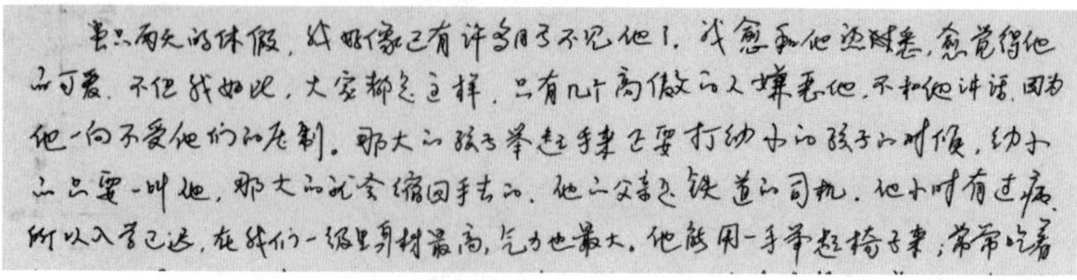

图 2-12　右留边窄

（6）右留边参差不齐：高傲，爱出风头，健谈，责任感差。

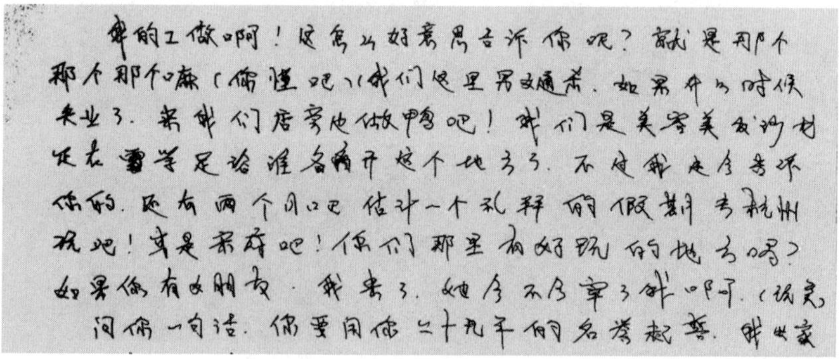

图 2-13　右留边参差不齐

（7）纸张左右写满，无留边：节俭，吝啬，自私，缺乏宏观思维，做事不留余地，占有欲强。

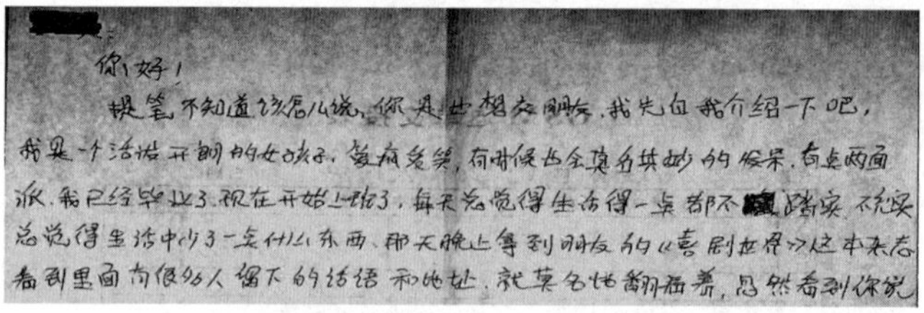

图 2-14　纸张左右写满，无留边

（8）左右留边整齐一致：守纪律，秩序性强，有恒心，有耐心，忍耐力强，重形象，有条理，责任感强。

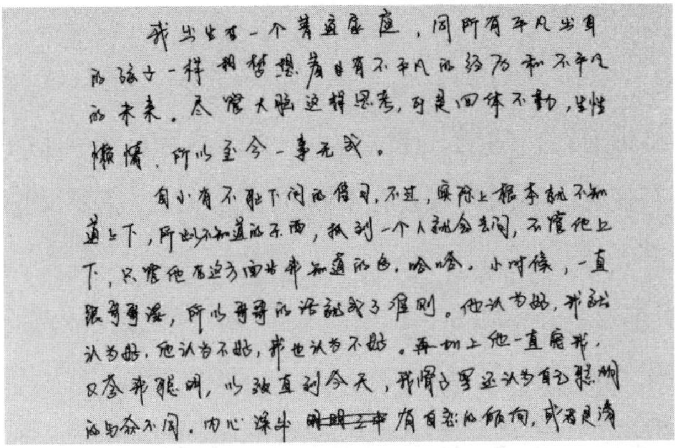

图 2-15 左右留边整齐一致

（9）上方空白过小：心胸狭窄，目光短浅，缺乏安全感，内心紧张。

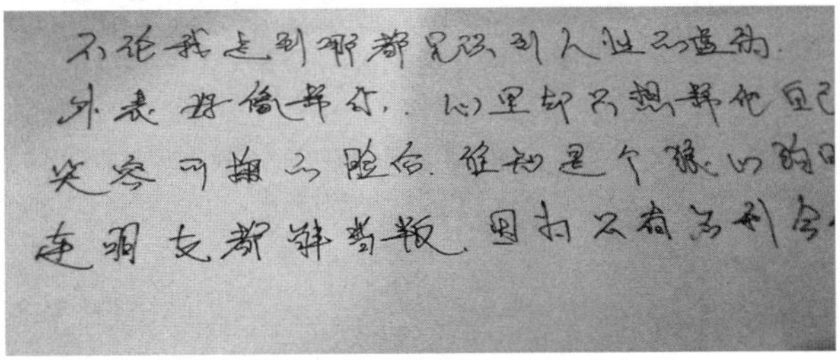

图 2-16 上方空白过小

（10）下方空白过小：情绪不稳，行动能力差，内心紧张，缺乏安全感。

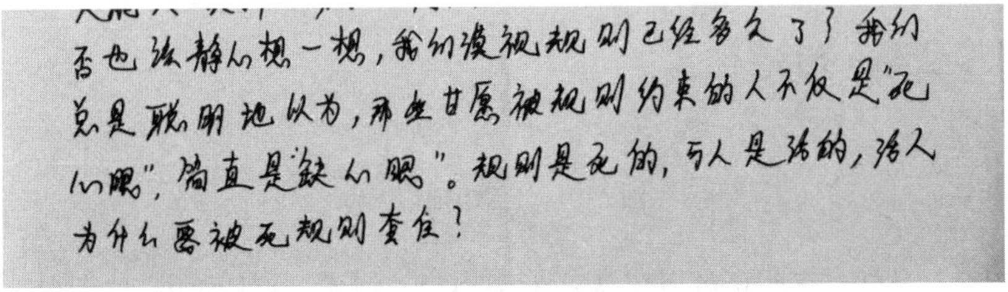

图 2-17 下方空白过小

2.3 书写风格

在一张白纸或有线格的纸上连续写满一页，然后观察字体的大小、排列等书写风格有没有变化。不同的人会有不同的书写风格。主要反映了书写者处事的理智冷静程度。

（1）全篇排列整齐：随和，精明，有条理，有计划，从容。

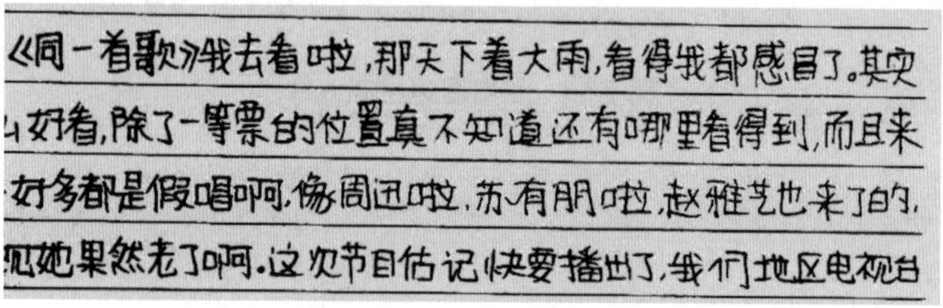
《同一首歌》我去看啦，那天下着大雨，看得我都感冒了。其实
么好看，除了一等票的位置真不知道还有哪里看得到，而且来
好多都是假唱啊，像周迅啦，苏有朋啦，赵雅芝也来了的，
觉她果然老了啊。这次节目估计快要播出了，我们地区电视台

图 2-18　全篇排列整齐

（2）全篇清晰工整：认真，责任感强，守纪律，程序性强，情绪稳定。

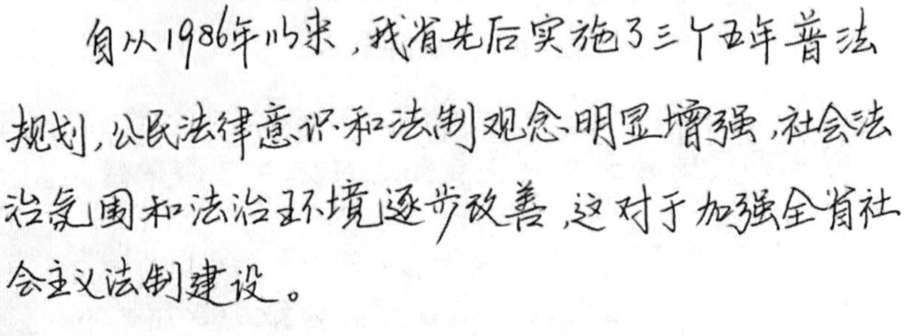
自从1986年以来，我省先后实施了三个五年普法
规划，公民法律意识和法制观念明显增强，社会法
治氛围和法治环境逐步改善，这对于加强全省社
会主义法制建设。

图 2-19　全篇清晰工整

（3）潦草，有些字难以辨认：情绪不稳，烦躁，责任感差。

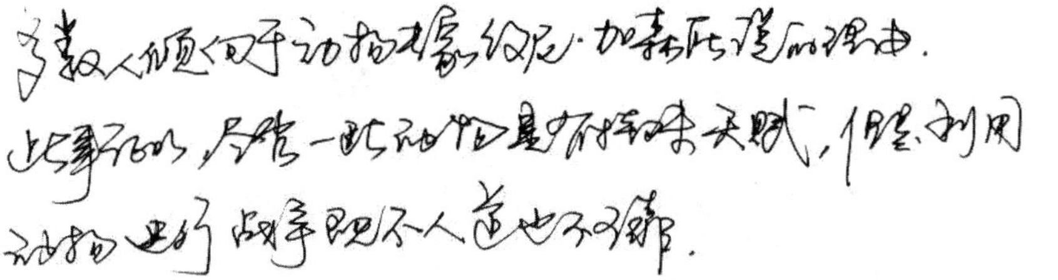

图 2-20　潦草，有些字难以辨认

（4）字阵前后不一致，变化无规律：情绪不稳，自制力差，性格不稳，易冲动。

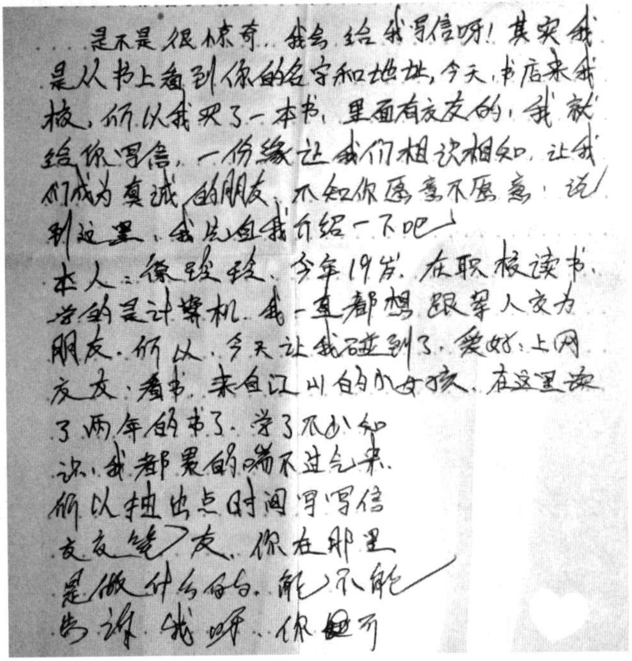

是不是很惊奇，我会给我写信呀！其实我是从书上看到你的名字和地址，今天，书店来我校，所以我买了一本书，里面有交友的，我就给你写信，一份缘让我们相识相知，让我们成为真诚的朋友，不知你愿意不愿意，说到这里，我先自我介绍一下吧。
本人：徐玫玫，今年19岁，在职校读书，学的是计算机，我一直都想跟别人交为朋友，所以，今天让我碰到了，爱好：上网交友，看书，来自江山的小女孩，在这里读了两年的书了，学了不少知识，我都累的喘不过气来，所以抽出点时间写写信交交笔友，你在那里是做什么的，能不能告诉我呀，你

图 2-21　字阵前后不一致，变化无规律

（5）字阵前后过于一致：自制，有恒心，有耐心，认真，理智，死板教条。

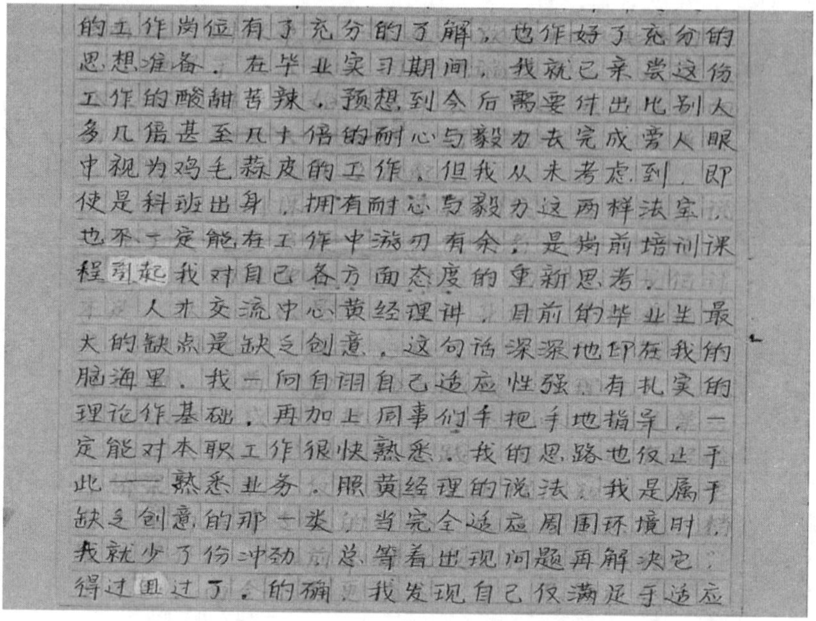
的工作岗位有了充分的了解，也作好了充分的思想准备。在毕业实习期间，我就已亲尝这份工作的酸甜苦辣，预想到今后需要付出比别人多几倍甚至几十倍的耐心与毅力去完成旁人眼中视为鸡毛蒜皮的工作。但我从未考虑到，即使是科班出身，拥有耐心与毅力这两样法宝，也不一定能在工作中游刃有余。是岗前培训课程引起我对自己各方面态度的重新思考。

人才交流中心黄经理讲，目前的毕业生最大的缺点是缺乏创意。这句话深深地印在我的脑海里。我一向自诩自己适应性强，有扎实的理论作基础，再加上同事们手把手地指导，一定能对本职工作很快熟悉。我的思路也仅止于此——熟悉业务。照黄经理的说法，我是属于缺乏创意的那一类，当完全适应周围环境时，我就少了份冲劲，总等着出现问题再解决它，得过且过了。的确，我发现自己仅满足于适应

图 2-22　字阵前后过于一致

（6）字阵风格逐渐变化：精力不充沛，易疲劳，忍耐力差，意志薄弱。

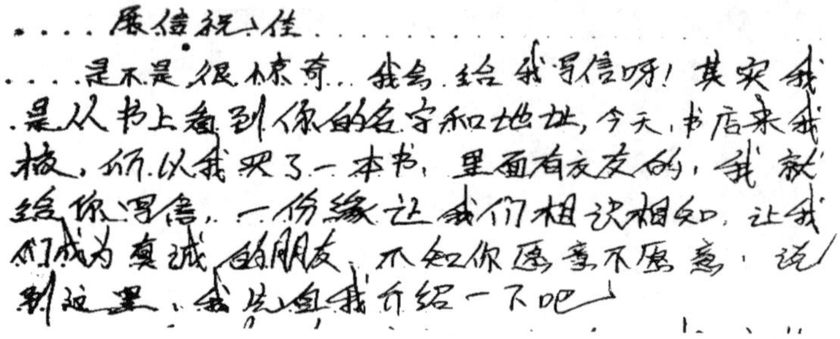
……展信祝佳

……是不是很惊奇，我会给你写信呀！其实我是从书上看到你的名字和地址，今天，书店来我校，所以我买了一本书，里面有交友的，我就给你写信。一份缘让我们相识相知，让我们成为真诚的朋友。不知你愿意不愿意，说到这里，我先自我介绍一下吧

图 2-23　字阵风格逐渐变化

2.4　与线格的相对位置

在准备好的线格纸上写一段话，然后观察字迹和格线的空间位置关系有何

特点。

字阵在线格内的位置反映了书写者对精神或物质层面的需求重点以及遵守规范的程度。

（1）字靠近格线底部：现实，关注具体事物。

图 2-24　字靠近格线底部

（2）字靠近格线顶部：浮躁，不稳重，好高骛远，行动力差。

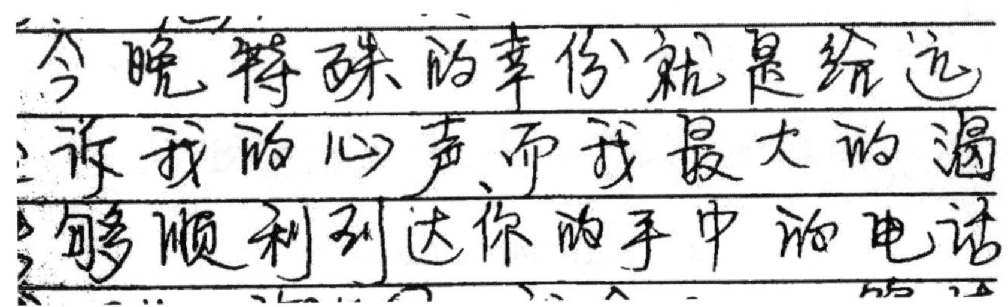

图 2-25　字靠近格线顶部

（3）字写在上下格线中间：独立，适应力强，保守，不冒险，现实。

图 2-26　字写在上下格线中间

（4）字压在格底线上：踏实，稳重，可靠，自制，不愿表现，易与人相处，节俭，消极，缺乏自信。

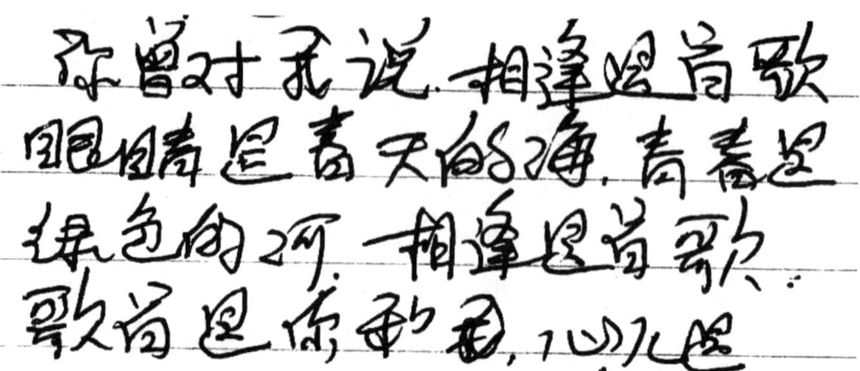

图 2-27　字压在格底线上

（5）字底紧贴横线，在线处收笔：现实，关注具体事物，独立，有条理。

图 2-28　字底紧贴横线，在线处收笔

（6）个别字的笔画冲出字格：精力充沛，情绪饱满，慷慨大度，组织、管理能力强。

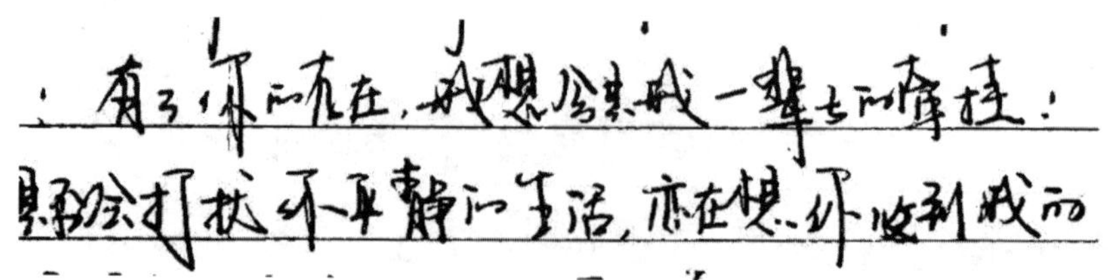

图 2-29　个别字的笔画冲出字格

（7）先写在格线中，后来逐渐脱离字格：不愿受约束，我行我素，任性，不甘寂寞，意志坚强。

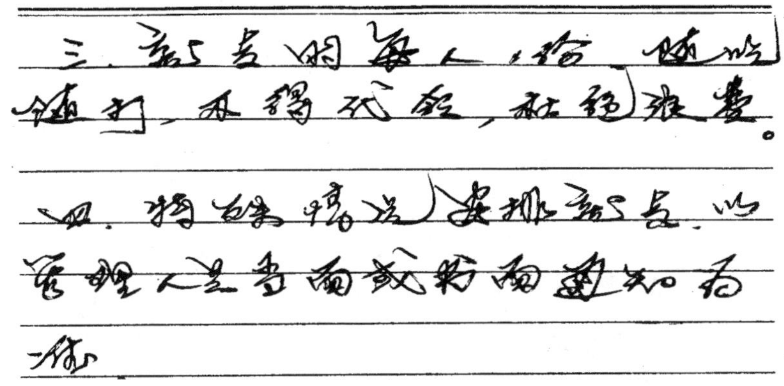

图 2-30　先写在格线中，后来逐渐脱离字格

（8）脱离字格，不受格线约束：急躁，缺乏耐心，有拼搏精神，缺乏周密，缺乏长远。

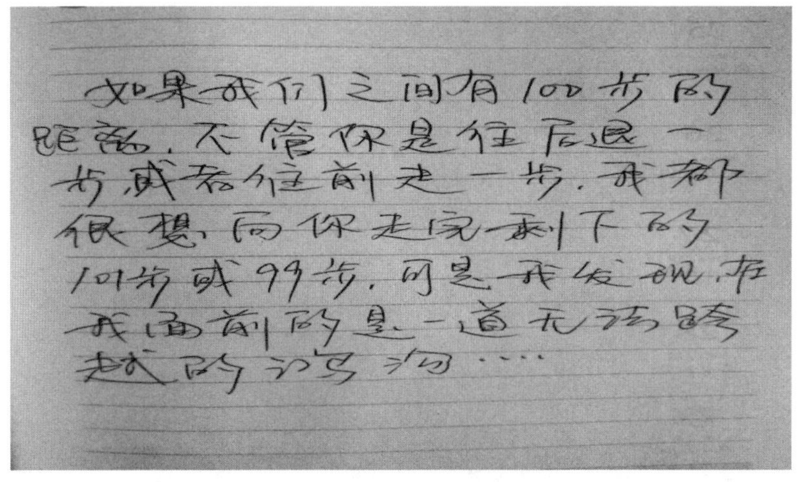

图 2-31　脱离字格，不受格线约束

2.5　字行走势

在一张白纸上抄写几行字，然后观察和测量某一行或几行字的走向。

写字时，文字从左往右依次排列形成字行，字行的走向称为字行走势，也称为行向。字行走势主要反映了书写人的自主性以及社会关系方面的情况。

（1）字行上倾：热情，积极，乐观，自由，不愿受约束，有理想，有雄心，有进取精神，有野心，喜冒险，活泼，开朗，精力充沛，善于交际。

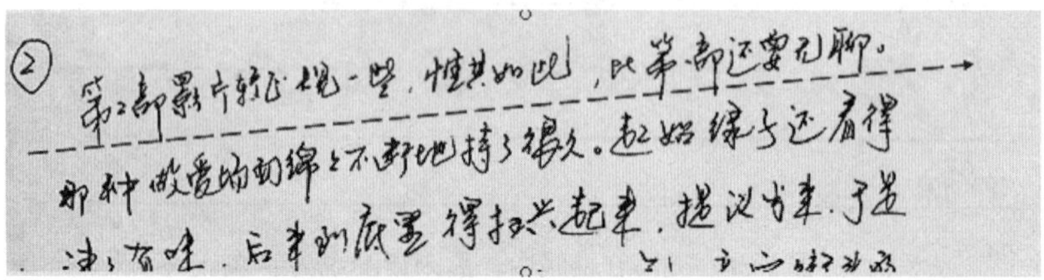

图 2-32　字行上倾

① 字行过于上倾（大于 30°）：急于行动，执着，偏执，自负，有理想，目标明确，自尊心强，注重荣誉，可能狂躁，怪癖。

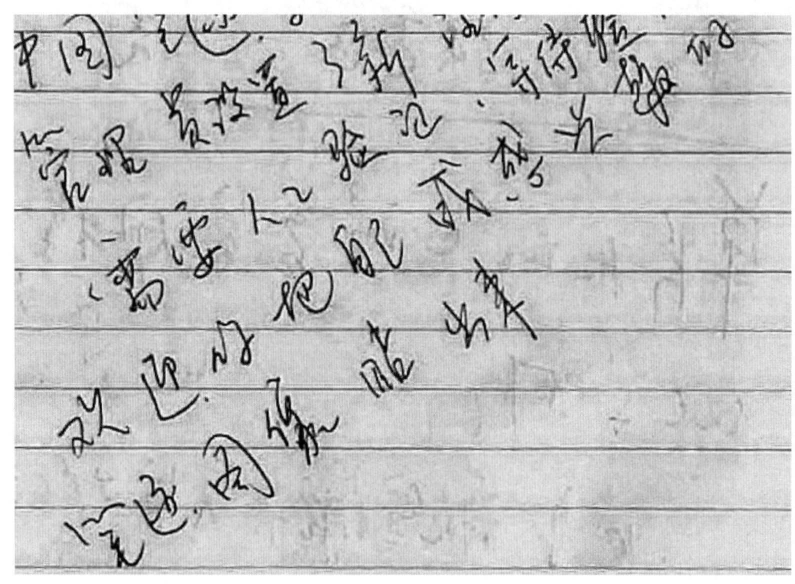

图 2-33　字行过于上倾，> 30°

② 字行一行比一行更向上倾：有理想，有雄心，努力，热情洋溢，不满足。

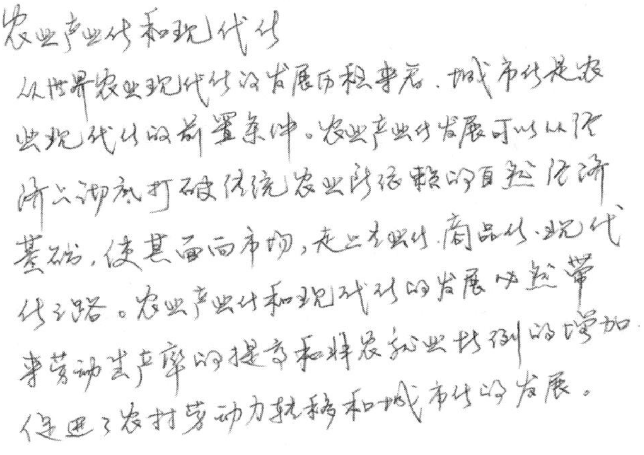
农业产业化和现代化
从世界农业现代化的发展历程来看，城市化是农业现代化的前置条件。农业产业化发展可以从经济上彻底打破传统农业所依赖的自然经济基础，使其面向市场，走上专业化、商品化、现代化之路。农业产业化和现代化的发展必然带来劳动生产率的提高和非农就业比例的增加，促进了农村劳动力转移和城市化的发展。

图 2-34　字行一行比一行更向上倾

（2）字行下倾：消极，悲观，意志消沉，抑郁，挫折，情绪低落，压抑，内向，缺乏自信，顺从，依赖，自卑，缺乏进取精神，情绪不稳，精力不充沛，缺乏耐心，不持久，犹豫，懒散。

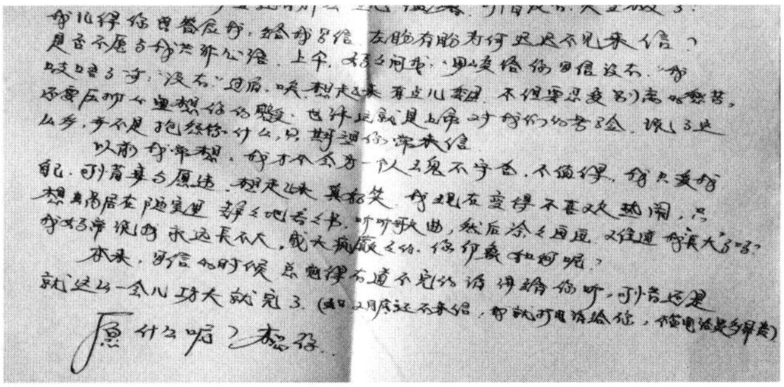

图 2-35　字行下倾

（3）字行平直：意志坚定，沉稳，理智，情绪稳，自制，守纪律，不冒险，目标明确，有主见，有恒心，有耐心，细致，有条理，正直，固执，死板教条。

图 2-36　字行平直

（4）字行起伏：心理不成熟，情绪不稳，喜怒无常，敏感，焦虑，烦躁，缺乏安全感。

图 2-37　字行起伏

（5）字行上拱：做事易半途而废，热情不持久，情绪不稳。

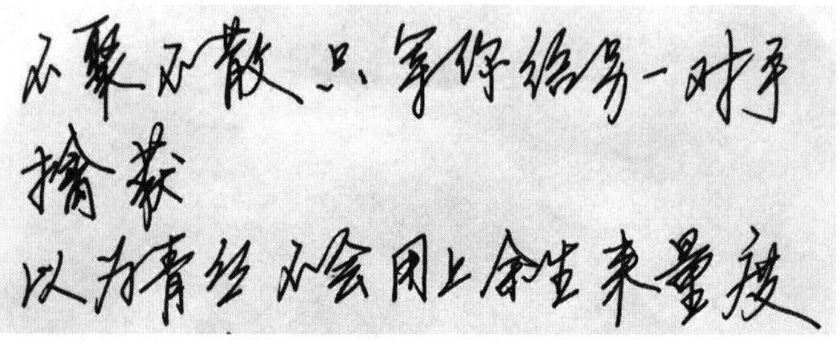

图 2-38　字行上拱

（6）字行下凹：做事开始缺乏自信，以后才尽力做好。意志坚强，不出风头，不善表现，压抑，身体不佳。

图 2-39 字行下凹

（7）字行凌乱，忽上忽下：情绪紊乱，缺乏逻辑，缺乏条理，缺乏耐心，轻率，暴躁，思维不灵活，反应差，内心不安。

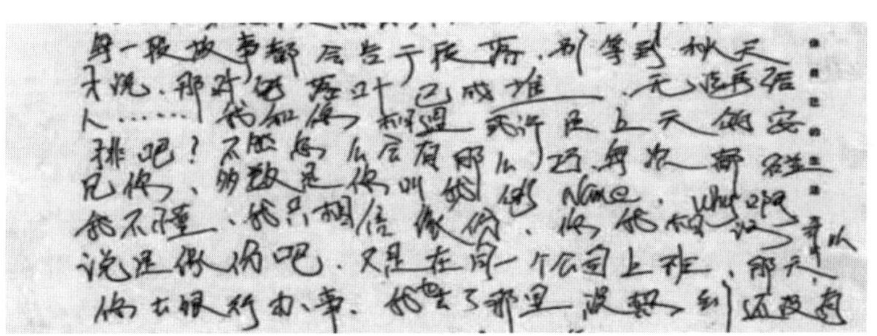

图 2-40 字行凌乱，忽上忽下

2.6 行间距

行间距主要反映书写者主观意识上适应社会的方式和能力。

在一张白纸上写下多行字，然后观察上下相邻两排字之间的空白高度，这个高度称为行间距。行间距的宽窄，以字体的平均高度来判定：行间距大于字体高度为行间距宽，行间距大约为字体高度的 2/3 为行间距适中，行间距小于字体高度的 1/2 为行间距窄。

（1）行间距宽：大方，不重钱财，外向，宽容、忍让，大度，组织能力强，有分寸，目光远大，想象力丰富，情绪稳定，内心不外露。

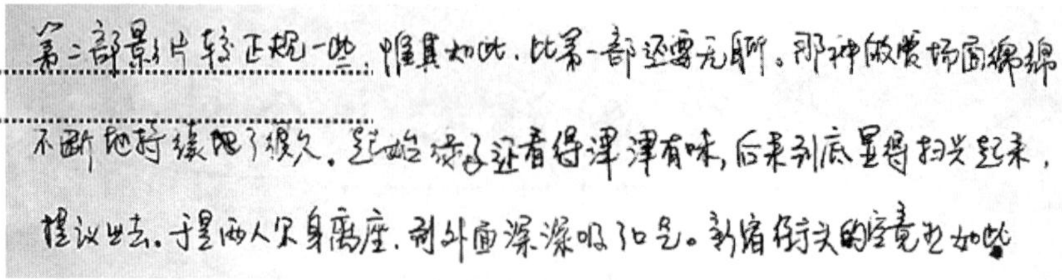

图 2-41　行间距宽

（2）行间距窄：偏内向，沉稳，谨慎，自制，守规矩，节俭，孤独，有依赖性，适应力差，现实，关注具体事物，缺乏长远，缺乏理想。

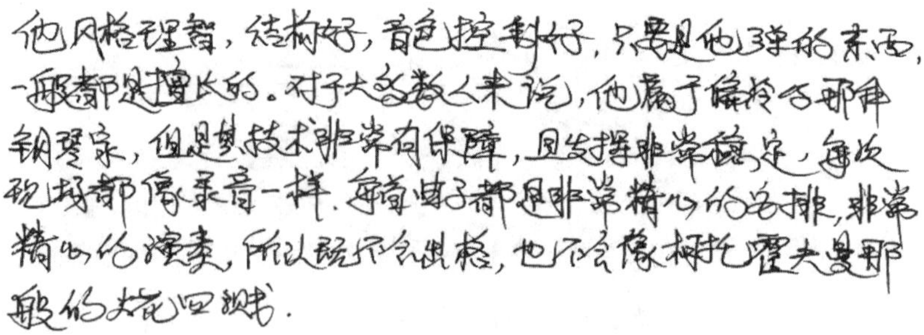

图 2-42　行间距窄

（3）行间距适中：适应力强，有条理，得体，注重全局，也能顾细节，情绪稳定。

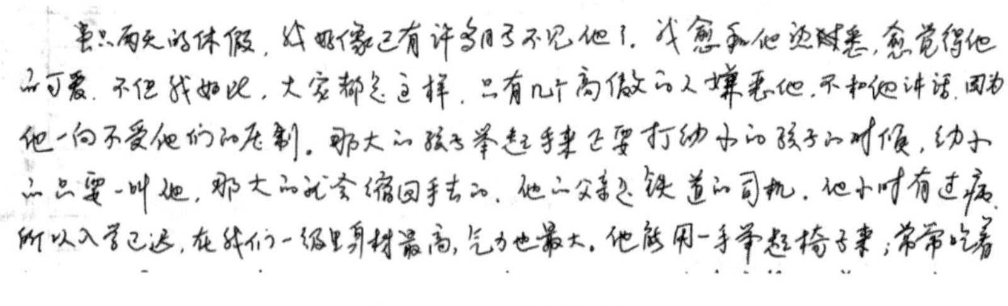

图 2-43　行间距适中

（4）行间距宽窄不一：缺乏条理，组织能力差，缺乏规划，缺乏全局观。

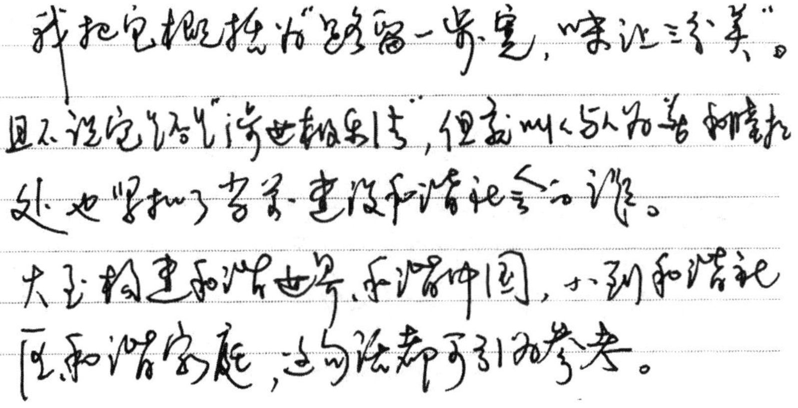

图 2-44　行间距宽窄不一

（5）行间距宽窄一致：思维清晰，计划性强，有条理，理智，负责任。

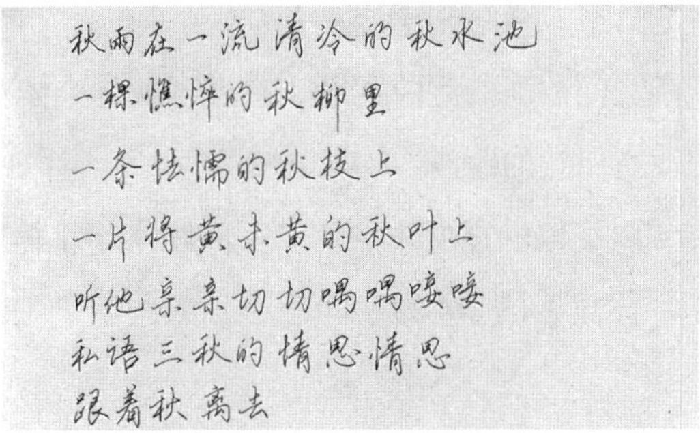

秋雨在一流清冷的秋水池
一棵憔悴的秋柳里
一条怯懦的秋枝上
一片将黄未黄的秋叶上
听他亲亲切切喁喁喽喽
私语三秋的情思情思
跟着秋离去

图 2-45　行间距宽窄一致

（6）有行间距，但上下笔画相交：有野心，有创造力，精力充沛，反应快，行动快，粗心，缺乏周密，缺乏全局观，组织能力差，有竞争性，难与人相处。

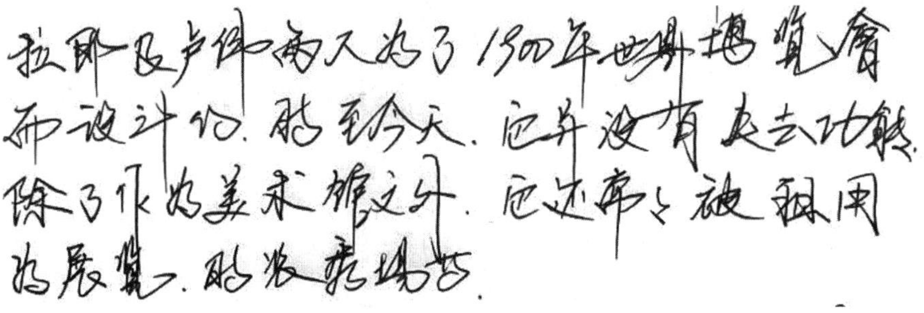

图 2-46　有行间距，但上下笔画相交

（7）行间分隔不清，交错：内心矛盾，目标多变，情绪不稳，难与人相处。

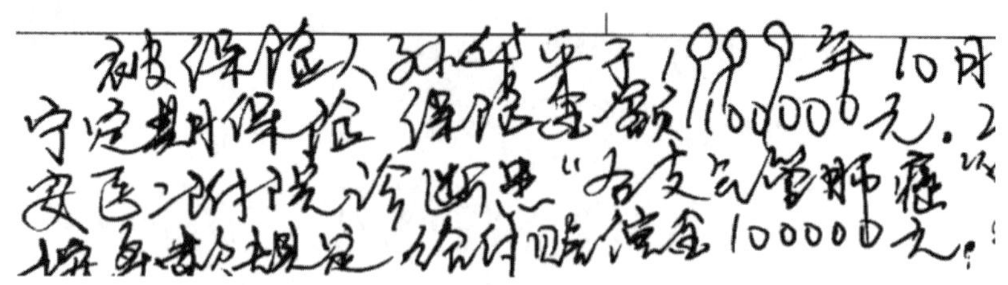

图 2-47　行间分隔不清，交错

2.7　字间距

字间距是两个字之间留下的空隙宽度，它表现的是个体对独立活动空间的要求以及与他人交往所保持的距离。

字间距的大小，以字体的宽度来判定。字间距大于字体宽度的 1/2 为字间距大，字间距小于字体宽度的 1/4 为字间距小，大约等于 1/3 字体宽度为字间距适当。

（1）字间距大：独立，独来独往，不信任别人，难与人共处，情绪不稳，忧愁烦恼，有个性，自我中心。

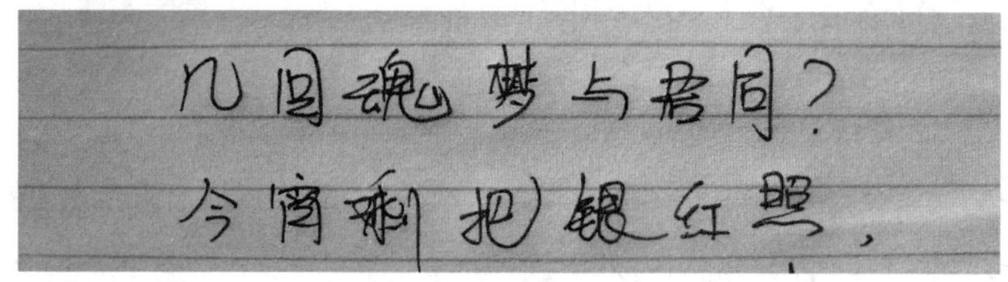

图 2-48　字间距大

（2）字间距过大（字间距大于字体宽度）：豪爽，大度，独立，内向，保守，孤独，防范心强，缺乏主动，自制，多思虑。

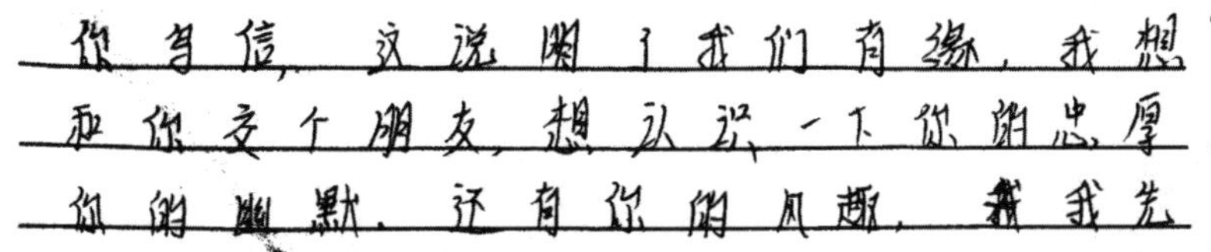

图 2-49　字间距过大

（3）字间距小：缺乏自信，自卑，孤独，有依赖性，独处时缺乏安全感，不善交际，沉着，随和，易与人相处，谨慎，自制，自私，吝啬。

图 2-50　字间距小

（4）字间距适当：善于交际，情绪稳定，理智，有分寸，得体，思维清晰，有条理，组织能力强，逻辑性强，分析、判断能力强。

图 2-51　字间距适当

（5）字间距宽窄不一：情绪不稳，心理不成熟，性格不定，与人交往飘忽不定。

图 2-52　字间距宽窄不一

（6）字间距逐渐变宽：喜自由，不愿受约束，欲望强，自控力差，自我意识强，自负，缺乏耐心。

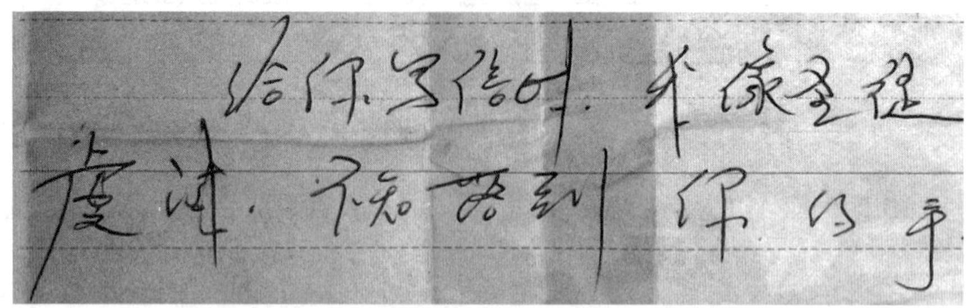
给你写信时，我像是在
度过，不知能到 你的手

图 2-53　字间距逐渐变宽

（7）字间距逐渐变窄：谨慎，自制，保守，情绪不稳，节俭。

02级普专英语班的一名即将毕业的学生。
和其它学生一样，这些日子我也在忙着找工
作，还有，在今年5月22日我参加了陕西省渭南市临渭区
的招教考试，且已被初录，并于6月5日参加了当地人事局组织

图 2-54　字间距逐渐变窄

第 3 章

笔迹特征：字体结构特征

字体结构特征所关注的是单个汉字的笔迹特点，如字体的大小、倾斜、字体（隶、楷、行、草等）、字形（方、圆、扁、梯形等）、区位（突出或欠缺笔画所在方位）和整体笔画等。

3.1 字体大小

字体的大小主要反映了书写者的精神、意志和行动方面的实际状态。

通常情况下，字体的大小并不是绝对稳定的，书写者会根据具体情况来把握。例如，写在信封上、白板或黑板上的笔迹因为需要别人容易辨认，就会写得较大。相反，留给书写的位置拥挤或者在考试舞弊时的小抄就会写出较小的字。

如果是按照正常的书写方式书写，这样测量的字体大小才是准确的。通常把书写在白纸上的字体高度大于 10 毫米的判定为字体大，小于 5 毫米的为字体小。由于目前常见的作业本、日记本、双行信纸、文稿纸的线格距离都是 8 毫米，因此在这样的线格中写的字，可能会比白纸上写的要小些。

（1）字体大：有雄心，有理想，有创新意识，注重宏观全局，不拘小节，兴趣广泛，想象丰富，积极，热情，善交际，爱表现，有冒险精神，自信，好强，心胸宽广，慷慨，大度。

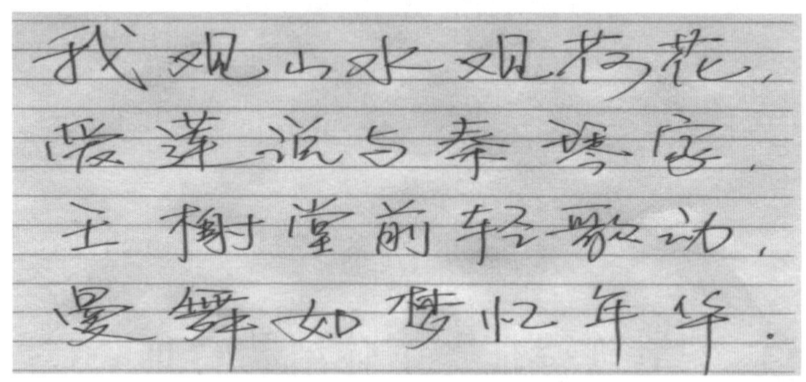

图 3-1　字体大

（2）字体中等大小（字体高度为 5 ～ 10 毫米）：守法，传统，平凡，凡事随潮流。

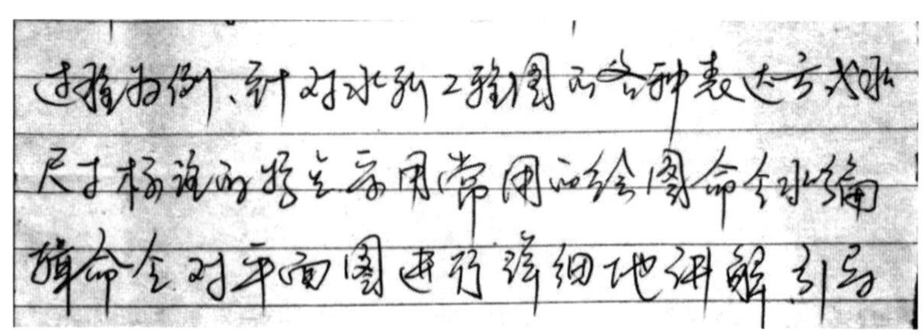

图 3-2　字体中等大小

（3）字体小：思维周密，细心，谨慎，专注，认真，责任感强，自制，观察、分析力强，决断力差，缺乏全局观，节俭，内向，谦虚，不善交际，有自卑倾向，心胸不宽，内心不外露，多疑，多虑，敏感，羞怯。

图 3-3　字体小

（4）字体过小（小于 4 毫米）：缺乏自信，不善表现，温柔，善解人意。

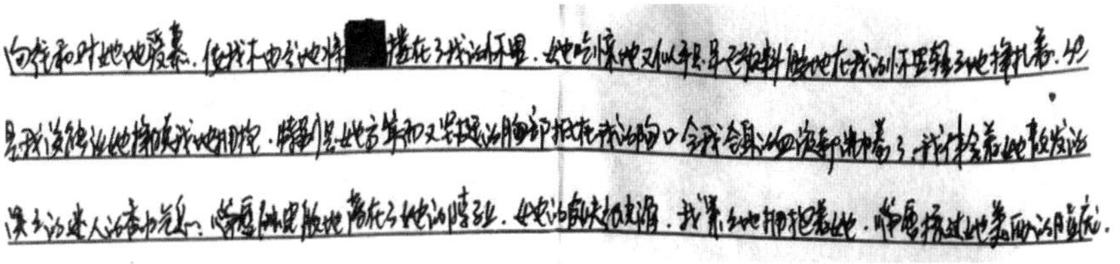

图 3-4　字体过小

（5）字体大小一致：适应力强，应变力强，得体，自制，情绪稳定，聪明。

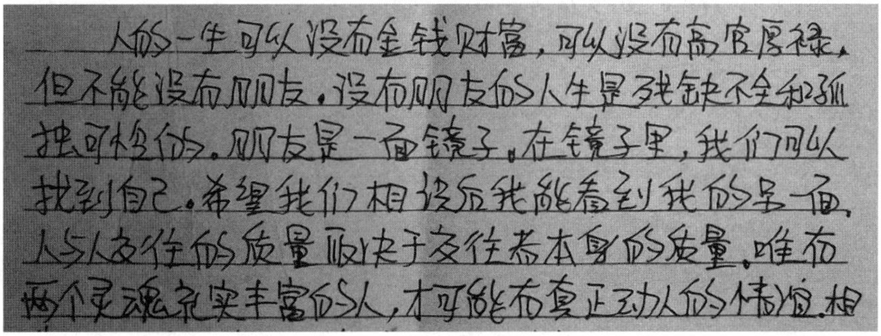

图 3-5　字体大小一致

（6）字体大小不一：感情丰富，情绪不稳定，喜怒于色，内心不平衡，压抑。

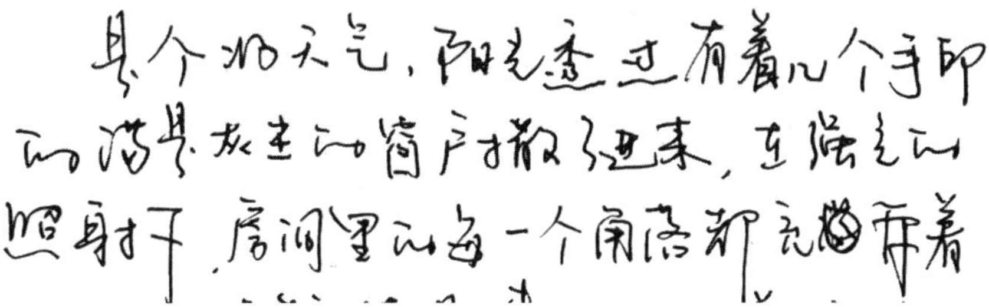

图 3-6　字体大小不一

① 字体大小不一，无规律，书写水平差：不愿受约束，自控力差，情绪

不稳定，缺乏条理，应变力差。

terminal ['tə:minl] *adj.* 末期，致命的

testament 圣约书，信条，遗嘱

intense adj 强烈的，热情的，

图 3-7　字体大小不一，无规律，书写水平差

② 字体大小不一，有机搭配，书写水平高：情绪不稳定，思维敏捷灵活，适应力强，应变力强，审美力强。

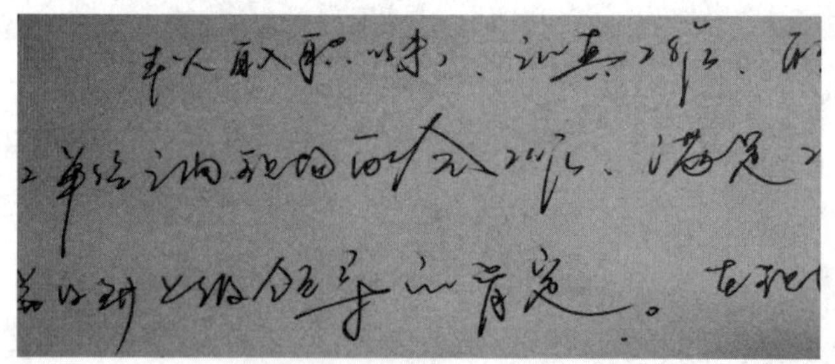

图 3-8　字体大小不一，有机搭配，书写水平高

（7）字体逐渐加大：直率，单纯，内心外露，欲望强，不满足。

图 3-9　字体逐渐加大

（8）字体逐渐减小：成熟，有城府，保密性强，谨慎，善于交际。

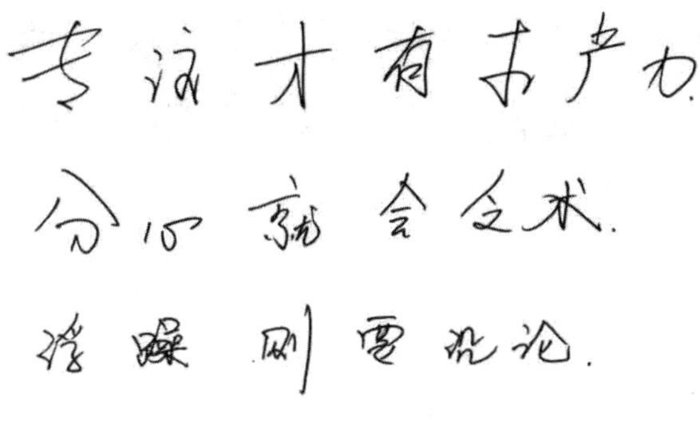

图 3-10　字体逐渐减小

3.2　字体

古代软笔书法的字体区别比较明显，容易划分归类。相对而言，现代硬笔字体中常见的有隶书、楷书、行书和草书。而书写随意，无法划分为上述书体的笔迹更为常见。字体的工整程度和收敛程度主要反映了书写者处事的理智冷静程度。

（1）隶书：深沉、稳重，爱思考，有艺术眼光，热情，随和，善于交际。

指导教师意见：
本文选题是近两年的热点问题。

图 3-11　隶书

（2）楷书：正直，本分，守纪律，程序性强，缺乏变通，有耐心、恒心，不善交际，思维周密，组织能力强。

B.做功和热传递都能改变物体的内能
C.热量总是从内能大的物体向内能小

图 3-12　**楷书**

（3）行书：随和，机敏，直爽，急躁，爱激动，思维活跃。

秋雨在一流清冷的秋水池
一棵憔悴的秋柳里

图 3-13　**行书**

（4）草书：热情，豪爽，不拘小节，急躁，行动快。

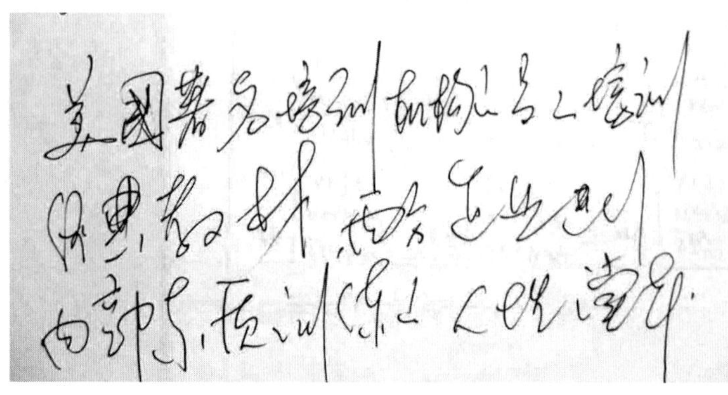

图 3-14　**草书**

3.3　字形

字体的形状反映了书写者面对外部世界的态度、处理事务的方式以及个性化的程度。字形的判断是以字体外形轮廓所构成的几何形状来作出的。其中，正方形、长方形和扁形是以字体的长宽比例来区分；梯形与倒梯形是以字体上下部的宽度不同来区分；而圆形字是看字体外围的全包围和半包围结构（如同字框和国字框）是否由曲线构成来判断。

（1）正方形：原则性强，正直，诚实，责任感强，谨慎，理智，自律，守法，不冒险，忍耐力强，稳重，不善交际，保守，传统，意志坚强，固执，思维不灵活，死板教条。

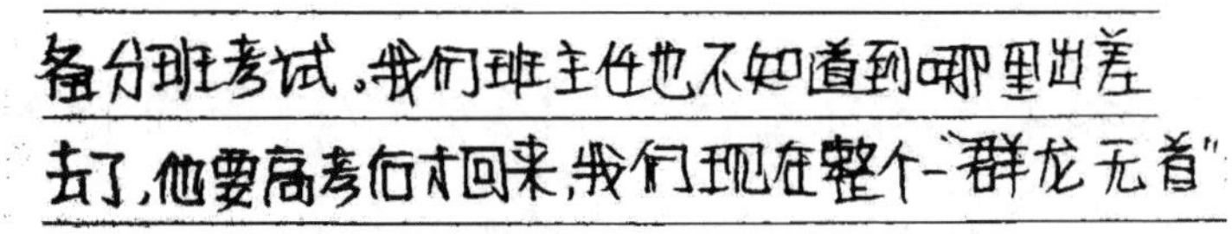

备分班考试。我们班主任也不知道到哪里出差
去了，他要高考后才回来，我们现在整个一"群龙无首"

图 3-15　正方形

（2）圆形：善交际，处事灵活，圆滑，适应力强；温和，善良，易与人相处，通情理，乐于助人，忍让，细心，分析力强，犹豫，不争名利。

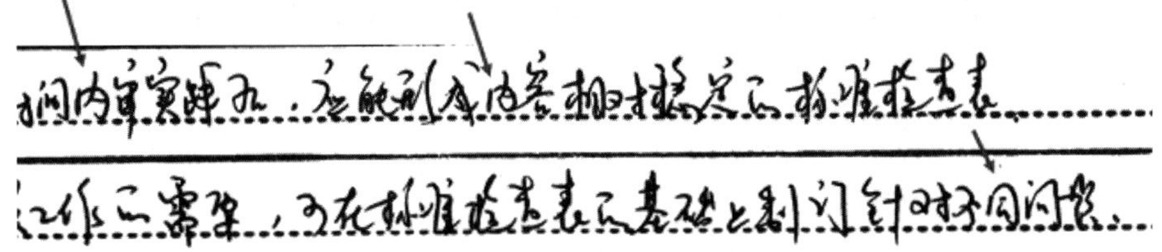

图 3-16　圆形

（3）扁形：宽容、忍耐，有恒心，能吃苦，保守，守纪律，不争名利，随和，不善表现，死板教条，情绪稳定，理智，意志坚强。

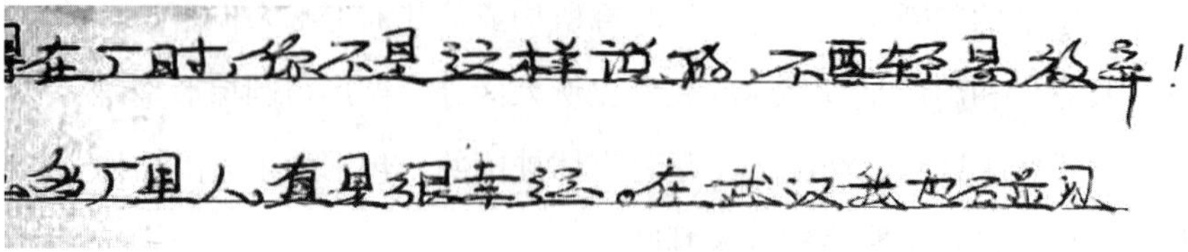

图 3-17　扁形

（4）长方形：积极、主动，热情，活泼，急躁，爱出风头，有冒险精神，行动能力强，处事灵活，感情丰富，性情不稳，内心外露，虚荣。

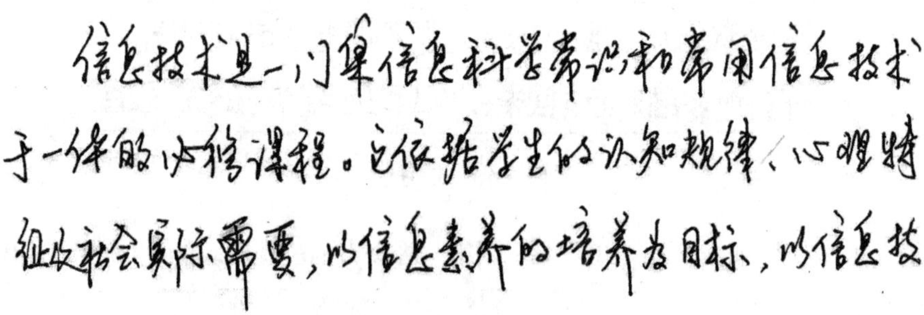

图 3-18　长方形

（5）梯形：处事不灵活，认真，有恒心，稳重，有心计，思维周密，保守，现实。

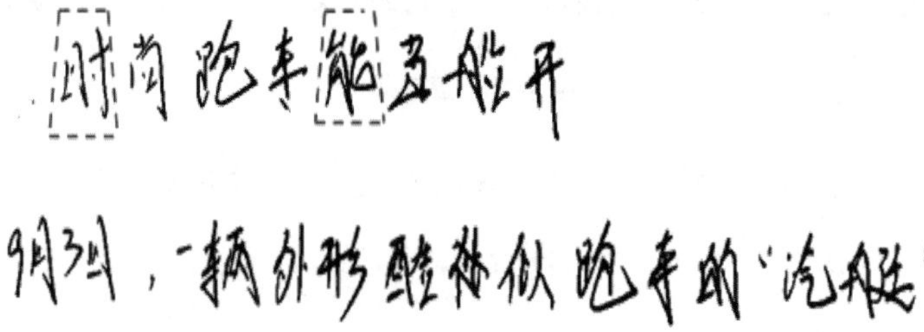

图 3-19　梯形

（6）倒梯形：有雄心，有理想，有野心，倔强，好斗，苛刻，爱幻想，自信。

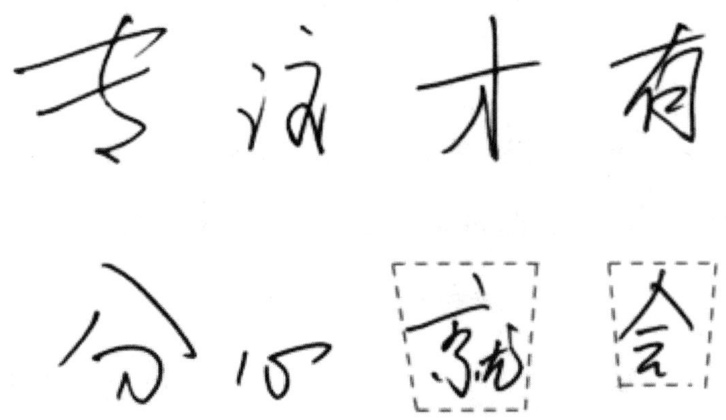

图 3-20　倒梯形

3.4　字体倾斜

仔细观察单个字体的垂直情况，看字体上部是否向左或向右方倾斜，向左倾斜的称为字体左倾，向右倾斜的称为字体右倾，倾斜角大于 30°为严重倾斜。字体的倾斜情况主要反映了书写者思想和行动的积极主动性。

（1）字体左倾：偏内向，不善交际，羞怯，内心封闭，孤僻，消极，对未来缺乏信心，逃避现实，理智，谨慎，自制甚至压抑，深沉，多谋，爱反省，保守，胆小，怕惹事。

图 3-21　字体左倾

（2）字体右倾：积极，热情，活泼，开朗，乐观，直爽；进取，有创造力，善于交际，乐于助人，易冲动，易兴奋，自我意识强。

孩子，我现在在日本一家会社工作，工资待遇也还好，
念家乡和亲人，不过，在这么遥远的异国他乡，让我

图 3-22　字体右倾

（3）字体严重右倾：热情，机敏，感情用事，自控力差，有拼搏精神。

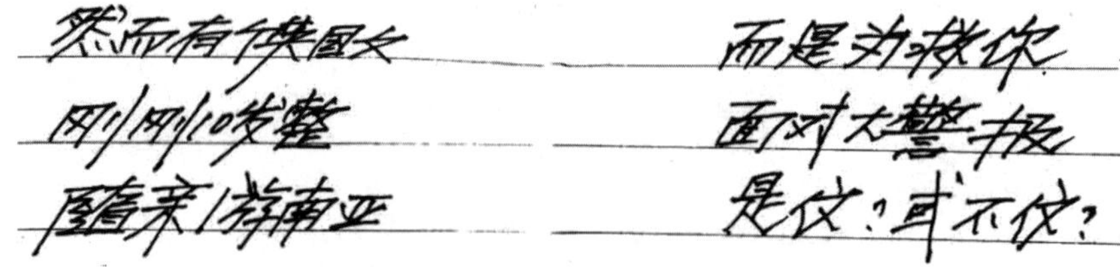

图 3-23　字体严重右倾

（4）字体垂直：自制，忍耐力强，传统，守规矩，原则性强，处事不灵活，内向，冷静，理智，独立，爱思考，有主见，合作性差，正直。

自从1986年以来，我省先后实施了三个五年普法
规划，公民法律意识和法制观念明显增强，社会法
治氛围和法治环境逐步改善，这对于加强全省社

图 3-24　字体垂直

（5）字体左右倾斜不定：心理不成熟，性情不稳，自制力差，情绪不稳，烦躁，内心矛盾，犹豫。

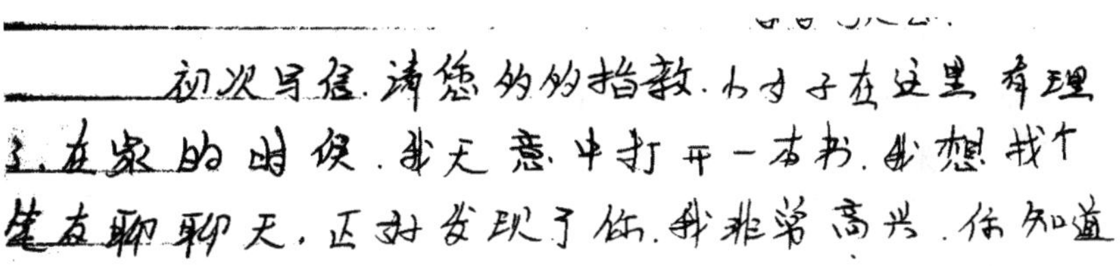

图 3-25　字体左右倾斜不定

3.5　区位

将一个字所占的空间按照上、中、下和左、中、右进行分区，可以得到上区、下区、左区、右区以及左上区、右上区、左下区、右下区和中区共九个区位。

笔迹的上、中、下三个部分，与弗洛伊德人格结构理论中的超我、自我和本我有类似的含义。字体的上区与书写者的志向、智力有关；中区代表自我观念与情感角色；下区表示具体实现愿望的行动能力、对物质生活重视的程度。而左右区位反映了对过去和未来的态度。区位特征是很多人格特征分析判断的重要依据。

仔细观察各个字体的九个方位，看这些方位是否明显存在有规律的突出（长大）或欠缺（短小）的笔画。如果该方位明显欠缺，则释义的含义相反。

（1）上区

① 上区突出：自信，有理想，目光远大，有野心，精神状态佳，想象丰富，爱幻想，有领导、指挥能力。

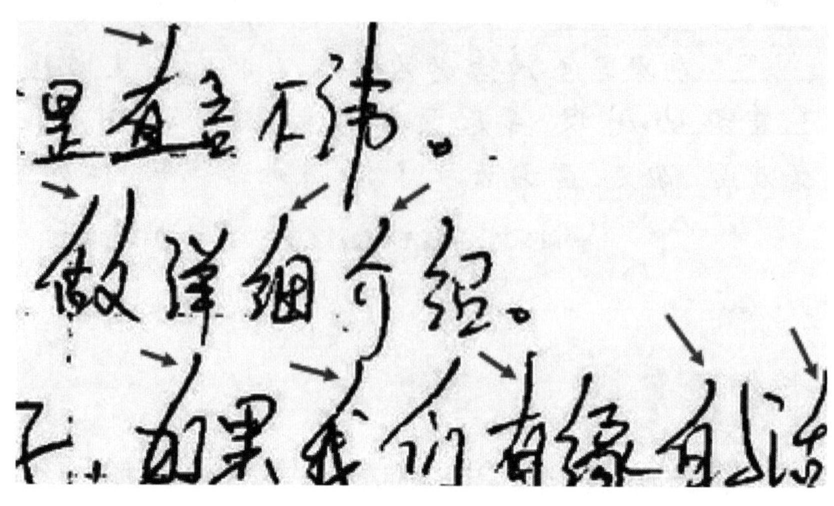

图 3-26　上区突出

② 上区欠缺：缺乏信心，缺乏理想，缺乏长远眼光，精神状态差，想象力差，不善思考，不善领导。

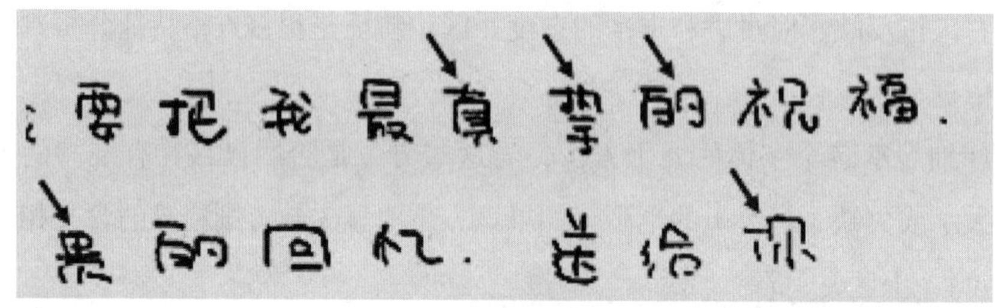

图 3-27　上区欠缺

（2）下区

① 下区突出：欲望强，有虚荣心，行动能力强，意志坚强，自信，精力充沛，有耐心，稳重，有恒心，深刻。

图 3-28　下区突出

② 下区欠缺：欲望弱，虚荣心弱，行动能力差，意志薄弱，缺乏信心，精力不充沛，缺乏耐心，轻率，缺乏恒心，缺乏深入。

图 3-29　下区欠缺

（3）左区

① 左区突出：回忆过去，观念传统。

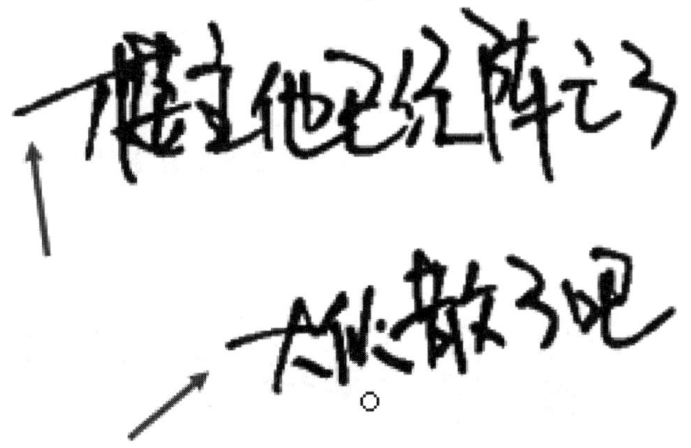

图 3-30　左区突出

② 左右区均突出：有阅历、成就、胆量、开拓精神、创造力、领导能力，自信。

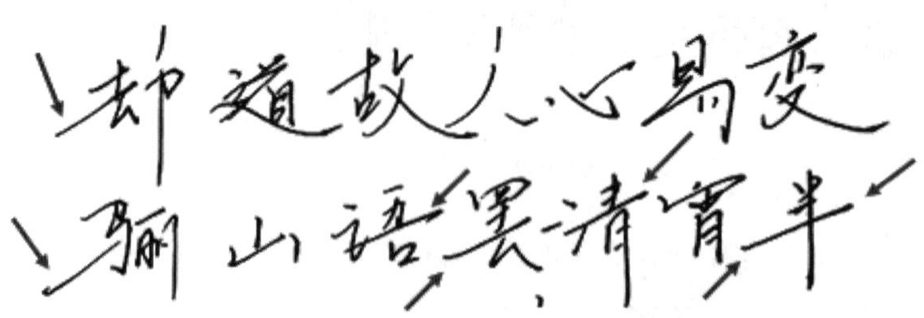

图 3-31　左右区均突出

（4）右区

① 右区突出：急躁，内心外露，缺乏忍让，好强，目光远大，注重未来，有恒心，积极主动接触外界。

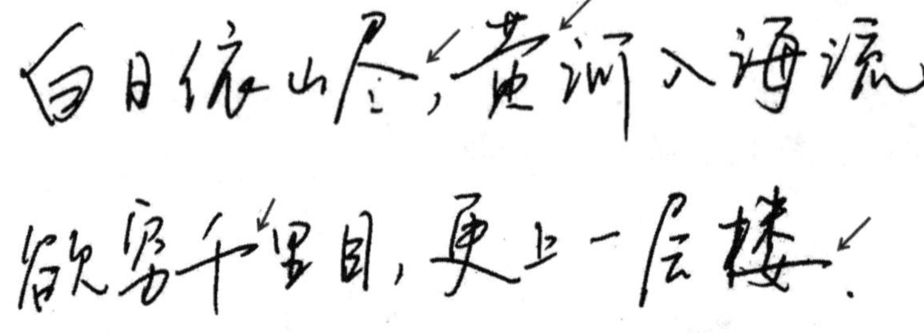

图 3-32　右区突出

② 右区欠缺：内心不外露，能忍让，注重当前，接触外界消极被动。

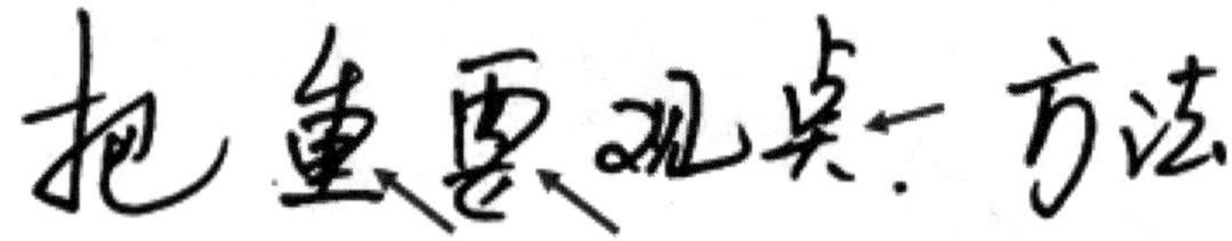

图 3-33　右区欠缺

（5）左上区

① 左上区突出：自信，意志坚强，有领导能力、创造力、成就欲、胆量。

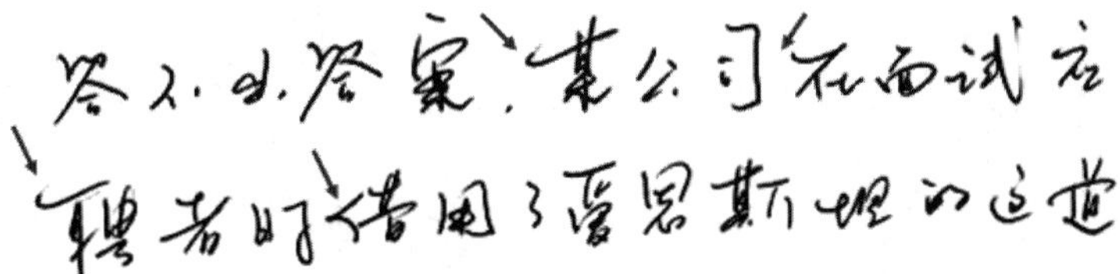

图 3-34　左上区突出

② 左上区欠缺：意志薄弱，缺乏权欲，缺乏创新，胆小。

生活似乎茫然无向，举无所措

图 3-35　左上区欠缺

（6）右上区

① 右上区突出：积极主动接触外界，注重未来，自信，目光远大。

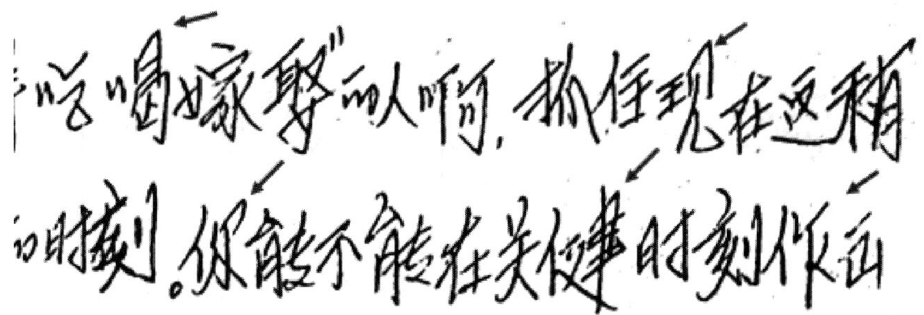

图 3-36　右上区突出

② 右上区欠缺：消极接触外界，缺乏信心。

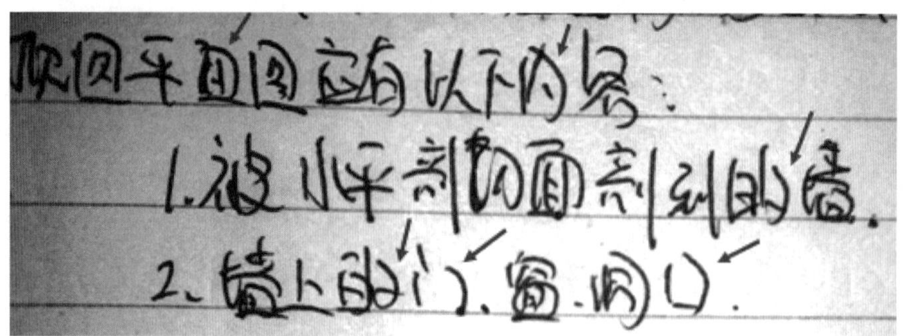

图 3-37　右上区欠缺

（7）左下区

① 左下区突出：自信，自我评价高，情绪外露。

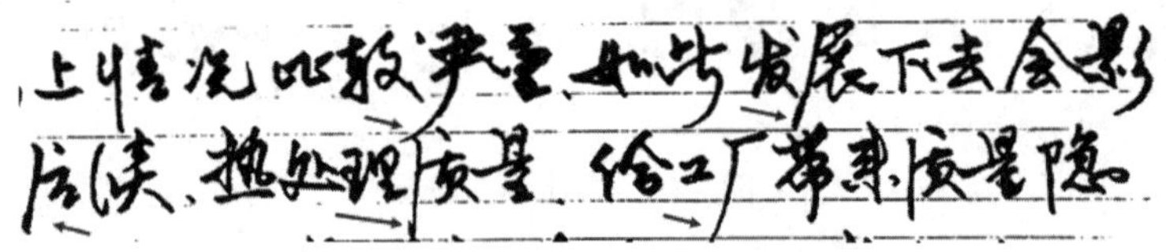

图 3-38　左下区突出

② 左下区欠缺：缺乏信心，自我评价低，内心不外露。

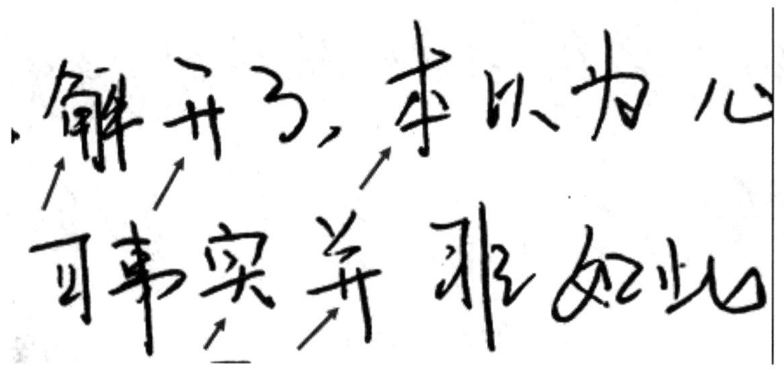

图 3-39　左下区欠缺

（8）右下区

① 右下区突出：有行动能力，情感情绪外露，注重未来。

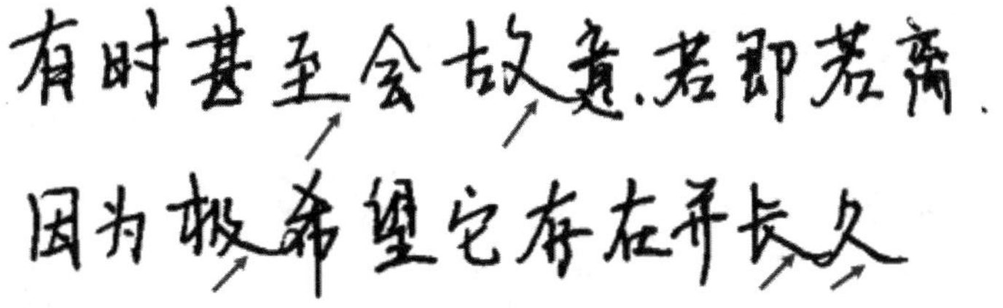

图 3-40　右下区突出

② 右下区欠缺：行动能力差，情感情绪不外露，不关注未来。

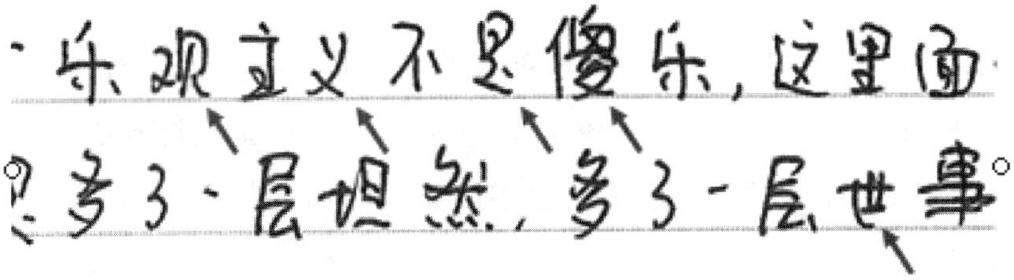

图 3-41　右下区欠缺

（9）中区

① 中区与外围衔接良好：组织能力强，易与人相处，情感情绪稳定。

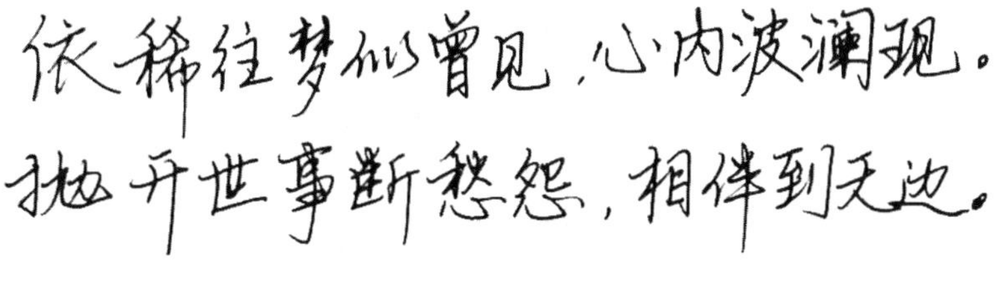

图 3-42　中区与外围衔接良好

② 中区与外围衔接不好：组织能力差，难与人相处，情感情绪紊乱。

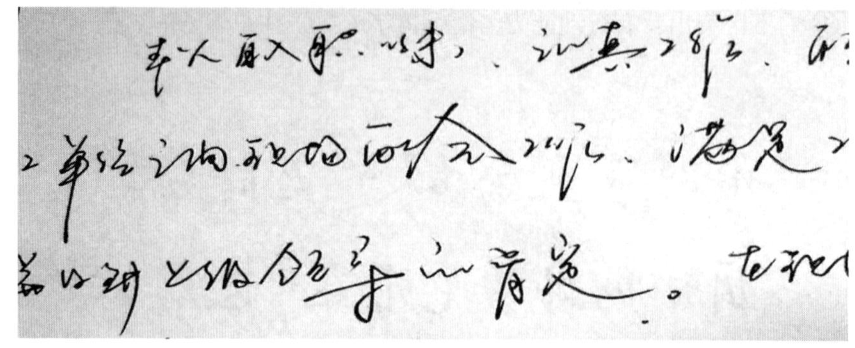

图 3-43　中区与外围衔接不好

3.6　整体笔画

笔画的结构方式代表了书写人面对外部世界的态度。一笔一画的书写方式反映了办事认真、通情达理、纪律性强的心理特点；笔画有过分伸展、夸张的书写方式则反映了爱虚荣和随时想引起别人注意的心理特点。

观察每个字的各个笔画，看有无有规律性的不符合书写规范的地方。

（1）笔画齐全，照顾八方：有条理，程序性强，守纪律，处事不灵活，观察力强，属综合性思维。

唯如此解释，才能够排除绘画中的笔
迹。从心理学角度来说，可以说笔迹是

图 3-44　笔画齐全，照顾八方

（2）缺少笔画：观察力差，粗心。

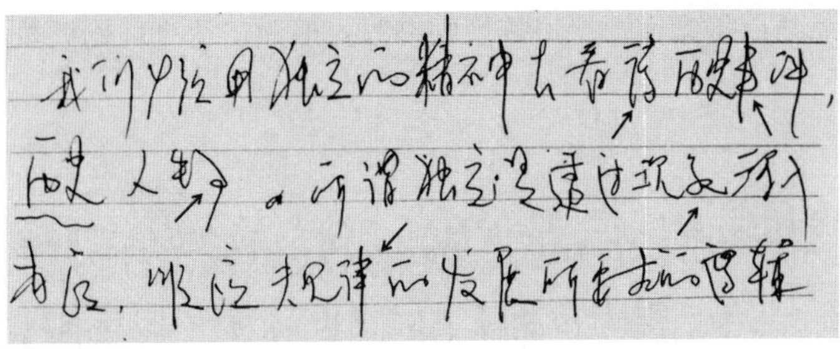

图 3-45　缺少笔画

（3）笔画夸张（撇过长）：有夸张性格或心态，自我意识过强，言行喜干涉别人。

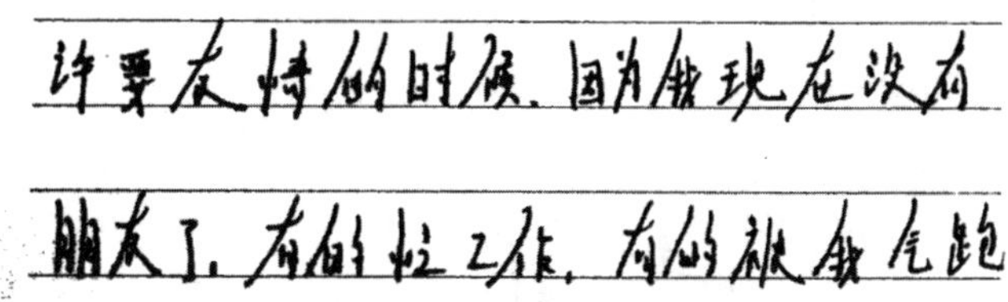

图 3-46　笔画夸张（撇过长）

（4）笔画杂乱无章：多思虑，精神焦虑。

图 3-47　笔画杂乱无章

（5）笔画尖锐：个人意识强，唯我独尊，倔强。

图 3-48　笔画尖锐

（6）笔画衔接紧密，严格按规则书写：严谨，认真，死板教条，缺乏创新意识。

小华发现家中空调每制冷工作10min后，就转变为送风状态工作5分钟，再转变为制冷状态，如此反复．为了测量空调制冷时的电功率，他在空调插座处接入一个电能表用于测量空调消耗的电能．相关数据见表．空调送风10分钟所消耗的电能为0.03 kw·h，30min内空调

图 3-49　笔画衔接紧密，严格按规则书写

（7）笔画衔接不紧密，不严格按规则书写：热情，浮躁，缺乏耐心，粗心，处事灵活，有创新意识。

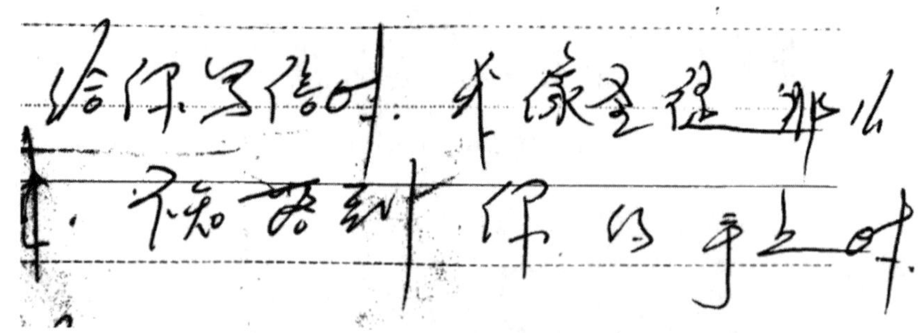

图 3-50　笔画衔接不紧密，不严格按规则书写

（8）某种笔画特别用力（撇和捺特别用力）：内心不平衡，想拼搏冒险，寻求情感发泄。

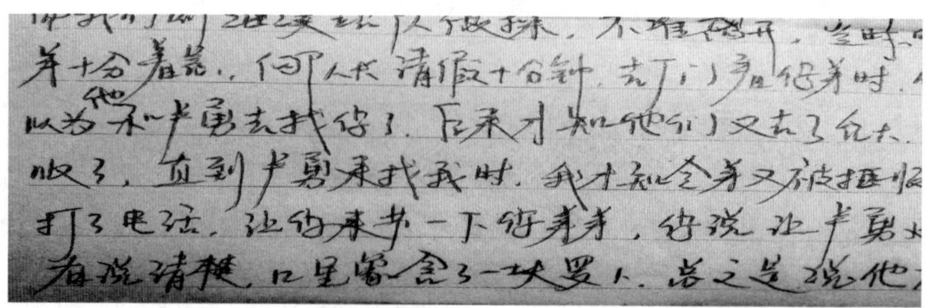

图 3-51　撇和捺特别用力

第4章

笔迹特征：基本笔画特征

基本笔画是文字中最基本的内容，包括点、横、竖、撇、捺、钩、折、挑（提）等，本章分析基本笔画，还包括起笔、收笔及标点符号书写习惯等方面的内容。基本笔画具有很强的稳定性，不容易被刻意改变，反映了书写者最为核心的本质性特征，具有很高的分析价值。

4.1 点

点是线条中最小的单元，有多种不同的形状和用力特点。主要反映了书写者的胆量、心态等个性特点。主要通过形状、走向、力度的变化进行分析。由于点画过于简单，因此同时出现几种写法是正常的。

（1）真点：圆点，书写力度不重。

理智，冷静，谨慎，本分，细心，观察力强，爱思考，理解能力强，注重形式，平和。

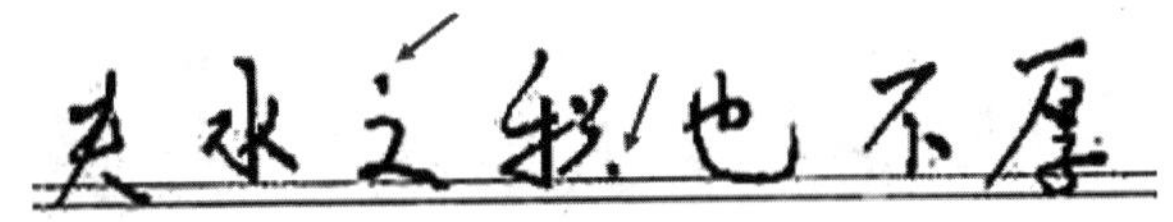

图 4-1　真点

（2）戳点：圆点，用力按压而成。

热情，开朗，善于交际，处事灵活，胆大，自私，内心外露。

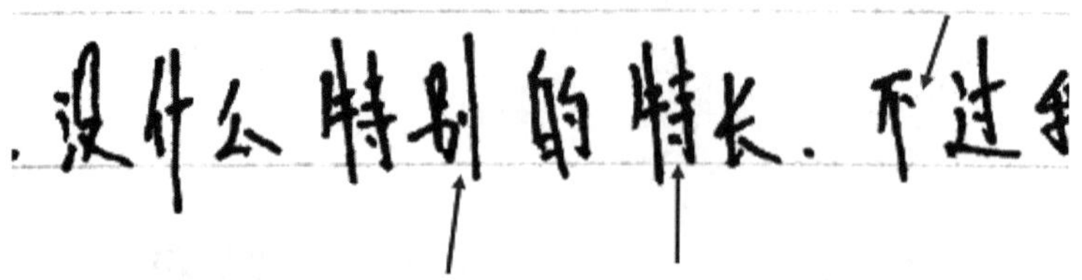

图 4-2　戳点

（3）顿点：先轻后重，类似顿号。

急躁，易冲动，胆大，有魄力，果断。

图 4-3　顿点

（4）甩点：先重后轻，快速甩出。

急躁，果断，内心外露，直爽，缺乏耐心，易冲动，行动快。

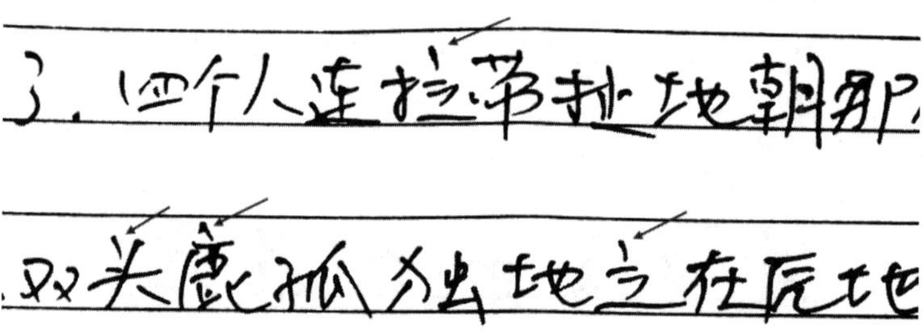

图 4-4　甩点

（5）短横点：写成较短的横线。

朴实，诚恳，认真，缺乏创新，沉着，固执，能忍耐，有耐心。

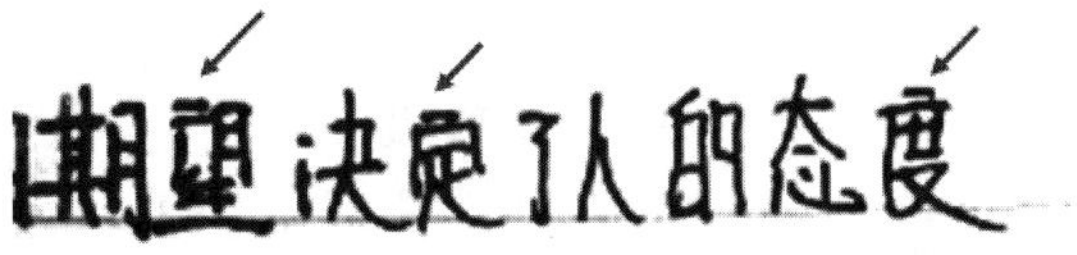

图 4-5　短横点

（6）逗点：和逗号写法类似。

有主见，理智，深沉，稳重，压抑，软弱，独立，从容。

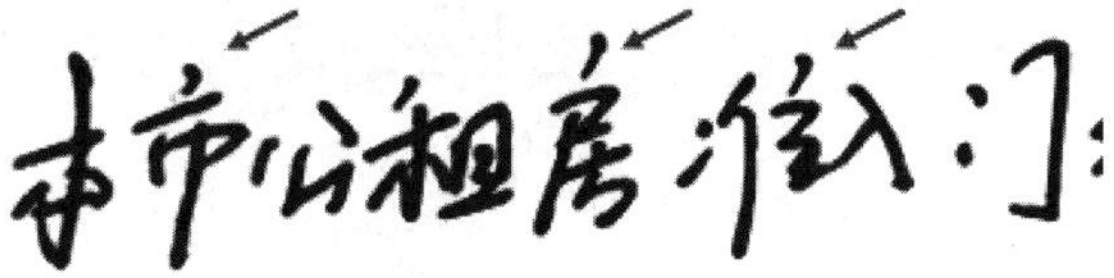

图 4-6　逗点

（7）软弱点：圆弧形，力度轻，类似“）”形。

软弱，缺乏主见，善良，温和，压抑。

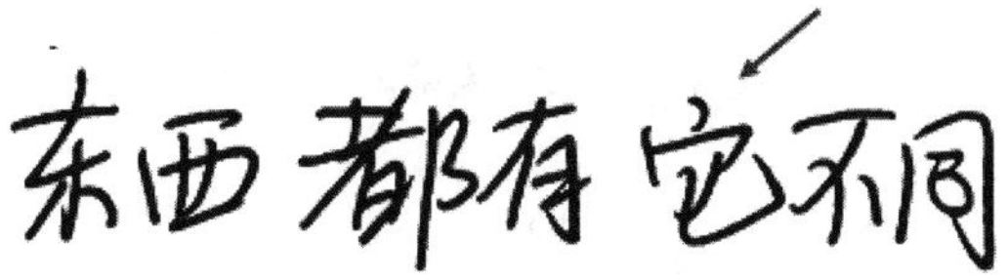

图 4-7　软弱点

（8）回钩点：先向右下方直线运笔，然后转折至左方或左下方收笔。

压抑，有拼搏精神，坦率，想发泄情感，有孤独感，果断，有进取精神。

图 4-8　回钩点

（9）撇点：形状类似短撇，力度轻。

软弱，缺乏主见，善良，温和，压抑。

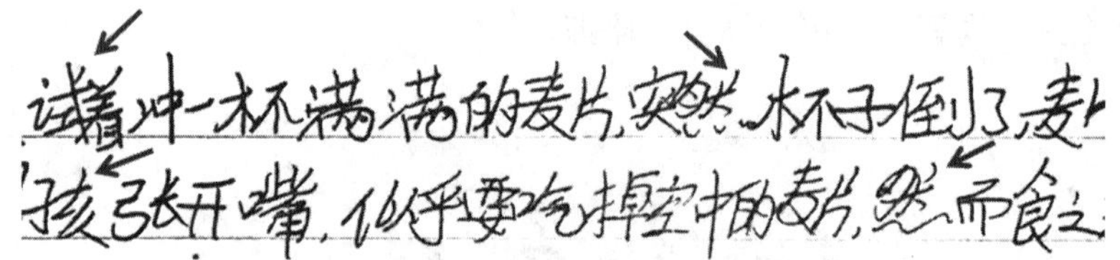

图 4-9　撇点

（10）作搭配、组合笔画使用时。

① 数点连笔成横：直率，缺乏耐心，敢作敢为，思维迅速，易冲动，果断。

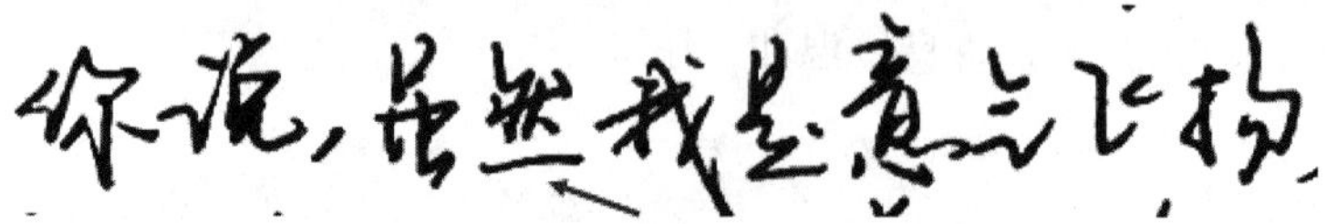

图 4-10　数点连笔成横

② 数点连笔成波浪形：宽厚，自信，不急躁。

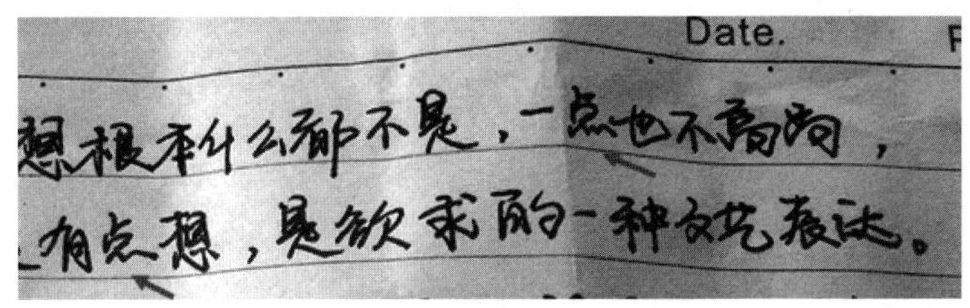

图 4-11　数点连笔成波浪形

③ 点无变化，极规范：守规矩，稳重，有条理，程序性强。

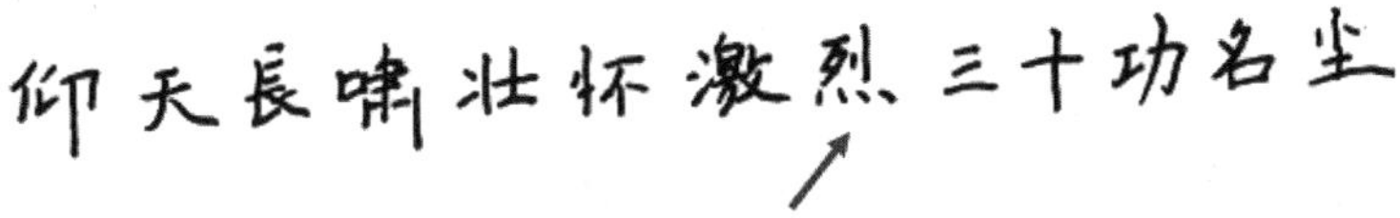

图 4-12　点无变化，极规范

4.2　横

横画主要反映书写者的心态、意志、自主性、为人处世的态度。通过对其长度、走向、曲直以及用力情况几个方面来进行分析。

（1）长横：横的左右两边偏长，突出于字体整体之外。

固执，执着，自以为是，有理想，目光远大，注重宏观全局，心胸宽广，慷慨，豪爽，大度，不拘小节，积极，有进取精神，注重未来。

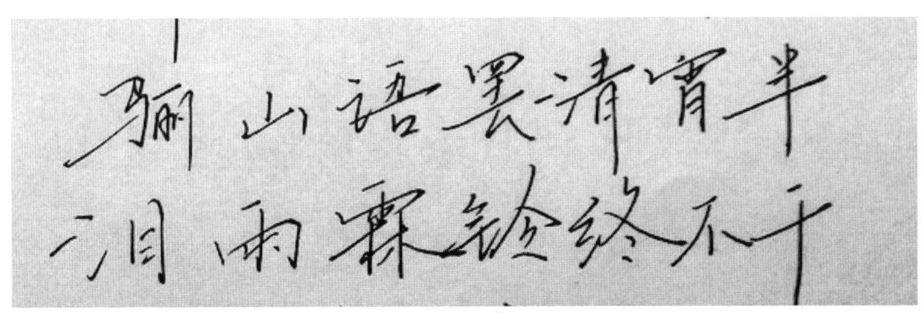

图 4-13　长横

（2）短横：横画短于正常长度。

细心，谨慎，冷静，理智，踏实，缺乏信心，胆小，焦虑但外表平静，心胸不宽，可能吝啬、孤僻或精明。

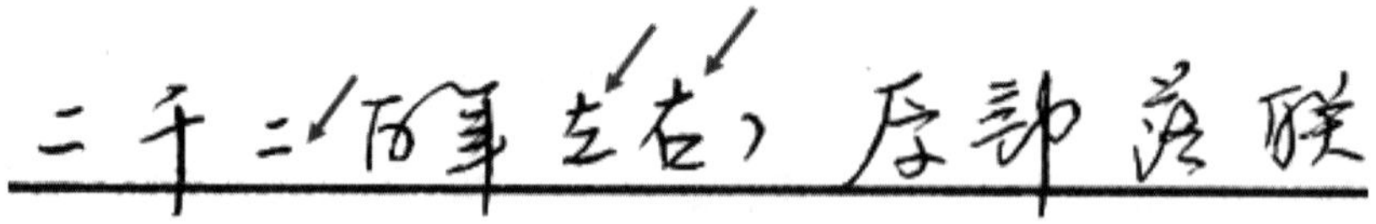

图 4-14　短横

（3）水平横：书写方向一直保持水平状态。

缺乏主动，保守，忍耐力强，慢性子，组织能力强，易满足，平和，易与人相处，认真，责任感强，有分寸，情绪稳定，沉稳，自制。

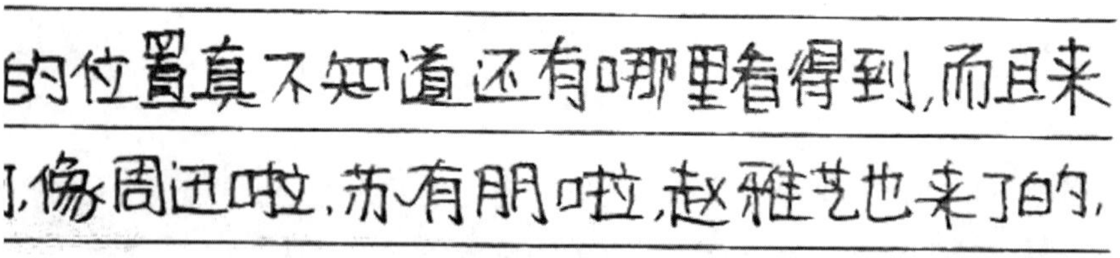

图 4-15　水平横

（4）上仰横：书写方向越写越高，力度、速度保持稳定。

积极，主动，有进取精神，自信，有理想，有主见，竞争性强，情绪饱满，乐观。

图 4-16　上仰横

（5）上挑横：书写方向越写越高，收笔轻快，呈针尖状。

积极主动，热情开朗，善于交际，思维敏捷，反应快，处事灵活，坦荡，直率，易冲动。

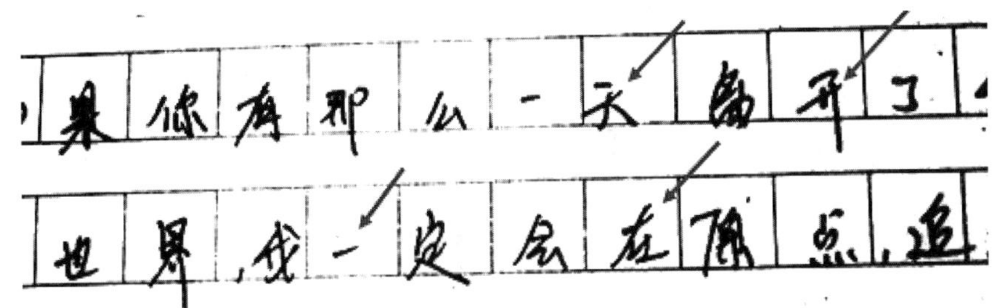

图 4-17　上挑横

（6）横过于上倾：书写方向越写越高，倾斜角大于 30°。

自以为是，固执，偏执，敢作敢为，好强，执着，不满足，直率，狂妄。

图 4-18　横过于上倾

（7）下滑横：笔画无力，多呈弧线向下倾斜。

消极，消沉悲观，失望，缺乏信心，缺乏热情，凡事看负面。

图 4-19　下滑横

（8）隶书横：隶书写法。

沉稳，保守，认真，有耐心，有条理，传统，理智，程序性强，守纪律，平和，宽容。

史請敬所聖祠給皆子故常家典無時

一魯恭尊則臣牛備子未祠錢王常來

图 4-20　隶书横

（9）拱弧横：两头低中间高，向上凸起。

志大才疏，爱表现，装腔作势，虚伪，半途而废，感情丰富，感情用事，温和。

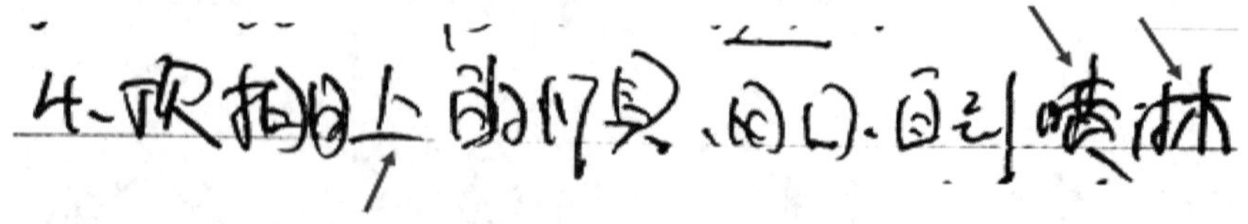

图 4-21　拱弧横

（10）下凹横：两头高中间低，向下凹 。

无法施展才华，能屈能伸，重形式，重形象，压抑，敏感，乐观，先冷后热，有恒心。

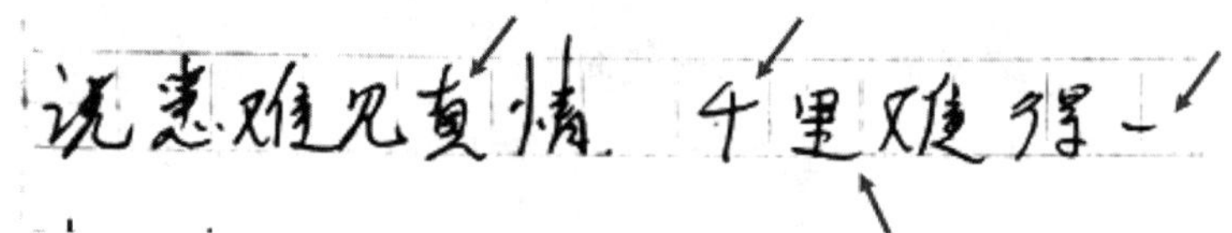

图 4-22　下凹横

（11）折笔横：横在收尾处转向右下方运行很短一段距离后收笔。

意志坚强，独立，积极进取，能吃苦，认真。

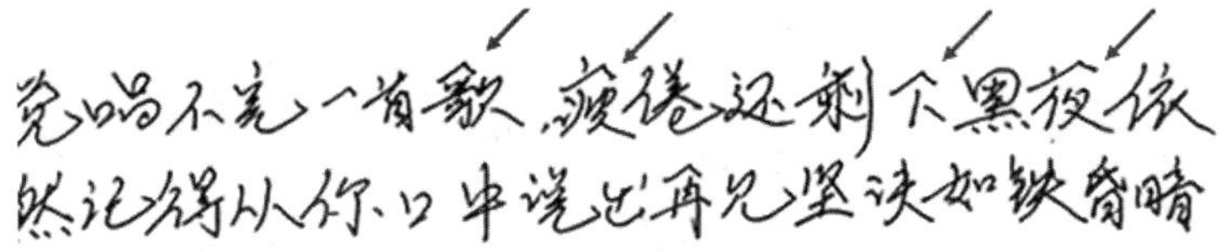

图 4-23　折笔横

（12）错乱横：长短不一，走势凌乱，多种写法共存，无稳定的书写风格。

情绪紊乱，烦躁，自控力差，随意性强。

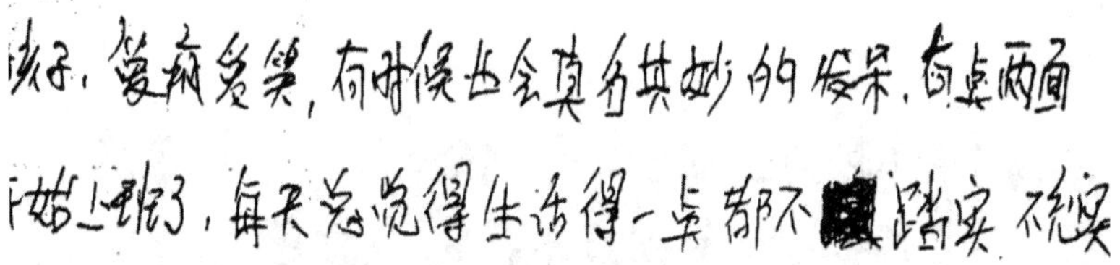

图 4-24　错乱横

4.3　竖

竖画主要反映书写者的行动能力、控制能力和对现实的态度。通过对长短、出头部位、倾斜、曲直、收尾特点以及风格的一致性进行分析。

（1）长竖：上下两头突出于字体整体之外。

急于行动，现实，情绪饱满，自尊心、责任感强，自我中心，固执。

① 向上延伸较长：聪明，思维活跃，完美主义，爱幻想，有理想、抱负，有主见、野心。

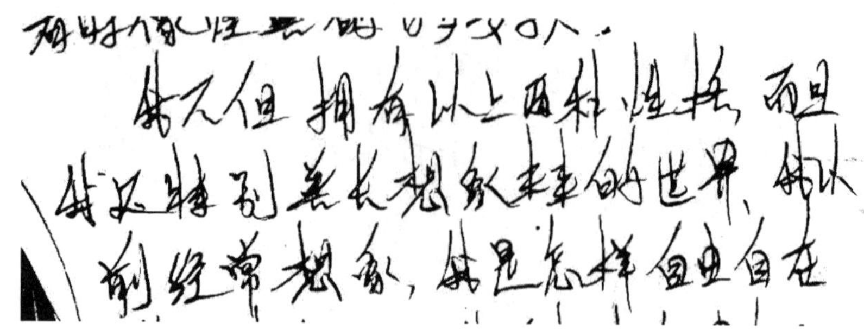

图 4-25　向上延伸较长

② 向下拉长：现实，目标明确，关注具体事物，虚荣，爱表现，深刻，执着，意志坚定。

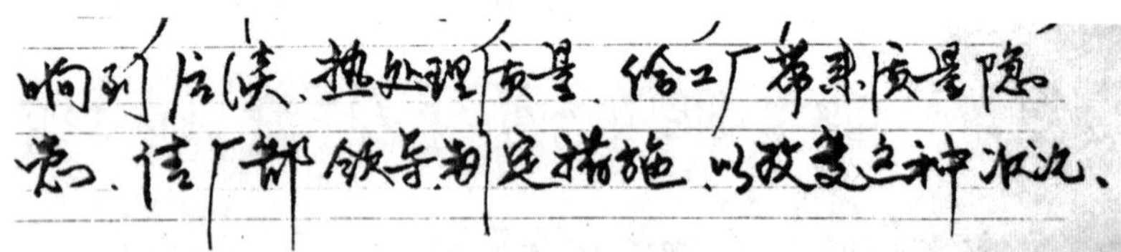

图 4-26　向下拉长

（2）短竖：明显短小。

细心，认真，敏感，谨小慎微，多虑，行动能力差，意志薄弱。

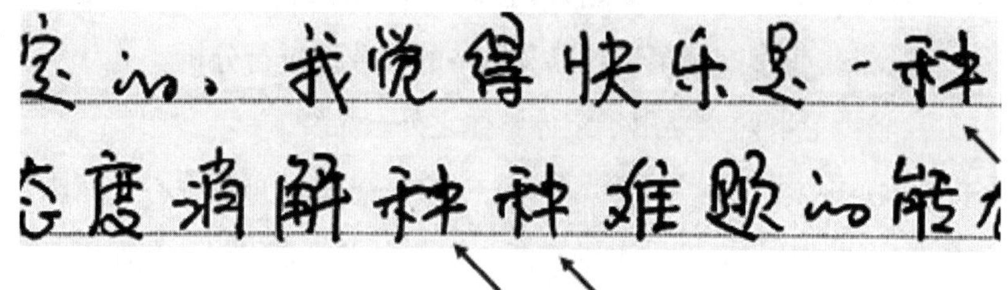

图 4-27　短竖

（3）左倾竖：竖画向左倾斜。

谨慎，自制，现实，内心封闭，善掩饰，多疑，虚伪，冷静，消极，压抑，认死理，难与人相处，自我意识强。

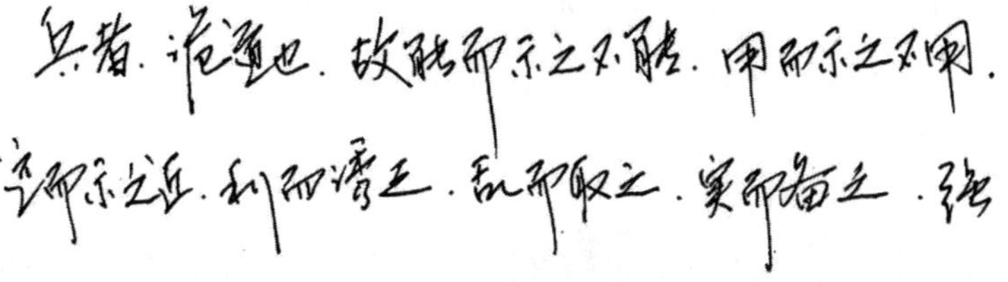

图 4-28　左倾竖

（4）右倾竖：竖画向右倾斜。

外向，乐观，大方，坦率，开朗，感情丰富，内心外露，善于交际，适应力强，易受影响，热情不持久。

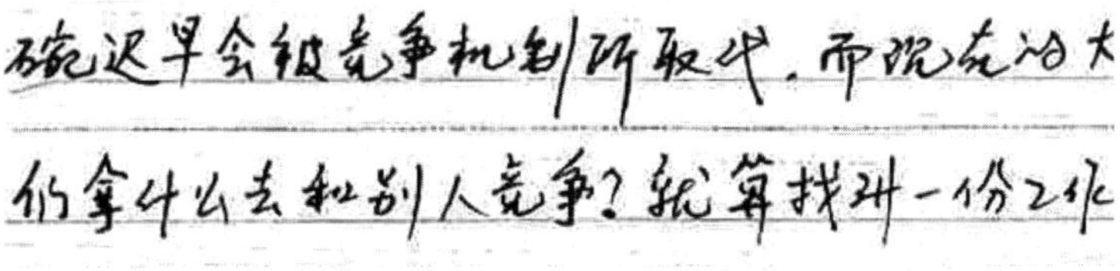

图 4-29　右倾竖

（5）垂直竖：竖画保持垂直。

认真，责任感强，守纪律，原则性强，死板教条，独立，有主见，理智，冷静，谨慎，保守，压抑，合作性差，独来独往，自律，重形象。

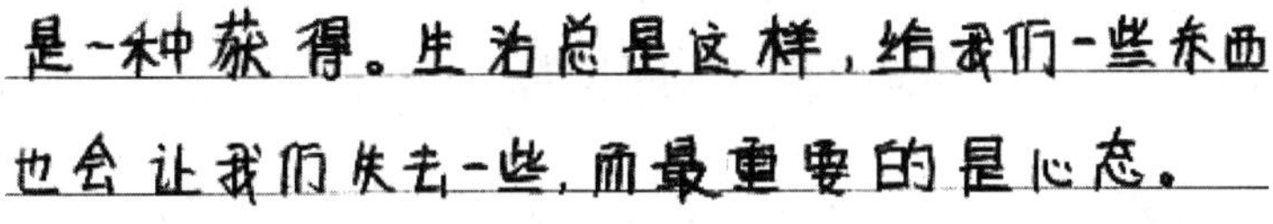

图 4-30　垂直竖

（6）竖时左时右：左倾、右倾和垂直的写法都有，无规律。

缺乏主见，决断时易犹豫，适应力差。

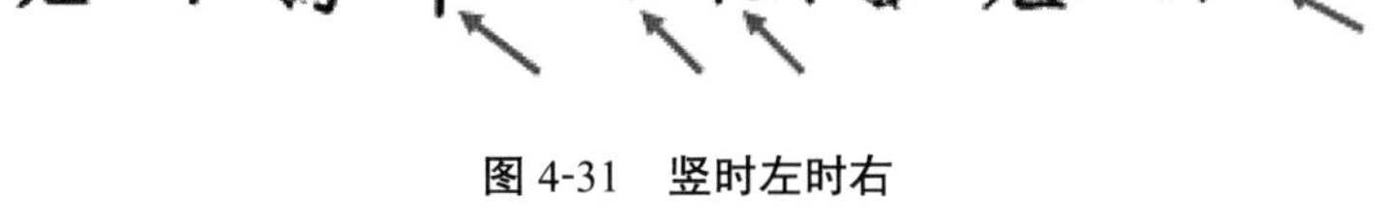

图 4-31　竖时左时右

（7）甩笔竖：竖画下部收尾处快速甩出，呈针尖状 。

急躁，感情丰富，情绪外露，喜怒于色，爱冒险，果断，心胸不宽，缺乏忍让，批评意识强，反应快。

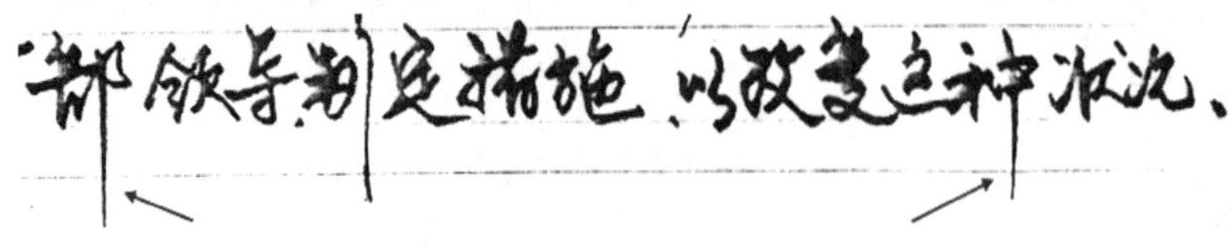

图 4-32　**甩笔竖**

（8）拖笔竖：力度和速度保持不变，在收尾处自然停止收笔。

稳重，谨慎，自制，有分寸，内心不外露，不善表达，慢性子，虚伪。

图 4-33　**拖笔竖**

（9）顿收竖：在收尾处增加力度并停顿收笔。

内心不外露，防范心强，心胸不宽；细心，认真，谨慎，自制，责任感强；保守，忍让，慢性子，留意观察，分析力强。

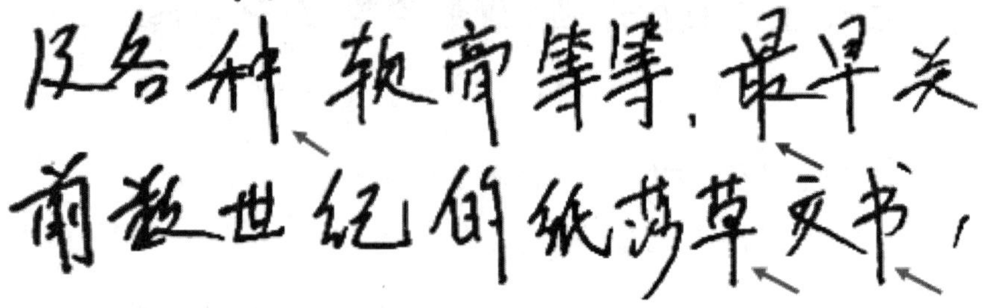

图 4-34　**顿收竖**

（10）回收竖：收尾处向上回钩收笔。

自制力强，有分寸。

图 4-35　回收竖

（11）左钩竖：向左上方回钩收笔。

多谋，有心计，深沉，虑事全面，潜意识行动能力强，有决断。

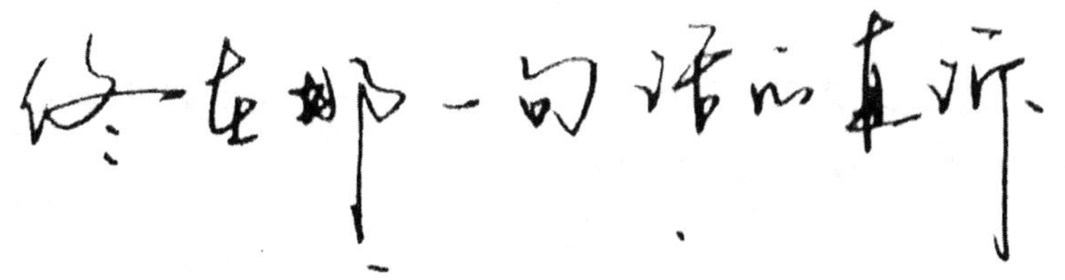

图 4-36　左钩竖

（12）右钩竖：向右上方回钩收笔。

浮躁，行动快，急躁，易冲动，轻率，行动能力强，爱表现，有决断。

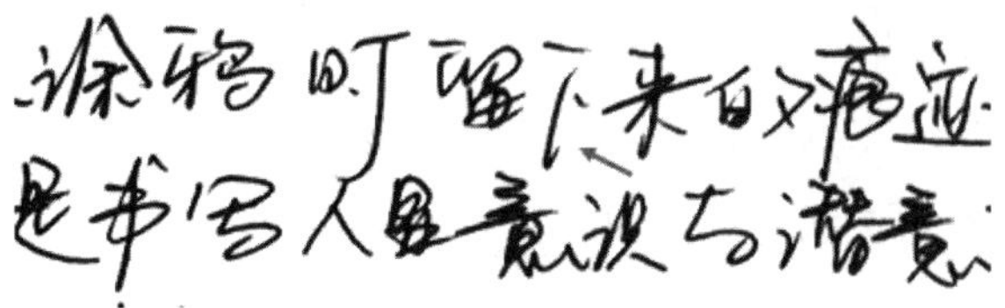

图 4-37　右钩竖

（13）左弯竖：呈“）”形。

内心不平衡，不满足，压抑，深沉，感情丰富，随和，意志坚定。

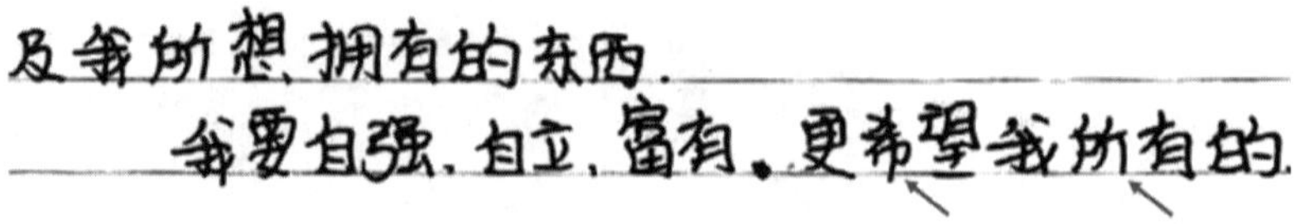

图 4-38　左弯竖

（14）右弯竖：呈“（”形。

防范心强，不信任别人，自私，虚伪，掩饰，装腔作势，多疑，多思虑，思维活跃。

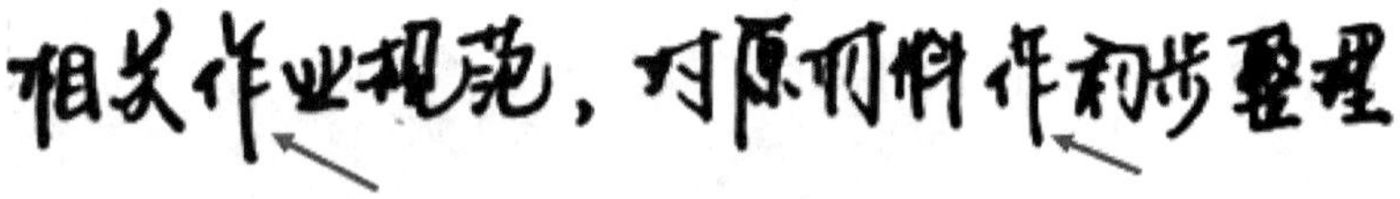

图 4-39　右弯竖

（15）折笔竖：先向右下方按压，并书写很短距离后，再继续写竖。

高傲，怪癖，意志坚定，自制。

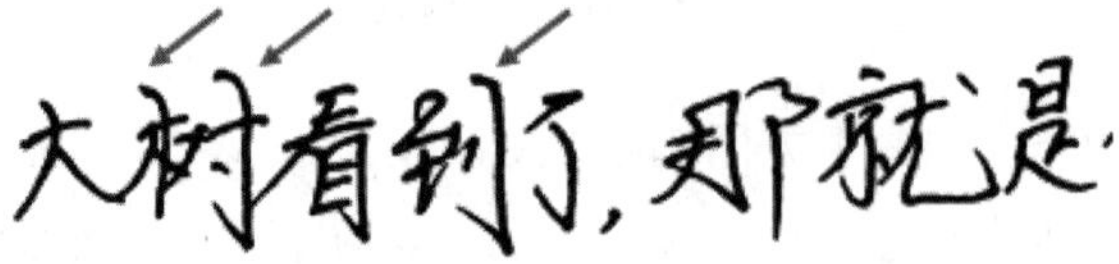

图 4-40　折笔竖

（16）飘逸竖：书写轻快，线条长大弯曲。

意志薄弱，思维灵活，反应快，喜幻想。

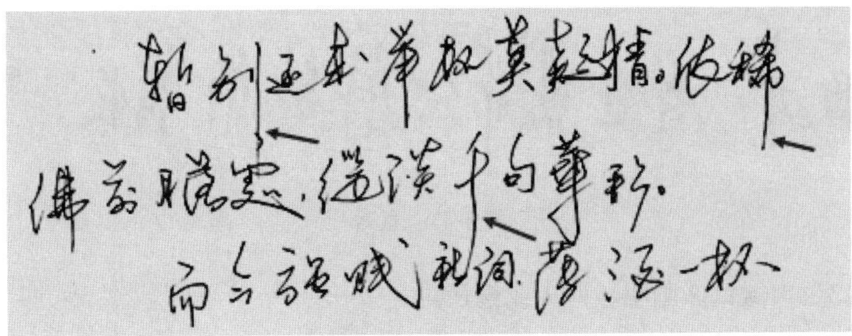

图 4-41　飘逸竖

4.4　撇

撇画主要反映书写者的心胸、情感、自信程度以及为人处世的主动性如何。通过大小、曲直以及收笔方向进行分析。

（1）真撇：规范写法，先重后快的连续弧形。

心胸宽广，感情丰富，爱生活，爱自然，开朗，乐观，注重未来，热情，健谈，兴趣广泛，情绪饱满，洒脱，现实。

图 4-42　真撇

（2）直撇：力度一致，无锋芒。

偏内向，谨慎，冷静，理智，专注，认真，责任感强，死板教条，单纯，缺乏心计，虑事简单，兴趣不广，稳重，自制，压抑，有进取精神，拼搏。

图 4-43　直撇

（3）大撇：撇画明显偏大或偏长。

积极，果断，不拘小节，粗心，易冲动，感情丰富、奔放，情感易发泄，直爽，乐观，开朗，热情，有理想，有进取精神，自我意识过强。

图 4-44　大撇

（4）小撇：与其他字体结构相比明显偏小。

敏感，处事灵活机敏，聪明，心胸狭窄，多疑，吝啬，细心，胆小，善观察，缺乏进取精神，有投机倾向，缺乏信心。

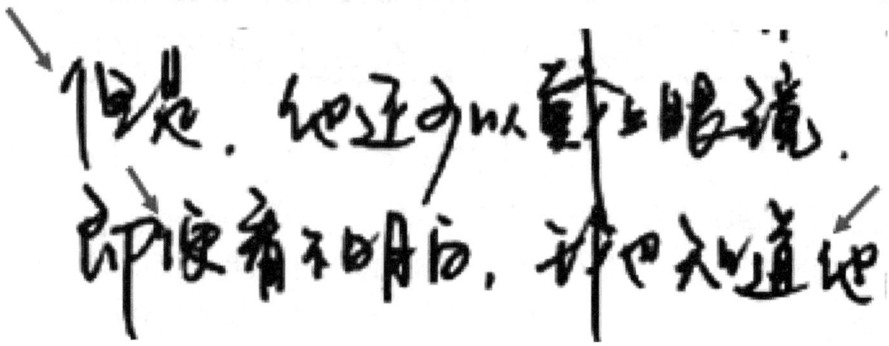

图 4-45　小撇

（5）括弧撇：撇的写法为反向弯曲，类似于“（”形。

独立，敏感，多疑，合作性差，内心封闭，孤僻，认死理。

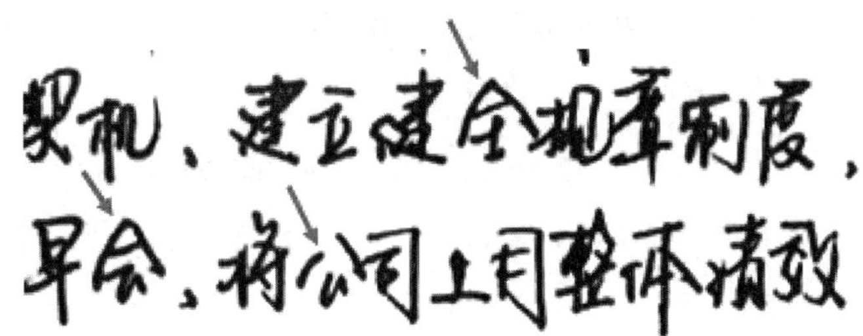

图 4-46　括弧撇

（6）回锋撇：收尾处反向回钩。

成熟，稳重，理智，认真，责任感强。

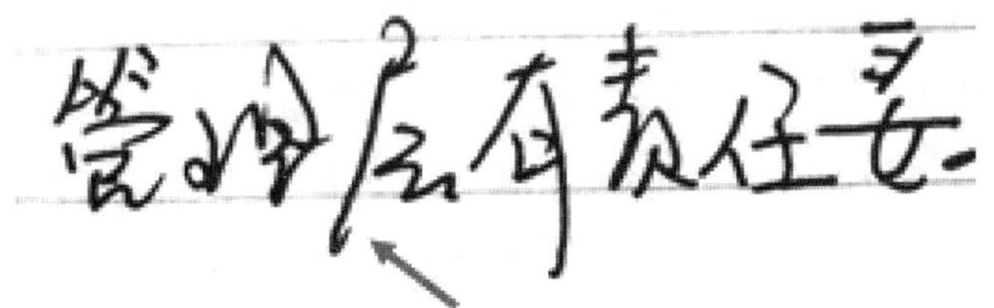

图 4-47　回锋撇

（7）横撇写成横：比如将“千”写成“干”。

直率，不善体贴人，对他人情感不敏感。

图 4-48　横撇写成横

4.5 捺

捺画主要反映书写者处理具体事务的能力以及感情的表露和处事的态度。主要通过曲直、长短和收笔方向进行分析。

（1）真捺：标准书写方法，向右下方书写，然后弯曲并减轻力度收笔。

开朗，感情丰富，爱生活，爱自然，有理想，审美意识强；善良，积极，乐观，热情，心胸宽广。

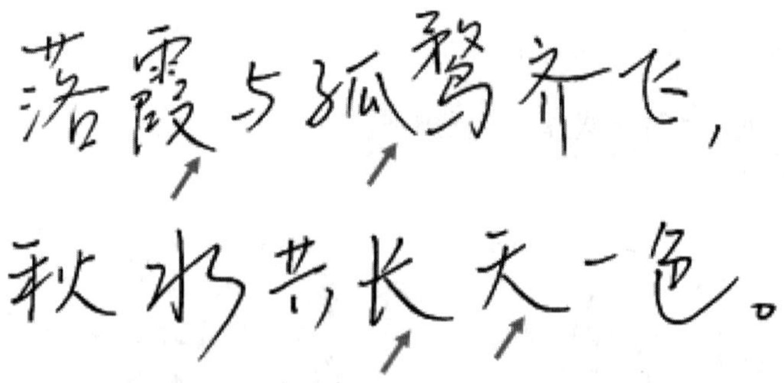

图 4-49　真捺

（2）直捺：直线书写，收尾处力度不变，无锋芒。

偏内向，意志坚强，固执，直率，情感不丰富，自制，独立，不善交际，适应力差，缺乏审美趣味，生活单调、枯燥。

特殊的人体语言，是一种意识t
来的反映书写人在书写过程中形

图 4-50　直捺

（3）回钩捺：在收笔时转折回钩。

豪爽，直率，积极，有创造力、开拓欲，应变力强，处事灵活，精明，有城府，自制，注重形象，努力拼搏。

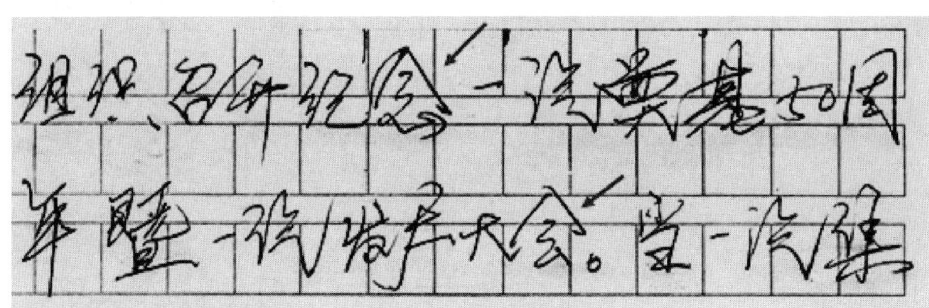

图 4-51 回钩捺

（4）上挑捺：收尾时向右上方翘起。

活泼好动，乐观，开朗，热情，善解人意，虚荣，易冲动，逻辑性强。

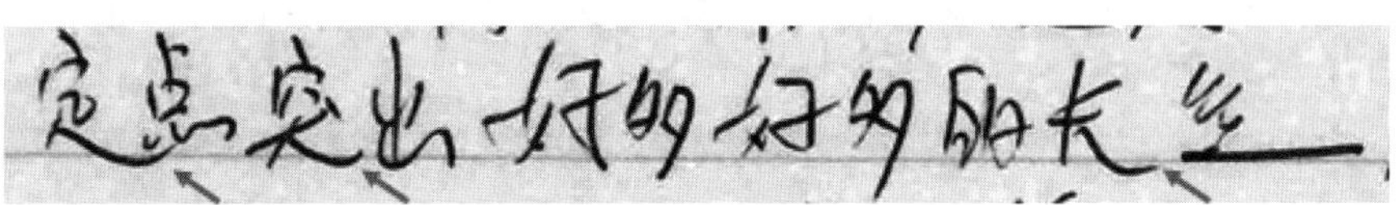

图 4-52 上挑捺

（5）括弧捺：捺的写法为反向弯曲，类似于“）”形。

独立，合作性差，多疑，防范心强，有城府，内心封闭，自以为是，敏感。

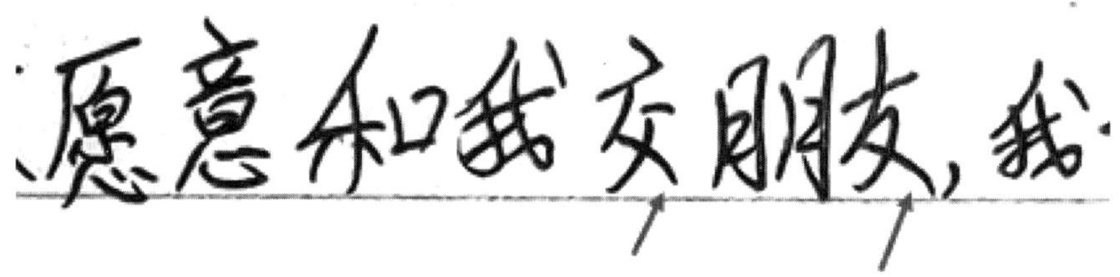

图 4-53 括弧捺

（6）波浪捺：捺画为连续曲线快速写成。

感情丰富，多烦恼，犹豫，意志薄弱。

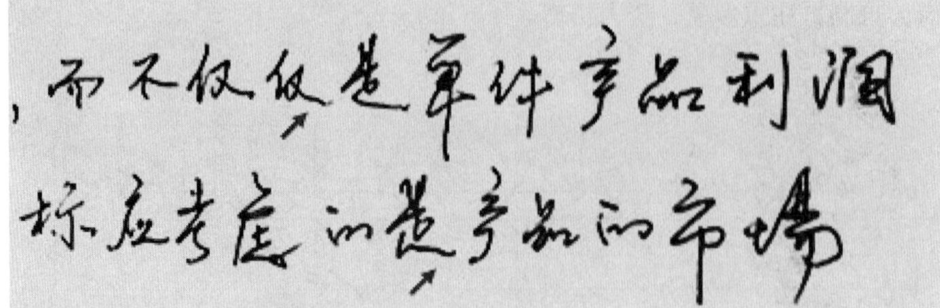

图 4-54　波浪捺

（7）真平捺：平捺的标准写法。

开朗，热情，积极乐观，外向，坦荡，自信，自我意识强。

图 4-55　真平捺

（8）直平捺：平捺写成直线。

自信，拼搏，有开拓精神，唯我独尊，固执。

图 4-56　直平捺

（9）上挑平捺：收尾处向上方转折。

外向，爱表现，爱出风头，善于交际，感情丰富，爱发泄。

图 4-57　上挑平捺

（10）船形平捺：写成两头高、中间低的凹形。

自信，直率，有主见，随和。

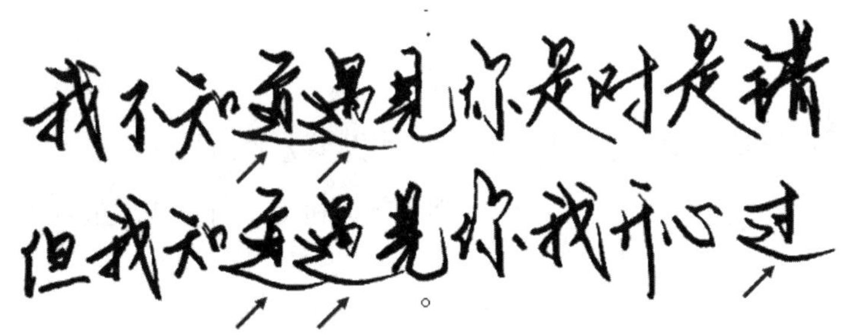

图 4-58　船形平捺

4.6　钩

钩画主要反映书写者行动力的强弱以及心胸的开阔程度。通过长短、夹角大小与锋芒长短情况进行分析。

（1）无钩：钩画被有意省略。

办事缺乏周密思考，坦率，浮躁，果断，有胆量，倔强，固执。

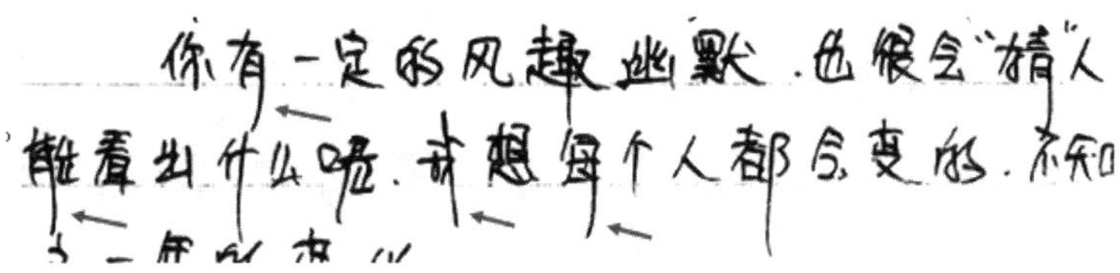

图 4-59　无钩

（2）长钩：钩画明显超长。

意志坚定，敢作敢为，冒险，有个性，缺乏忍让，聪明，爱幻想，逻辑性强，重精神追求，热情，开朗，积极，社会活动力强。

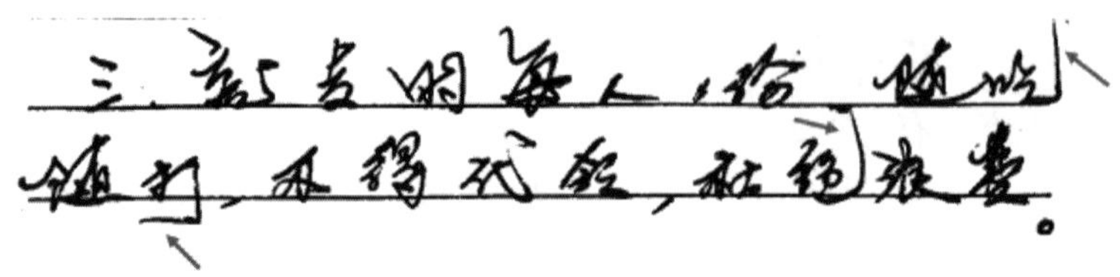

图 4-60　长钩

（3）连笔钩：钩与下一笔相连，比如提手旁的钩与提相连。

思维连续，思维敏捷，理解能力强；善抓机遇，行动快，重效率，易冲动，急躁。

图 4-61　连笔钩

（4）回笔钩：钩画往上一笔的来时方向返回。

独断，直率，固执，犹豫，内心矛盾。

图 4-62　回笔钩

（5）钩角明显：钩的长度较大，角度分明。

意志坚定，有主见，精力充沛，有魄力，观察、分析能力强。

图 4-63　钩角明显

4.7　折

折画主要反映书写者心胸的开阔程度和适应性的强弱。主要通过角度大小、圆弧情况进行分析。

（1）圆弧折：转折处形成圆弧。

处事灵活，圆滑，随和，温和，宽容，外柔内刚，忍耐力强，理智，现实。

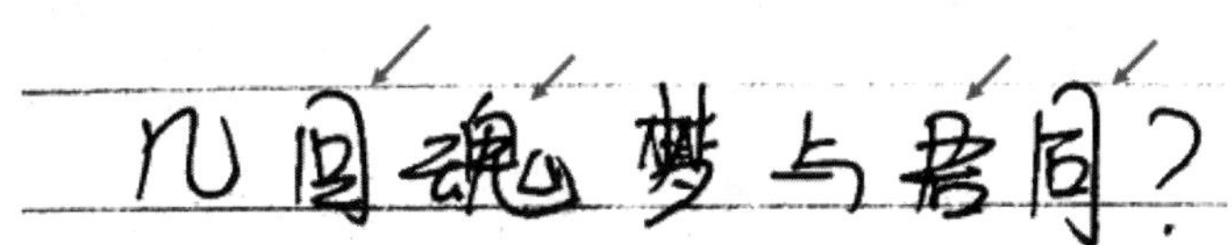

图 4-64　圆弧折

（2）直角折：直线书写，转折处没有圆弧，形成明显的直角。

沉稳，程序性强，缺乏变通，保守，传统，果断。

图 4-65　直角折

（3）锐角折：转折处形成明显的锐角。

果断，机敏，应变力强，好强，心胸狭窄，暴躁，有斗争性，苛刻，冷酷。

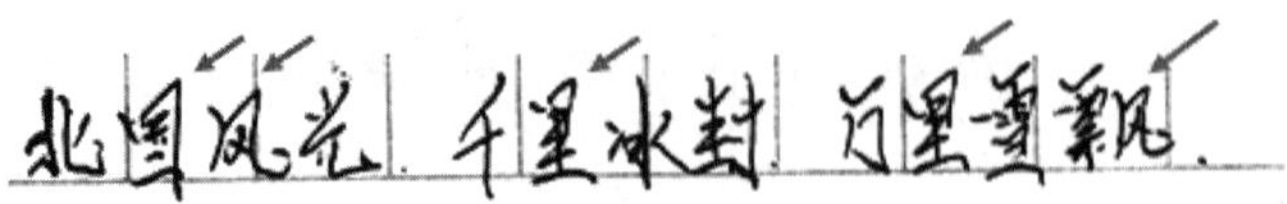

图 4-66　锐角折

4.8　挑（提）

挑也称为提，主要通过走向、规范程度、长短进行分析。主要反映了书写者在自制力和主动性上的表现。

（1）连笔挑：与上一个笔画相连，一笔写成。

急躁，反应快，行动快，缺乏耐心，易冲动，理解力强，重效率，善抓机遇。

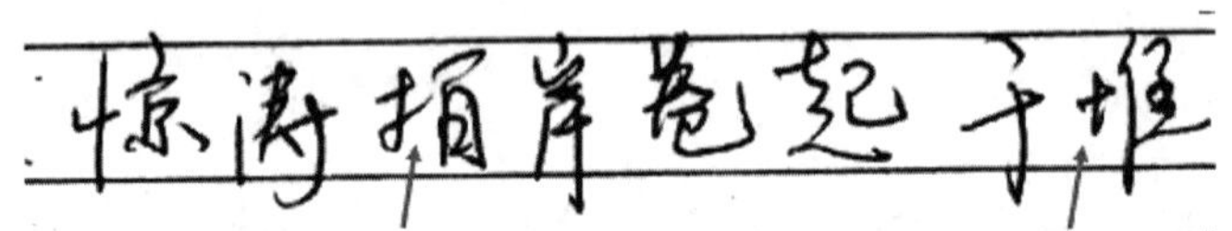

图 4-67　连笔挑

（2）甩尾上挑：提画快速甩出，形成的长度较长，向右上方倾斜的角度较大。

急躁，机敏，心胸狭窄，情绪外露。

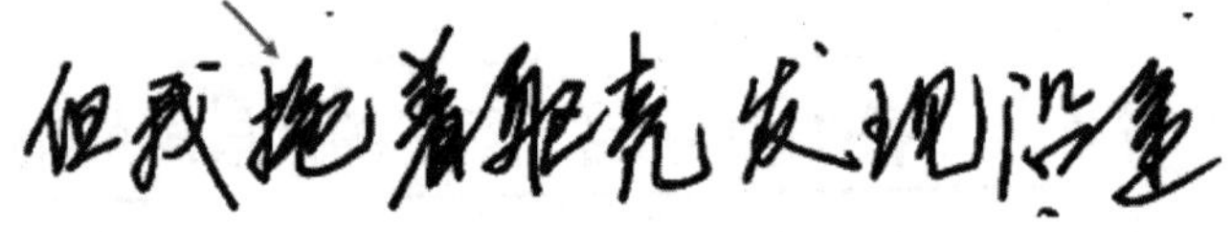

图 4-68　甩尾上挑

（3）写成顿笔横：挑写成短横状，收笔停顿。

谨慎，自制，保守。

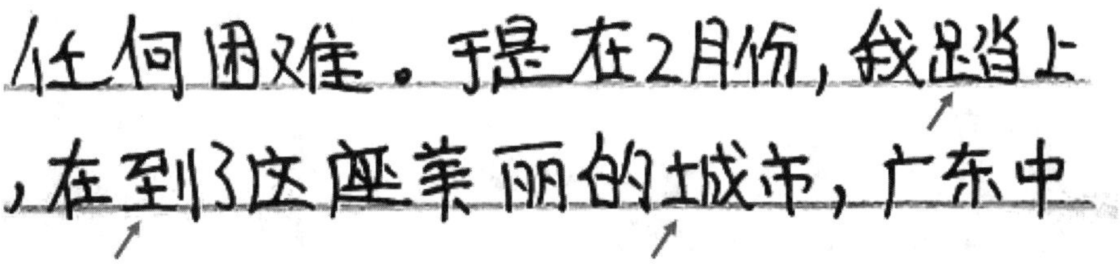

图 4-69　写成顿笔横

（4）规范挑：按照书写规范书写。

理智，认真，守法，稳重，踏实，死板教条。

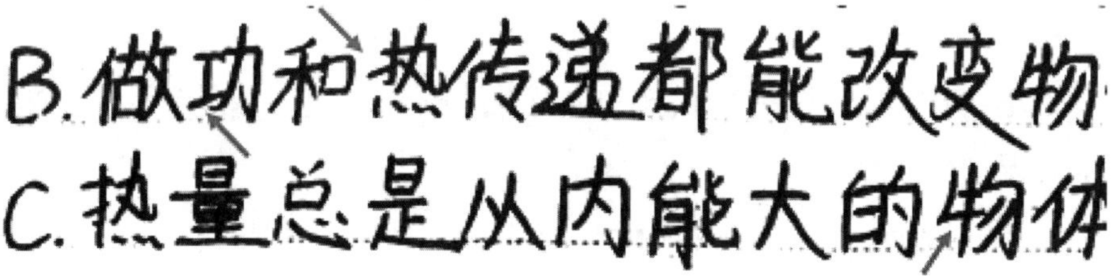

图 4-70　规范挑

（5）无锋挑：书写慢，挑的收尾没有形成锋芒。

谨小慎微，保守，沉着，冷静。

图 4-71　无锋挑

（6）长锋挑：收尾形成的锋芒很长。

积极，行动快，爱分析，独立，爱思考。

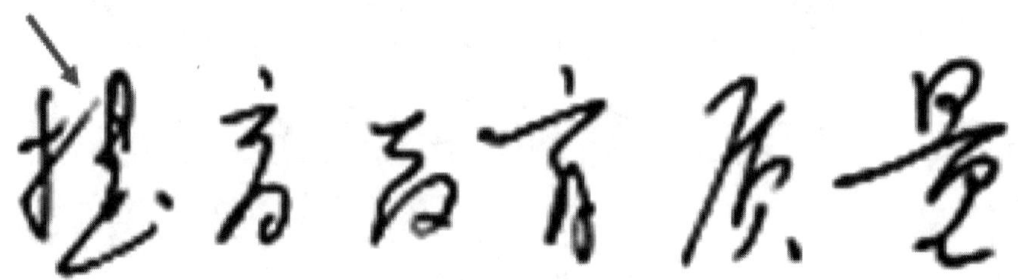

图 4-72　长锋挑

4.9　起笔

起笔主要反映书写者心态、理想以及自信心。主要通过速度和力度的变化、转折情况进行分析。

（1）平直起：笔尖接触纸面后的速度、力度和方向保持稳定。

认真，直率，坦荡，平和，理智，成就欲不强。

图 4-73　平直起

（2）尖头起：笔尖在快速运动中逐渐接触到纸面。

急躁，易冲动，直爽，果断，反应快，思维灵活。

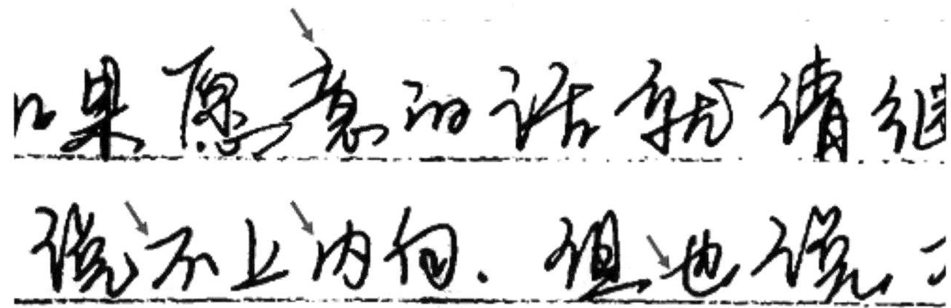

图 4-74　尖头起

（3）回钩起：先反向回笔运行一小段，再开始正常书写。

能吃苦，自律，有进取精神，意志坚强，有毅力，稳重，现实，重形式，有冒险性，兴趣不广。

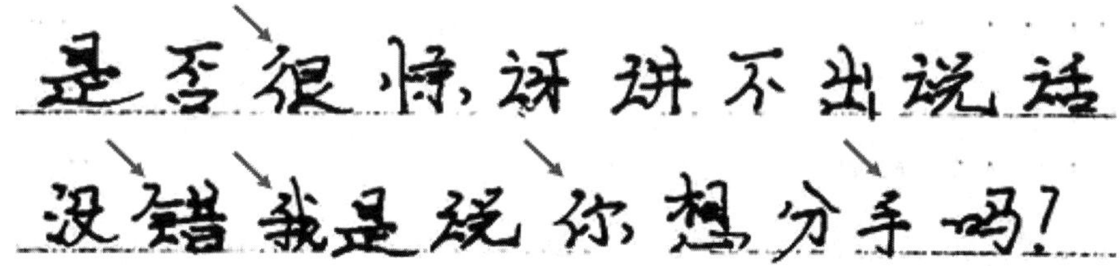

图 4-75　回钩起

（4）折笔起：先向右下方按压并运行很短的距离后，再开始正常书写。

能吃苦，意志坚强，死板教条，认真，理智，保守，宽厚，虚荣，重形式，重荣誉，易满足。

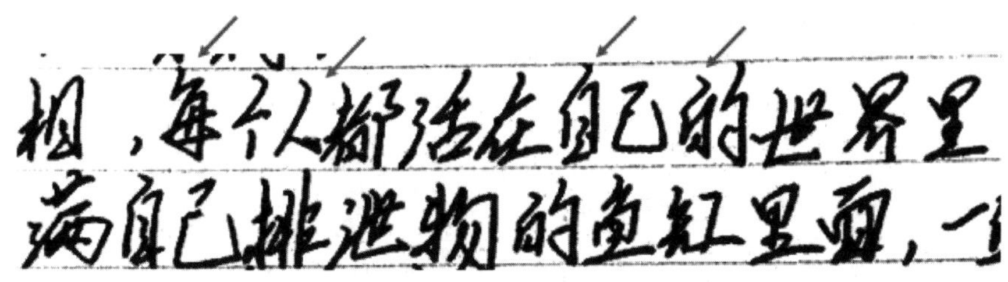

图 4-76　折笔起

（5）顿笔起：笔尖先用力按压纸面后略停顿，再开始正常书写。

积极，进取，含蓄，谨慎，稳重，犹豫，缺乏耐心，半途而废，倔强，固执，重形式，有野心。

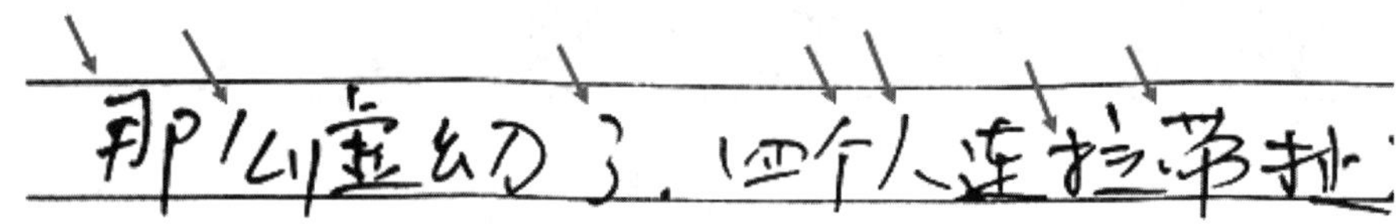

图 4-77　顿笔起

4.10　收笔

收笔主要反映书写者的心态、行动能力和情感情绪。主要通过形状、力度、速度以及走向的变化进行分析。

（1）针状收：收笔轻快，线条变细。

急躁，直爽，易冲动，行动快，果断，缺乏忍让，有批评意识，内心外露，机敏，积极，观察力强。

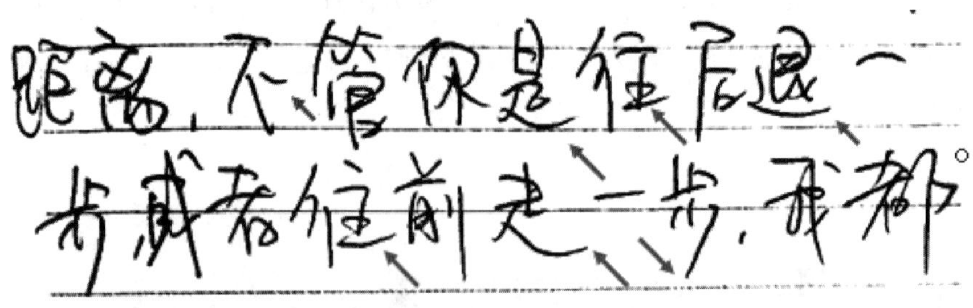

图 4-78　针状收

（2）顿收：收笔加重而停顿 。

① 快、重：急躁，自信，果断，意志坚强，大胆，自以为是，装腔作势。

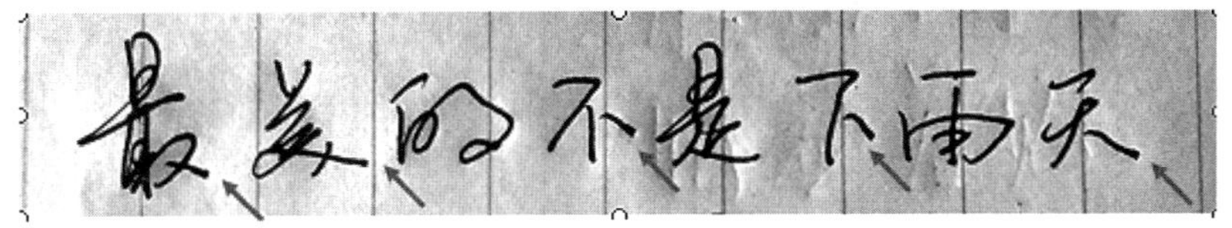

图 4-79　顿收，快、重

② 慢、重：认真，谨慎，自制，责任感强，忍让，保守，压抑，决断时易犹豫。

图 4-80　顿收，慢、重

（3）带钩收：收尾转向呈钩状。

直率，易冲动，急躁，自信，自以为是，苛刻，冷酷。

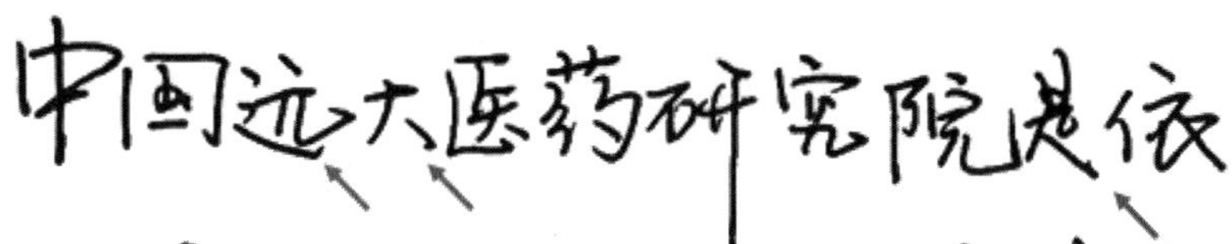

图 4-81　带钩收

（4）上翘收：收尾处往上翘。

坦荡，善良，随和，谦虚，忍让，温和，不管闲事。

图 4-82　上翘收

（5）上挑收：收尾处向上转折。

爱表现或急于行动，易紧张、兴奋，果断，积极，急躁，易冲动，缺乏耐心。

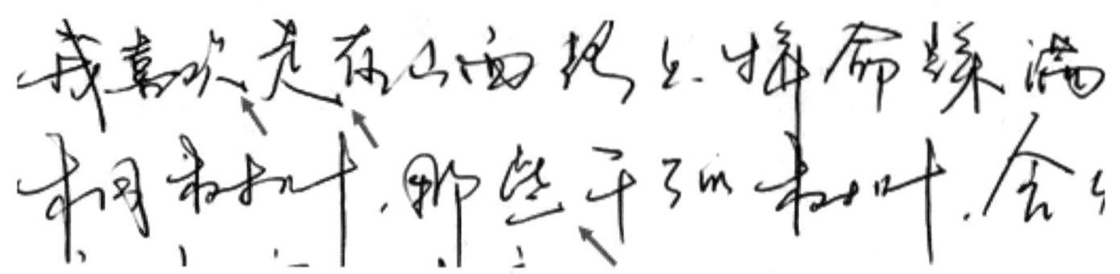

图 4-83　上挑收

（6）平直收：收尾方向保持不变。

平和，理智，守法，从容，顺从，忍耐力强，责任感强。

图 4-84　平直收

（7）下滑收：收尾方向向下弯曲。

意志薄弱，情绪低落，消沉，身体不佳，缺乏信心。

图 4-85　下滑收

（8）回钩收：收尾向反方向回笔。

自私，内心封闭，以自我为中心，防范心强，谨慎。

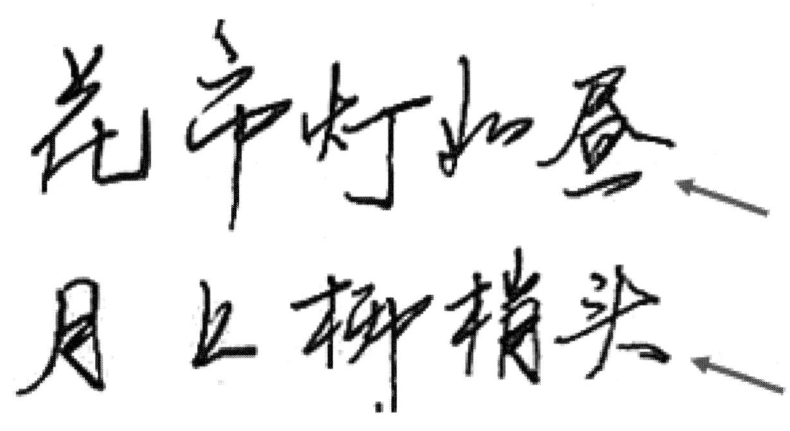

图 4-86　回钩收

（9）收笔甩很长或拖很远：收尾明显过长。

目光远大，自信，乐观。

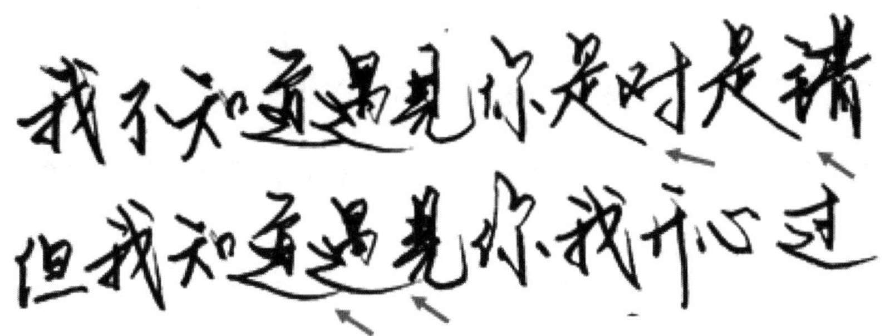

图 4-87　收笔甩很长

4.11　标点符号的书写习惯

标点符号的书写认真与否，主要反映书写者处事的认真程度。

（1）认真书写标点：标点书写规范，大小和位置合适，用法正确。

认真，谨小慎微，细心，理智，自制，诚实，专注，守纪律，缺乏创新。

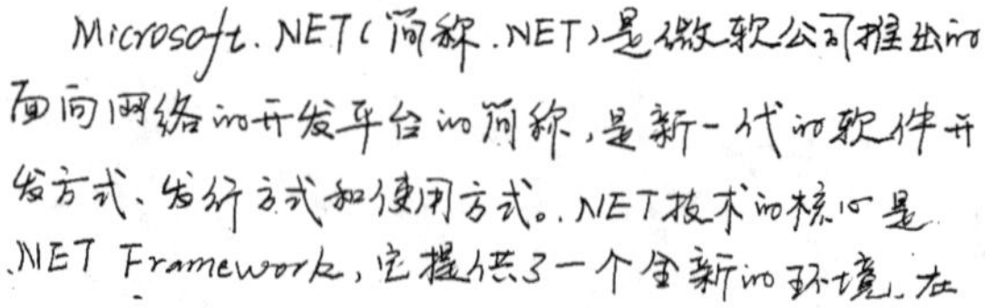

图 4-88　认真书写标点

（2）标点书写随意、马虎：标点书写不规范，潦草。

思维迅速，缺乏耐心，粗心，不拘小节，急躁，果断，积极，热情。

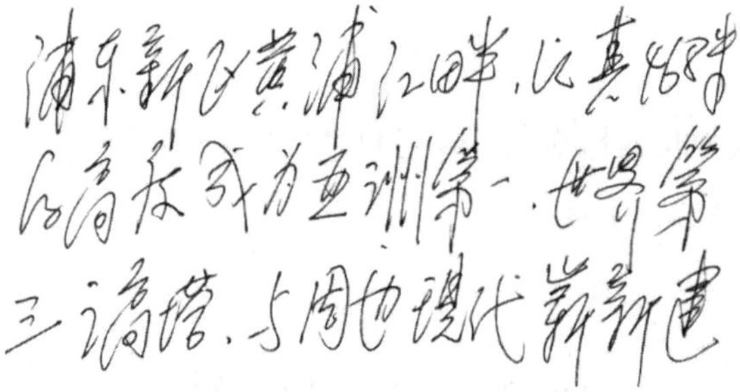

图 4-89　标点书写随意、马虎

（3）不负责，乱用或不用标点：或不写标点，或乱断句，或全部用点代替。

文字能力差，不拘小节，粗心。

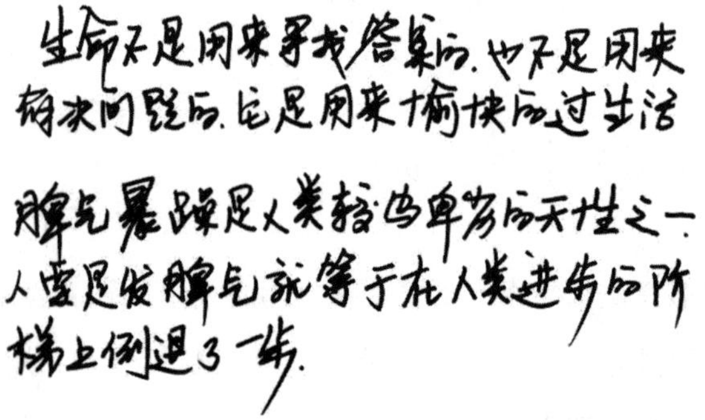

图 4-90　不负责，乱用或不用标点

（4）超大标点：标点过大。

不拘小节，缺乏胆魄，缺乏谋略，诚实，善良，思维不灵活，缺乏主动。

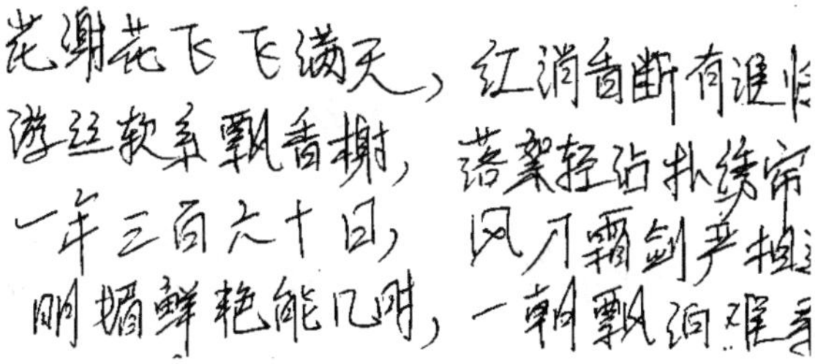

图 4-91　超大标点

第5章

笔迹特征：线条动态特征

第二、三、四章所列出的笔迹特征，可以直接通过观察笔迹的某些形状特点来进行比对。如果需要分析一份潦草的连笔很严重的笔迹或者英文笔迹，你是否感到无从下手？由于连笔的影响，导致有效笔迹特征过少而使很多笔迹特征难以判断。针对这种笔迹，我们可以通过线条的动态特征入手进行笔迹分析。

本章的很多内容采用著名笔迹学家徐庆元的主动触觉法，该方法以线条的速度和力度相结合所形成的触觉感受来进行分析判断，可以在不需记忆笔迹特征释义的情况下，仅通过线条的速度和力度这两项指标就能分析出丰富的内容。

本章的内容比较重要，但对于依赖查阅笔迹特征释义的初学者而言不太容易掌握。主要难点在于这一章的笔迹特征无法完全通过形状来确定，还需要与压力、速度等因素相结合。还有一些笔迹特征来源于书法用语，不容易进行具体描述和精确定义。想掌握好这部分的笔迹分析技能，必须花时间慢慢揣摩和感受。由于线条的动态特征千变万化，无法以图例的形式表现具体的量化标准，因此本章的图例仅作参考。

线条的动态特征是笔迹特征中很重要的一个内容，可以单独予以分析，也可以与前面的笔迹特征结合起来进行分析。笔迹学工作联盟的发起人之一、笔迹读心网（www.du-xin.com）的创办者李峰先生，师从笔迹分析主动触觉法创始人徐庆元先生，具有丰富的运用主动触觉分析法的分析和教学经验。想更加深入地学习和提高笔迹分析水平，可以向李峰老师学习笔迹分析的主动触觉法。

5.1 线条的速度

线条速度的快慢主要反映书写人的思维以及理解能力的快慢。

传统意义上的书写速度，是用单位时间内书写若干个字的数量来确定的，容易受各种因素（书写熟练程度、字体大小、笔画多少、字间距大小、字体倾斜方向、力度的轻重等）影响而不易判断，而且得到的是多个字的平均速度，会遗漏很多重要的细节信息。相对而言，通过分析单个书写线条的运行轨迹来判断速度、压力等得到的数据会更加准确有效。通过专门的训练，可以准确把握线条的速度和压力。初学者可以通过自身的感受来进行粗略的判断。

（1）速度极快：线条在运行缺乏控制性，速度极快。

思维灵活，思维敏捷，行动快，坦率，热情，果断，不甘寂寞，缺乏耐心，缺乏周密，情绪不稳。

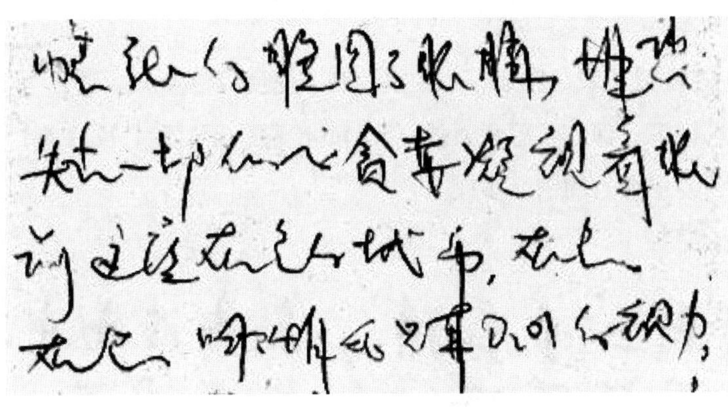

图 5-1　速度极快的线条

（2）速度快：线条在运行中控制性较少，速度较快。

热情，开朗，活泼，精力充沛；思维灵活，思维敏捷，反应快，理解能力强，注重宏观，自信，果断，急躁，情绪不稳，忍耐力差，兴趣广泛。

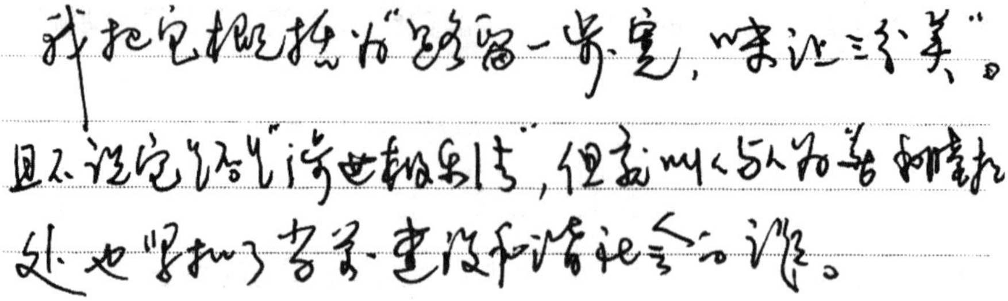

图 5-2 速度快的线条

（3）速度适中：线条在运行中不急不缓，速度中等。

适应力强，稳重，自制，从容，有分寸，计划性强，内心不外露。

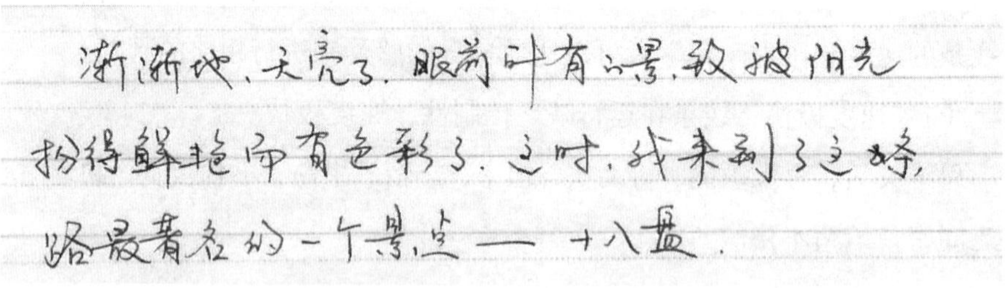

图 5-3 速度适中的线条

（4）速度慢：线条在运行中注重控制，速度较慢。

内向，深沉，保守，忍耐力强，沉稳，冷静，不冒险，反应差，慢性子，独来独往，爱思考，周密，多谋。

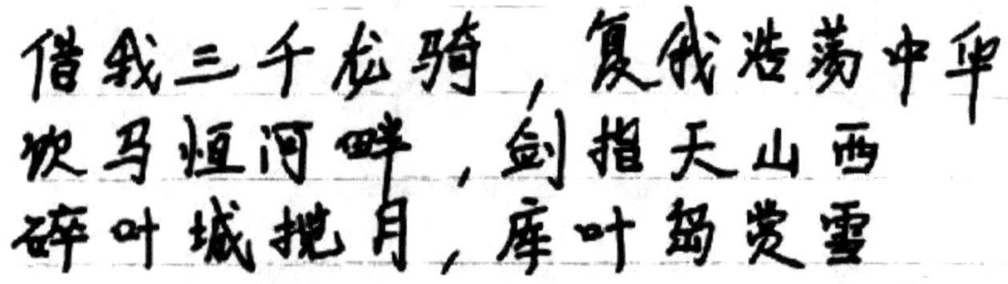

图 5-4 速度慢的线条

（5）速度极慢：线条在运行中控制性过强，速度很慢。

缺乏信心，慢性子，内向，内心不外露，压抑，缺乏进取精神。

是一种获得。生活总是这样，给我们一些东西
也会让我们失去一些，而最重要的是心态。
暂停于此吧，别的话待另修书再谈。

图 5-5　速度极慢的线条

（6）时快时慢，缺乏节奏：线条在运行中控制性较差，忽快忽慢。

情绪不稳，性情不稳，感情用事。

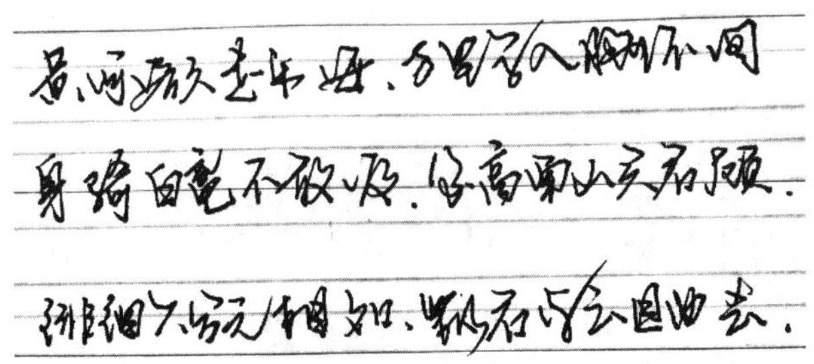

图 5-6　时快时慢，缺乏节奏的线条

（7）缓急相间，节奏感强：线条在运行中控制性较强，速度的变化规律性强，有节奏。

有一定的艺术造诣和鉴赏力，注重生活美学。

依稀往梦似曾见，心内波澜现。
抛开世事断愁怨，相伴到天边。

图 5-7　缓急相间，节奏感强的线条

5.2　线条的力度

书写力度的轻重主要反映人的精神和肉体的能量。

书写力度也称笔压。力度的简单判断：在中等厚度的纸张背面观察和触摸书写造成的凸出情况。如果凸出很明显，表示力度重；凸出虽不很明显，但手在该处滑动时可以感觉到轻微的凸凹感，表示力度中等；如果纸张完全平整，表示力度轻。如果单字中既有很轻的线条，也有很重的线条，且缺乏轻重变化的过渡，可判断为轻重不一。

（1）力度重：在线条的书写过程中，笔对纸张施加的压力较重。

活泼好动，精力充沛，意志坚定，魄力，自负，独断，固执，倔强，刚愎自用，暴躁，易冲动，好强，喜怒于色，有个性，慷慨，豪爽，恒心，毅力。

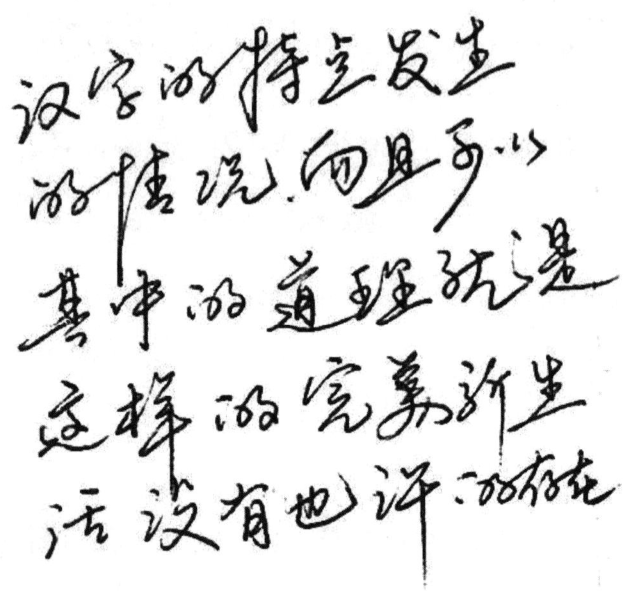

图 5-8　力度重、快

① 重、快（参见图 5-8）：活泼好动，兴趣广泛，注重宏观，缺乏周密性。

② 笔笔有力：意志坚定，执着，能吃苦。

又寂寥的雨巷，我希望逢
着一个丁香一样地，结着愁
怨的姑娘。她是有丁香一

图 5-9　笔笔有力，重，直线多，力度、速度和方向均匀一致

③ 重，直线多（参见图 5-9）：直率，情绪外露，独立，能吃苦。

（2）力度轻：在线条的书写过程中，笔对纸张施加的压力较轻。

意志薄弱，犹豫，缺乏信心，处事灵活，依赖，缺乏主见，软弱，顺从，羞怯，喜静，拘谨，谦虚，温和，随和。

包括爆炸品、压缩气体和液化气体、易燃液体、易燃固体，
自燃物品和遇湿易燃物品、氧化剂和有机过氧化物，
有毒品和腐蚀品等。

图 5-10　力度轻

（3）力度适中：在线条的书写过程中，笔对纸张施加的压力适中。

沉稳，得体，自制，分寸，应变力强，精力充沛，适应力强，意志坚强，组织能力强，理解能力、分析能力强，自信，现实。

暑，表示炎热的意思，小暑为小热，还不十分热，意指
天气开始炎热，但还没到最热，华北，东北地区进入
多雨季节，热带气旋活动频繁，农作物都进入

图 5-11　力度适中

（4）力度均匀一致：在线条的书写过程中，笔对纸张施加的压力均匀稳定。

① 力度、方向一致（参见图 5-8、图 5-9）：独立，不怕困难，目标明确，努力。

② 力度和速度均匀一致（参见图 5-9）：有计划，有条理，多谋，艺术能力、表达能力强。

③ 力度和速度均匀和谐，柔而不软：适应力强，自信，可塑性强，热情，随和，自我中心。

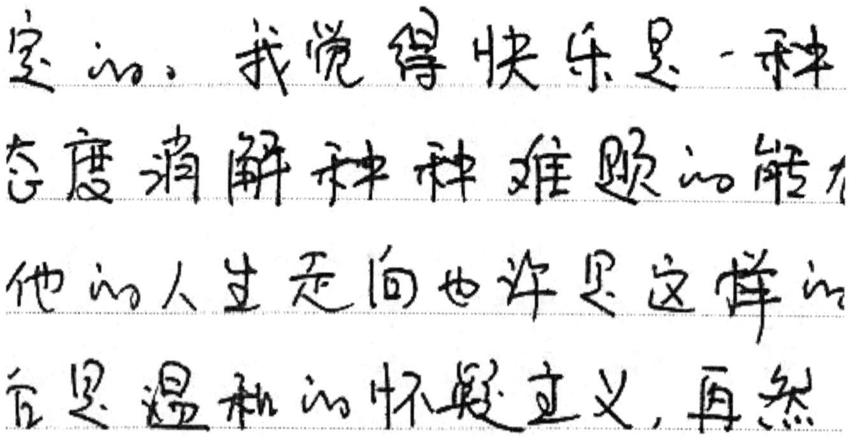

图 5-12　力度速度均匀和谐，柔而不软

（5）轻重不一：在线条的书写过程中，笔对纸张施加的压力轻重变化剧烈，或忽轻忽重。

思维跳跃，思维间断，决断时易犹豫，想象丰富，注意力散，多无目标幻想，缺乏条理，缺乏逻辑，情绪不稳。

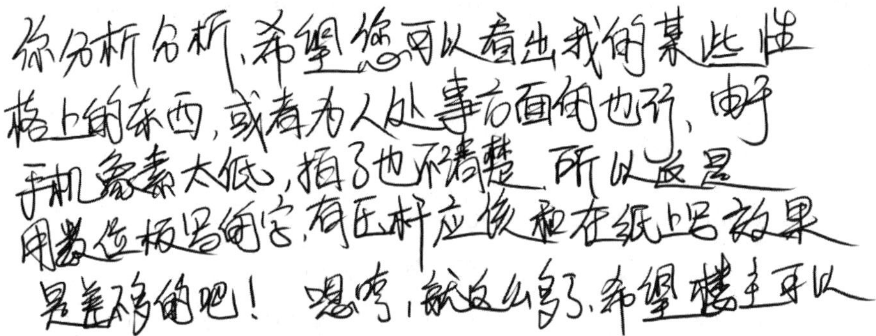

图 5-13　轻重不一

① 轻重不一，停滞不流畅：思维跳跃，缺乏逻辑，主观，幻想，随意性强，缺乏恒定性。

财富不是一生的朋友。
朋友却是一生的财富！

图 5-14　轻重不一，停滞不流畅，同一线条时轻时重，力度紊乱，缺乏方向性

② 同一线条时轻时重，多停顿和收笔（参见图 5-14）：思维跳跃，思维间断，缺乏逻辑，缺乏恒定性。

③ 线条轻重不一，力度紊乱，缺乏方向性（参见图 5-14）：烦躁，困惑迷惘，不满足，愤世嫉俗。

5.3　线条的收放程度

线条的收放程度与情感情绪的表达密切相关。主要是由速度、力度、结构

的松紧、笔画的延伸情况等共同作用所产生的。主要依线条向外延伸的程度来判定。

5.3.1 展放的线条

自由舒展而向外延伸的线条是展放的线条。

（1）稳重宽大：书写熟练而庄重，外部舒展延伸的线条。

稳重，心胸宽广，目光远大，组织能力强，有领导才能，有魄力，运筹帷幄，豪爽，大方，注重宏观，有综合性思维。

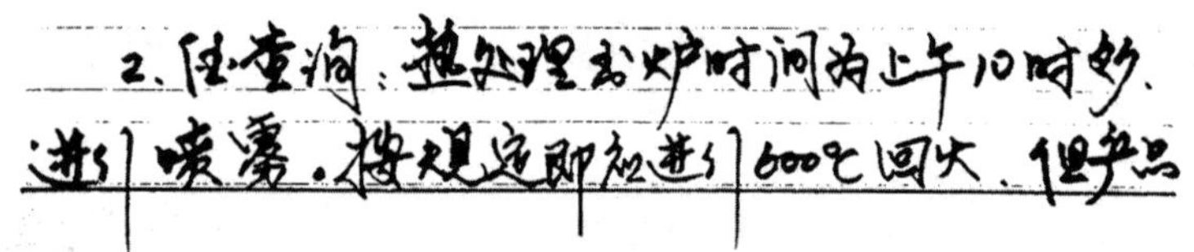

图 5-15 线条稳重宽大

（2）随便放纵：书写自由随意，缺乏约束，延伸过长的线条。

热情，慷慨，豪爽，向往自由，自制力差，易激动，理解、想象、创造力强。

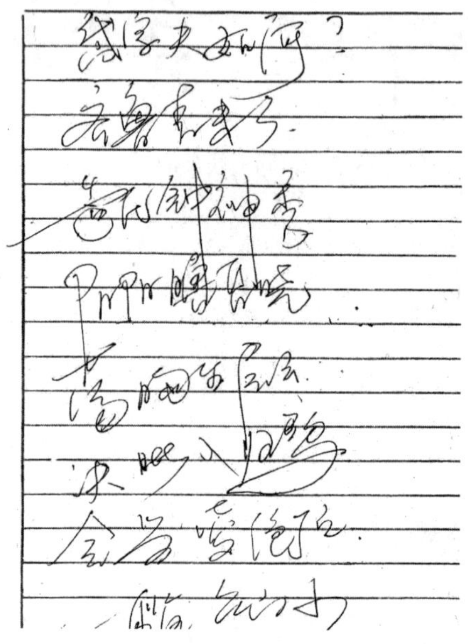

图 5-16 线条随便放纵，狂放，飘逸，龙飞凤舞，飘忽不定，锋芒多

（3）狂放（参见图 5-16）：缺乏约束，自由伸展，任性放纵的线条。

坦荡，大度，慷慨，豪爽，有理想，喜自由，情绪不稳，创造、理解能力强。

（4）飘逸（参见图 5-16）：轻快流畅，自由延伸，洒脱自然的线条。

感情丰富，放纵，温柔，多情，外向，善于交际，有艺术眼光。

（5）龙飞凤舞（参见图 5-16）：笔势有力，灵活舒展的线条。

感情丰富，思维活跃，思维敏捷，外向，善于交际，急躁，易冲动，有艺术眼光，放纵。

（6）飘忽不定（参见图 5-16）：风格多变，规律性差的线条。

节奏快，闲不住，常焦躁和厌烦。

（7）锋芒多（参见图 5-15）：重而快，伸展较长，气势锐利的线条。

爱憎分明，不甘人后，有竞争性，情绪外露。

5.3.2 收敛的线条

有意控制而不向外伸展的线条是收敛的线条。

（1）收敛：遵守书写规范，控制收笔长度，不向字体外伸展的线条。

性情内敛，自制，反省，克制，本分，理智，多谋，有心计，关注自我。

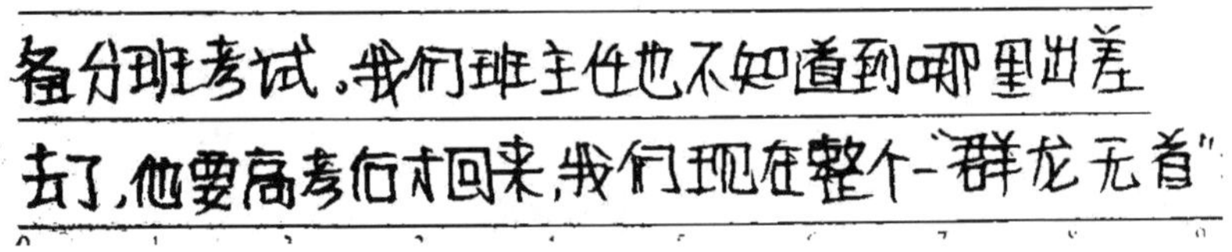

图 5-17 线条收敛，拘谨，工整

（2）拘谨：有意控制，显得拘束而不自然的线条。

冷静，谨慎，不出风头，踏实，朴实，不善交际，想象力差。

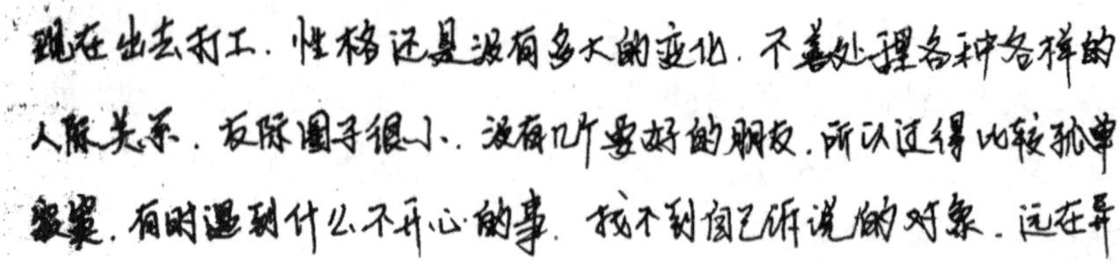

现在出去打工，性格还是没有多大的变化，不善处理各种各样的
人际关系，交际圈子很小，没有几个要好的朋友，所以过得比较孤单
寂寞，有时遇到什么不开心的事，找不到自己倾说的对象，远在异

图 5-18　线条拘谨，工整

（3）工整：字体中的线条之间排列细致整齐，不潦草。

冷静，内向，不善表现，现实，分析能力强。

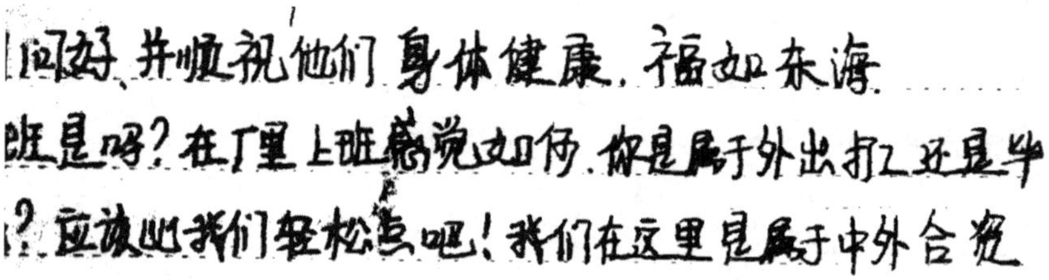

问好，并顺祝他们身体健康，福如东海
班是吗？在厂里上班感觉如何，你是属于外出打工还是
？应该比我们轻松点吧！我们在这里是属于中外合资

图 5-19　线条收敛，拘谨，工整，紧密

（4）紧密（参见图 5-17、图 5-19）：字体中的线条之间排列严密，连接较紧密。

认真，执着，专注，谨小慎微，自制，心胸不宽，固执，不善交际，沉默，孤僻。

5.4　线条的刚柔程度

线条的刚柔主要反映书写者个性的刚柔情况。是由书写速度、压力和线条的曲直共同组合所形成的一种主观感受。

5.4.1　刚性的线条

速度快且力度重的线条是刚性线条。

（1）刚性：快而重，不易变化的线条。

冲动，缺乏耐心，不细致，直率，固执，果断

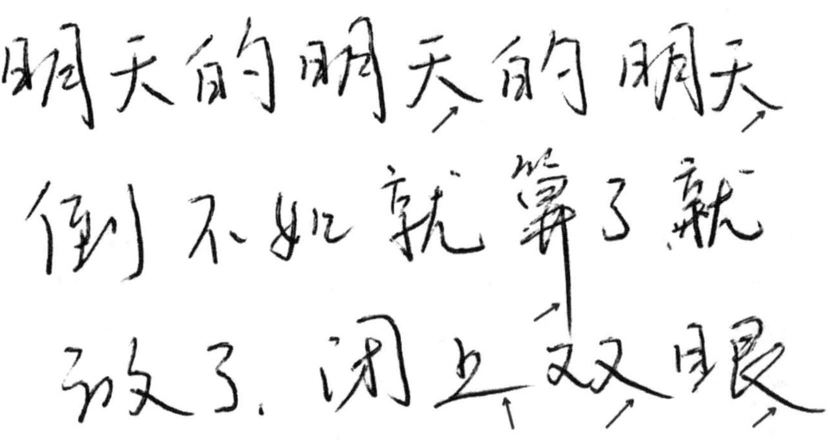

图 5-20　刚性线条

（2）刚健：重而快，坚强有力的直线条。

精力充沛，个性强，固执，刚愎自用，冷静，进取，自尊心强，意志坚定，自信，注重荣誉，爱生活，爱自由，分析、判断力强。

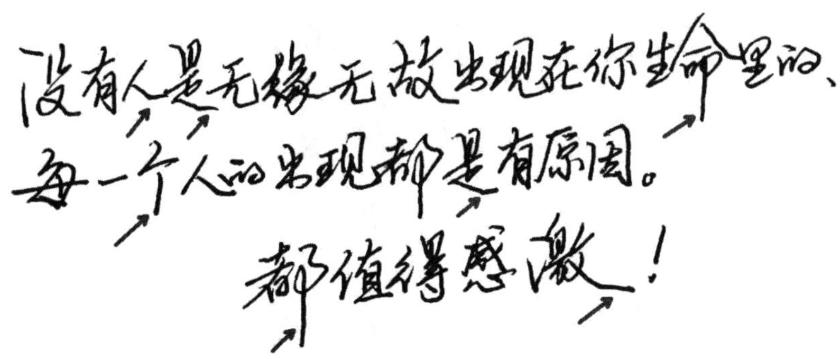

图 5-21　刚健，长大劲健

（3）长大劲健（参见图 5-21）：重而快，延伸较长的直线条。

行动能力强，爱出风头，善抓机遇，主观，感情用事，刚愎，不拘小节。

5.4.2 柔性的线条

速度慢且力度轻的线条是柔性线条。

（1）柔性：轻而慢的线条。

冷静，耐心，注重细节，含蓄，忍让，犹豫。

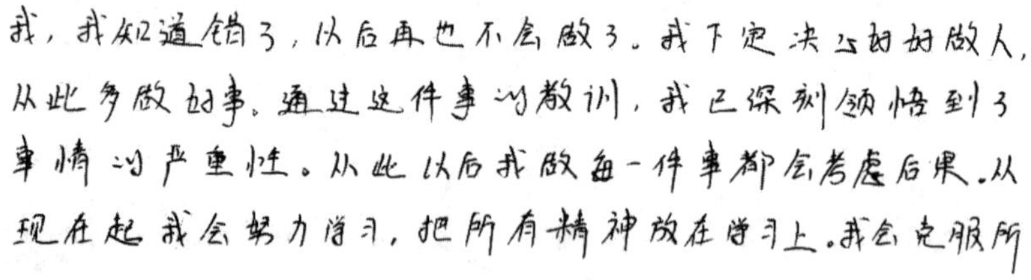

图 5-22 柔性线条

（2）轻柔：轻而慢，柔和的线条。

温和，善良，敏感，多疑，爱思考，想象丰富，能反省，文雅，细心。

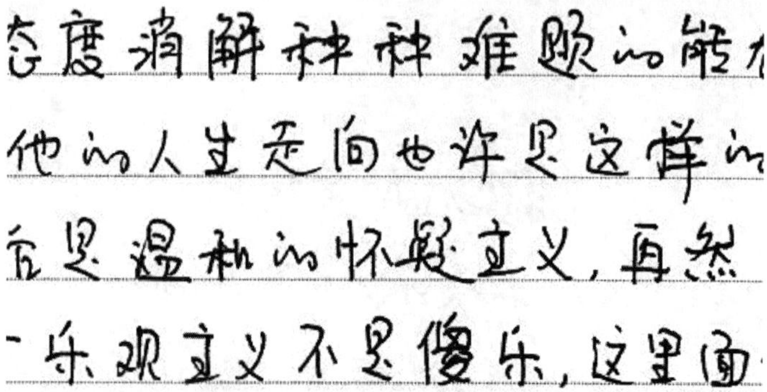

图 5-23 轻柔，柔软缓慢

（3）柔软缓慢（参见图 5-23）：速度很缓慢，轻而柔和的曲线条

多犹豫，优柔寡断。

（4）圆滑柔和：轻而慢，圆润流畅的曲线条。

乐观，善于交际，有条理、计划，缺乏果断。

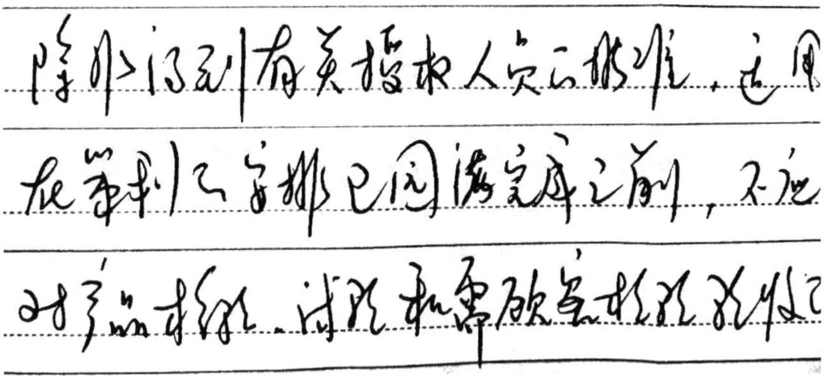

图 5-24　圆滑柔和

（5）柔软曲线多：轻而慢，柔和的曲线条。

随和，圆滑，处事灵活，宽容，忍耐力强，适应力强，想象丰富。

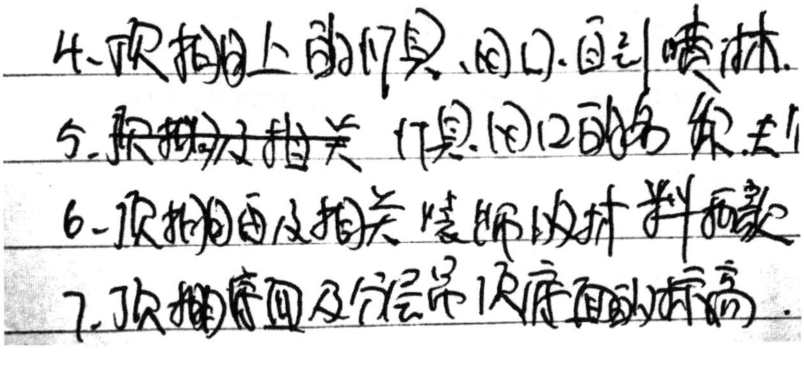

图 5-25　柔软曲线多，软弱

（6）软弱（图 5-25）：轻而慢，软弱无力的曲线条。

内向，老实，本分，感情丰富，多虑。

5.4.3　弹性的线条

速度快且力度轻的线条是弹性线条。

（1）线条富有弹性和力度：线条速度快，力度有较多轻重变化。

适应力强，应变力强，处事灵活，意志坚强。

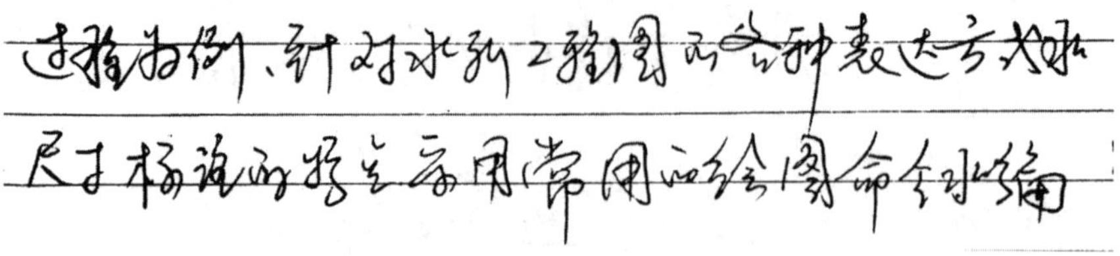

图 5-26　线条富有弹性和力度

（2）整体线条和谐统一，有弹性：线条轻快，搭配和谐

有完美主义倾向，有艺术眼光，忍耐力强，适应力强。

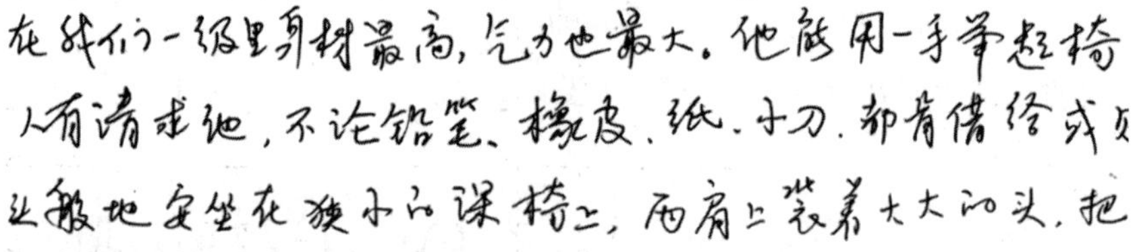

图 5-27　整体线条和谐统一，有弹性；柔而不软，有弹性

（3）柔而不软，有弹性（参见图 5-26、图 5-27）：线条力度轻，速度有较多快慢变化。

有毅力、韧性、斗争精神。

5.5　线条的流畅程度

线条的流畅程度与人的思维特点有密切联系。主要通过书写的速度、压力以及线条曲直情况结合起来综合感受。

5.5.1 流畅的线条

流利通畅的线条是流畅的线条。

（1）流畅：流利通畅的线条。

聪明，思维灵活，逻辑性强，有分寸，表达力强。

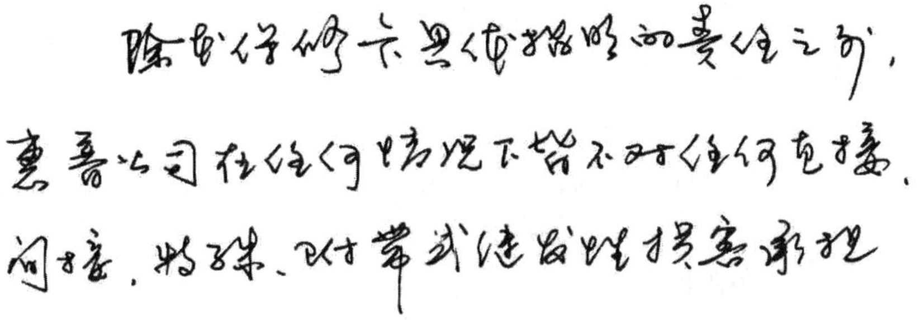

图 5-28　流畅，轻柔，收笔内敛，圆润

（2）熟练流畅：灵活熟练而流利通畅的线条。

思维灵活，善审时度势，细致，逻辑性强，表达能力较强。

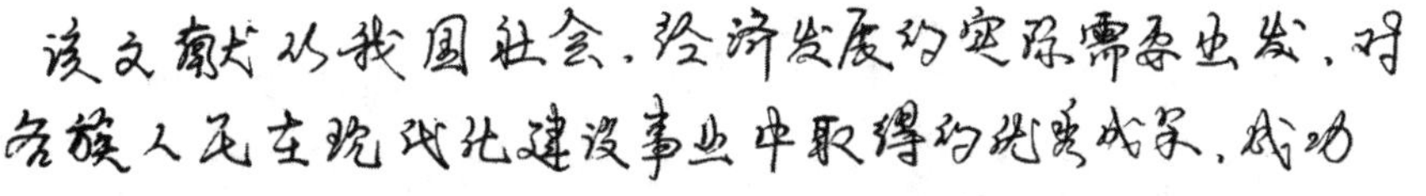

图 5-29　流畅熟练，灵动

（3）刚硬流畅：快而重，流利通畅的线条。

思维敏捷、思维迅速，反应快，急躁，缺乏耐心，行动快，胆大，我行我素，喜怒形于色，刚愎自用，独来独往，善于交际，热情，果断，情绪不稳，独立。

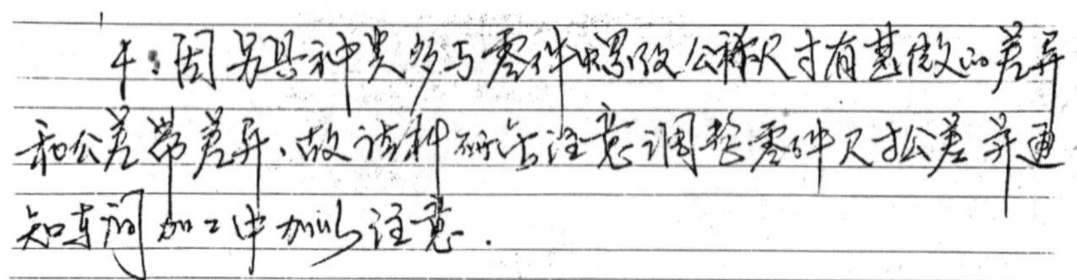

图 5-30　刚硬流畅

（4）圆润（参见图 5-28）：流利通畅的曲线条。

通情理，温和，大度，善良，应变力强。

（5）灵动（参见图 5-29）：流利通畅，活泼不呆板的线条。

形象思维，想象丰富，理解、记忆力强。

5.5.2　不流畅的线条

节奏性差，缺乏灵活熟练的线条是不流畅的线条。

（1）生硬：僵硬生疏，缺乏灵活的线条。

单纯，处事不灵活，应变力差。

当蜘蛛网无情地查封了我的炉台，
当灰烬的余烟叹息着贫困的悲哀，
我依然固执地铺平失望的灰烬，
用美丽的雪花写下：相信未来.

图 5-31　线条生硬，重

① 生硬，下笔重（参见图 5-31）：自我意识强，自我中心，暴躁，易冲动，情绪不稳。

② 生硬，不流畅，朴拙，机械：处事不灵活，应变力差，心理不成熟，

生活方式散漫。

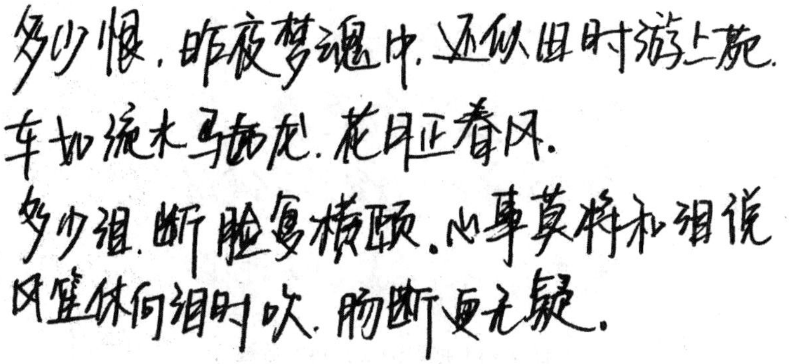

图 5-32　生硬，不流畅，朴拙，硬直，欠连贯，轻重过渡缺乏自然

（2）硬直（参见图 5-32）：僵硬生疏的直线条。

意志坚强，执着，独立，原则性强，直率，处事不灵活，不善交际。

（3）欠连贯，轻重过渡不自然（参见图 5-32）：线条连续性差，力度变化不自然。

易焦虑紧张，目标迷惘，易半途而废，思维间断，思维跳跃。

（4）速度慢，不流畅，多停顿：线条速度慢，缺乏连续性。

能反省，理智，克制，自制。

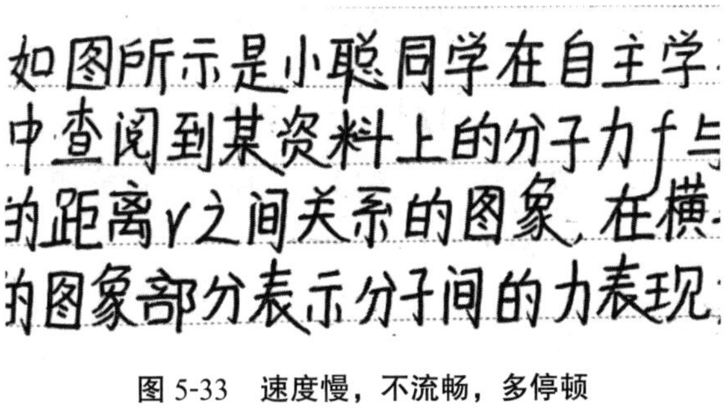

图 5-33　速度慢，不流畅，多停顿

（5）拖泥带水，缺乏节奏：力度和速度缺乏节奏的连续线条。

拖拉，判断力差，运筹力差。

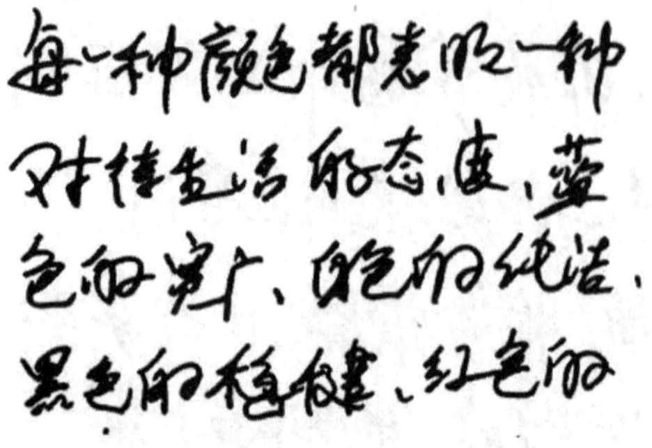

图 5-34　拖泥带水，缺乏节奏

（6）线条粗糙，和谐度差：线条不流畅，运行方向局部出现小转折。生活方式自由，不拘小节，缺乏恒定，随遇而安。

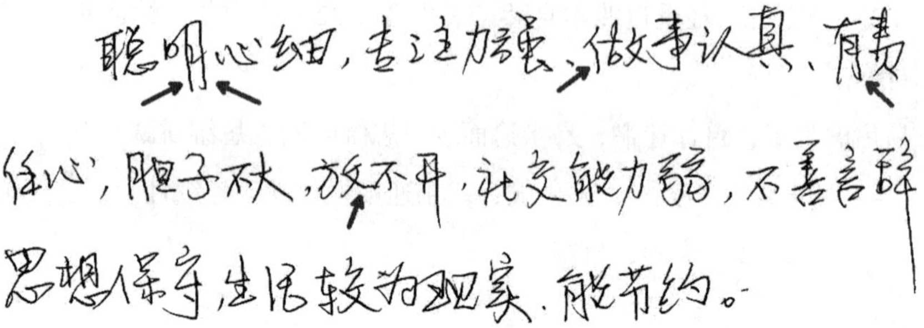

图 5-35　线条粗糙，缺乏和谐一致

（7）颤抖：线条不流畅，运行中出现波浪线。

含蓄，自制，克制，缺乏信心，多思虑，烦恼，可能疲劳、身体不佳或紧张、焦虑、兴奋、恐惧、心理压力大。

图 5-36 线条颤抖，轻，轻重不一

①轻，颤抖无力（参见图 5-36）：紧张，焦虑，内心不平衡，做事力不从心。

②轻重不一，颤抖（参见图 5-36）：力不从心，无奈，缺乏信心，缺乏恒定，焦虑不安。

5.5.3 凝重的线条

速度慢且力度重的线条是凝重线条。

（1）凝重：重而慢的线条。

含蓄，拘谨，克制，压抑，忧虑，抑郁，孤独，多思虑，深刻，沉默，孤僻。

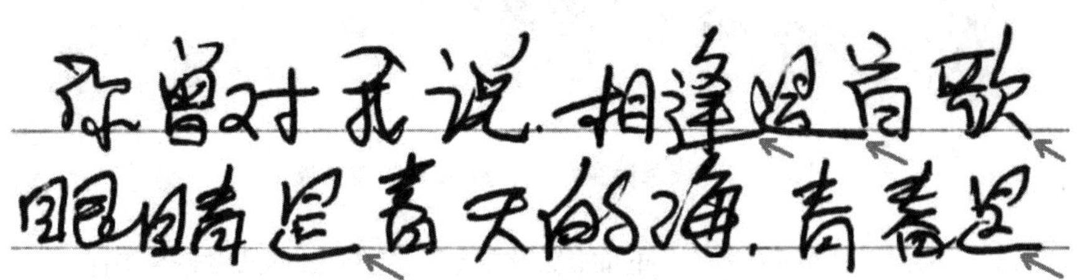

图 5-37 线条凝重

（2）凝重生硬：重而慢的直线条。

压抑，多疑，处事不灵活，应变力差，幻想，单纯。

图 5-38　线条凝重生硬

（3）凝重颤抖：重而慢且出现颤抖的线条。

忧患意识，悲观，抑郁，焦虑，忧虑，身体不佳。

图 5-39　线条凝重颤抖，线条亦凝重亦展放

（4）线条亦凝重亦展放：重而慢的线条与轻而快的舒展线条共存。

抑郁感伤，但善消解和转移。

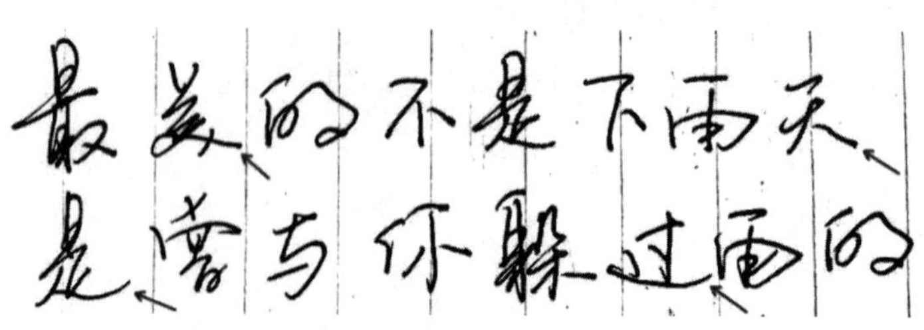

图 5-40　线条亦凝重亦展放

（5）线条凝重，缺乏和谐一致：重而慢的线条与其他类型线条共存，但风格不协调。

目标多变，情绪不稳，不持久，缺乏信心，半途而废。

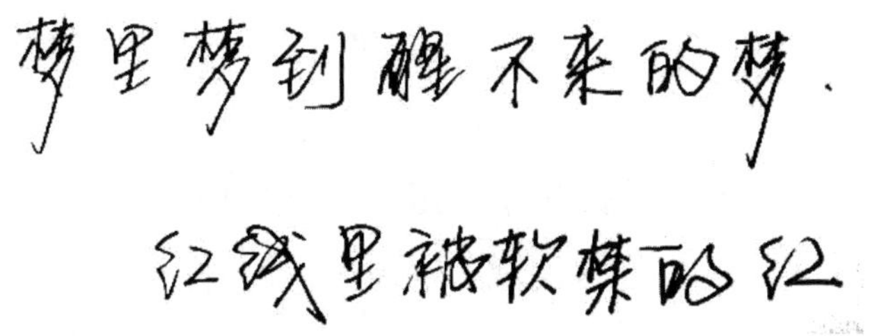

梦里梦到醒不来的梦.
红线里被软禁的红

图 5-41　线条凝重，缺乏和谐一致

第6章

笔迹特征：签名

签名是笔迹特征的特殊形式，代表着书写者的个人形象，因此会或多或少存在刻意追求美观或特殊造型现象，有的签名还经过了他人专门设计。由于签名字数少，笔迹特征较少，加上书写者本人经常练习，使签名的写法很可能与正常的文字书写风格有所不同，如果直接使用查找笔迹特征的方法对签名进行笔迹分析容易出现错误。陕西咸阳的文千先生是笔迹学工作联盟的发起人之一，具有独到的签名笔迹分析和教学经验，可以对想学习签名笔迹分析技术的人进行专门的培训。由于签名涉及书写者名誉权这一特殊性，因此本章没有提供签名的例图，仅简单罗列出一些常见的签名笔迹特征作为参考。

6.1　签名与正文的相对大小

（1）与正文文体大小一致：表里如一，朴实，正直，品行端正，坦荡，守规矩。

（2）比正文字大：自信，对自己期望高。

① 富修饰性：自信，自我欣赏。

② 笔画夸张：自信，进取，有魄力，对自己期望高。

（3）签名过大：狂妄，自以为是，自我意识强。

（4）比正文字小，工整：不善交际，谦虚，谨慎，认真，羞怯，自卑，缺乏信心。

（5）签名过小：缺乏自信，缺乏主动，淡泊名利。

6.2 签名与正文的距离

（1）与正文距离近：本分，稳重，节俭，缺乏变通，有孤独倾向，有时固执，不愿受帮助。

（2）与正文距离远：大方，善良，想象丰富，有条理，不重钱财，虚荣。

6.3 签名图案与修饰

6.3.1 图案造型

（1）组成某种图案：有艺术天分，不甘寂寞，不甘人后，能创新，有品位，自信。

（2）组合成一字或造型：综合性思维，有艺术头脑，精于设计，不善交际。

（3）笔画变形夸张似图画：渴望浪漫，有情趣，不甘寂寞，追求超脱，崇尚自然，有创意。

（4）整体为长椭圆形：注重生活情趣，独立，谨小慎微，缺乏胆魄。

（5）借上字某笔画作为下字某笔画或偏旁：能运筹、组织能力强，急于行动。

（6）有意变换或移动某字体结构：随和，能创新，适应力强，我行我素。

6.3.2 起笔与收笔

（1）一笔连成，美观有气势：聪明，博学多才，有文学修养，拼搏进取，善交际，有主见。

（2）第一笔笔画特长：有魄力，目标明确，占有欲强，不怕困难，热情洋溢。

（3）末字竖向笔画长、大：固执，自我意识强，自信，努力。

（4）末字末笔特长且充当签名时日的分界线：组织能力强，有管理能力，注意事物内在联系。

（5）末字末笔为环形笔画，拖长且飘忽盘绕：热情，坦荡，豪爽。

6.3.3 整体风格与结构

（1）大小、间隔、风格、粗细与正文相近：表里如一，朴实，正直，坦荡，守规矩。

（2）朴实工整：易与人相处，忍让。

① 比一般字小：不善交际，认真，谦虚。

② 朴素简洁：自信，诚实。

③ 字形与正文一致：温和，善良，谦虚，易与人相处。

（3）笔画组合散漫无章，无统一布局与走向：放纵，不值得信任。

（4）笔迹幼稚、呆滞，大小排列不一：心理不成熟，有依赖性。

（5）空间布局疏密反差大：自信，执着，独立。

（6）字形高低反差明显：思维活跃，机敏，直率。

（7）有意把姓和名的空间拉大：独立，自信，有主见，重效率，行动快。

（8）速写，随意，似行云流水：自控力差，感情用事，缺乏条理。

6.3.4 修饰

（1）有很多修饰：自我欣赏，想象丰富。

（2）过于修饰夸张：狂妄，自负，性情不稳或不值得信赖，冒险，胆大，自我意识强，现实，重名利。

（3）花体字、装饰字：虚荣，希望成焦点。

6.3.5 附加线条

（1）签名下画重线：骄傲，自尊心强，自我保护，防范心强，集体观念强，服务意识强。

（2）在腰部画一条杠：自我毁灭，自杀倾向，对现实失望。

（3）在签名后跟破折号或句点：谨慎，稳重，多疑，不信任别人。

（4）签名后加一顿点：爱思考，严谨，自信，责任感强，不信任别人。

第7章

笔迹分析快速入门

受书法理论的影响，直觉感知法是汉字笔迹分析的主流方法。这种方法的缺陷在于缺乏明确的分析和推导过程，直接得出的分析结论往往给人以玄妙之感。许多人由此认为笔迹分析很神秘，需要很高深的学问和良好的第六感，担心自己学识不够渊博、感悟能力欠缺而无法学会。笔迹分析还有另一种比较简单的方法——特征对照法，对分析者没有学识的要求，也没有能力限制，而且很快就能像查字典一样学会，不过该方法有较大的局限性，难以进行复杂和深入的分析。

针对没有基础的初学者，笔者在特征对照法的基础上，创立了一种统计重复词语的方法。初学者只需懂得一些基本的笔迹特征辨别知识并了解词语之间的逻辑关系就能快速上手，即使零基础也能够学会简单的笔迹分析技术。只要能坚持学习和钻研相关理论及其他笔迹分析技术，分析水平会得到较快提升。

大家一定玩过拼图吧，就是把一块块的小图样拼成一幅完整的图画。本书介绍的笔迹分析入门方法和玩拼图很相似，也是要把各种不同的词语进行挑选和组合，从而拼凑出一篇文章。不过，笔迹分析要比玩拼图难度大得多，因为在笔迹分析过程中挑选出来的各种词汇种类繁多，有的词语含义丰富，有的词语之间互相关联，有的词语之间互相矛盾……就像一个被打散了的拼图，要想拼好，需要相当的技巧和耐心。

也许大家感到有些担心，怕自己难以胜任这种“艰苦”的工作。其实大可不必担心，只要按照这一章介绍的方法一步一步学习，很快就能够上手。

7.1 国内笔迹分析的主要方法

目前，西方国家进行笔迹分析的方法主要有测量法、特征法和格式塔法等几种。由于字母型的笔迹形状简单，容易测量和归类，因此笔迹特征容易识别，可以制定规范的测量标准来进行特征比对与测量。虽然测量法和特征法的可操作性强，不受个人主观因素影响，分析结果客观公正，但是这两种方法存在准确性不高、结论不够丰富的缺点，而且很难发现和纠正分析结论的错误。

和字母型的笔迹相比，汉字的写法远比字母复杂，而且运笔路线也与字母有很大差异，因此西方国家常用的测量法和特征法在分析汉字时能够分析的内容比较少，无法直接用来分析中文笔迹。

我国的笔迹学家经过长时间的探索和实践，发现了与西方笔迹分析不大相同的几种方法，目前比较常用的有这样几种：特征对照法、望气法、意象法、直觉感知法、软件测评法和综合分析法。这些方法基本可以归为特征对照法和感知法两个大类。特征对照法在初学入门者中使用比较多，也适合进行培训教学，但因为该方法自身存在缺陷，其在实际应用中的效果不大理想。

7.1.1 感知法及其优缺点

在我国，感知法主要从书法鉴赏中的看字识人经验提炼而来，有着悠久的历史。感知法的分析方法，就是完全凭借分析者的经验，利用自己的主观感受和直觉进行推断分析。比如，写得很潦草凌乱的笔迹，可以很直观地感觉出书写者的书写过程存在草率、缺乏条理的特性，而书写得整齐美观的笔迹，让人感觉到书写者处事应当很有条理而不是一个粗鲁草率之人。

感知法的优点在于，不需要查阅或记忆笔迹特征的释义，只需凭借分析者的主观感受就能直接进行推理分析，可以在较短时间内分析出很深刻的内容，是一种较为高级的分析方法。不过这种方法需要分析者具有良好的形象思维能力和较高的悟性，过于理性的人不好掌握。其缺陷在于：分析过程随意性较强，缺乏逻辑推理过程，加上没有明确的量化标准和分析流程，因此不易说清楚分析过程和依据；如果出现差错，也不容易找出产生错误的原因。由于这种分析方法主观性很强，其科学性不足的弊端往往被人与看相算命之类的玄学相提并论。

有一部分没有基础的初学者，在没有进行过专业学习的情况下就直接自学感知法，往往出现因找不到感觉而束手无策或者感知不准确而出现较大差错的情况，从而对学习的信心和积极性造成影响。还有的初学者意识到感知法确实优于其他方法，于是就对别的方法不屑一顾，只学习这种“武林秘籍”，希望能以此一步到位直接晋升成为“武林高手”，结果因为没有打好基础又学习不得法，最后搞得自己心灰意冷。

7.1.2 特征对照法及其优缺点

特征对照法是通过对字体大小、形状、书写速度、力度、布局以及笔画线条的形状等特征进行比对，再查阅对应的解释来进行对号入座的分析，从而得出结论的方法。

特征对照法简单易懂，可操作性强，分析结论比较客观。不足之处在于：笔迹分析结论的准确性和丰富性受到解释表的限制，难以进行深入分析。如果完全依赖特征比对，即使能够熟练掌握，也难以达到较高的分析水平。

特征对照法虽然简单易学，但许多初学者在学习特征对照法的过程中还是走了一些弯路，主要是以下几方面的原因造成的。

（1）没有选择好有价值的入门书籍。我国的笔迹学发展时间还不长，在初步探索阶段的20世纪八九十年代，有些著作中笔迹特征的释义准确性不太高。初学者无力分辨哪些著作的解释表更有价值，如果使用了不准确的解释表，会直接影响分析结论的准确性，给自己的学习实践造成较大困扰。目前解释表准确性较高和较为全面的书籍，有《笔迹与心迹的感悟》《笔迹分析与测试》

等，初学者可以参考这些笔迹学书籍中提供的解释表。

（2）笔迹特征解释量表不够全面。在不同的笔迹分析著作中，描述笔迹特征的侧重点也不一样，有的侧重于字体字形的分析，有的侧重于线条静态形状的分析，有的侧重于线条动态触觉的分析。由于当前笔迹学书籍中缺乏一套全面、标准化的笔迹特征测量表，初学者常常会遇到因提取不到足够多的笔迹特征而难以进行笔迹分析的情形。

（3）分析方法不规范。目前国内公开出版的所有笔迹学书籍，在列出笔迹特征对照表后，都没有进一步讲述具体的操作方法和步骤，只能靠学习者自己摸索。很多初学者在自学笔迹分析时，缺乏综合分析和推导过程，只是根据某一种或少数几种笔迹特征的解释，就武断地得出分析结论，导致差错率居高不下。还有的初学者不善于整理归纳笔迹分析结论，不知该如何提取有价值的分析内容。

目前，笔迹分析大师徐庆元创造的笔迹触觉心理理论，巧妙地将特征法和感知法结合起来，既克服了单纯特征法的死板教条，又指导了感知法的感知方向，使这两种方法相得益彰，简捷科学，实用性很强。不过，缺乏基础的初学者不太容易靠自学直接掌握好这种方法。

总体来看，这两种方法各有所长，也都有不足。举例来说，公交车上可能会遇到扒手，如果你不是反扒专家，该如何将其辨认出来呢？一般有两种基本方法：

（1）有的人，特别是女性，可以凭借良好的直觉，直接感觉出嫌疑人来。这种方法比较灵活和快速，不过却说不清道不明是如何感觉出来的，因此该方法不太容易学习和训练，容易因为以貌取人而产生错误的判断。

（2）有的人虽然直觉不太好，但通过观察和学习，掌握了扒手作案时的典型行为特征。只要按照这个判断标准进行比对（如嫌疑人目光四处乱晃，故意往人多的地方挤，故意紧贴在别人身旁），就能找出嫌疑人。不过这种判断方法虽然比较容易掌握和传授，但比较死板，需要的判断时间也相对较长，而且对行为特征不明显的扒手不易锁定。而反扒专家则可以将直觉和经验判断两种方法结合起来使用，快速锁定嫌疑人。

与辨别扒手的方法相类似，笔迹分析的特征和感知两种分析方法也各有所长，如果能够将二者相结合，笔迹分析的水平将会大幅提高。

没有笔迹分析基础的初学者，如果能够按照本书所介绍的方法从特征法开始学习，就能在短期内学会简单的笔迹分析方法。

7.2 对笔迹材料的要求

在开始学习分析笔迹之前，有必要了解一些笔迹材料方面的知识，并尽量对书写者的真实情况有所了解，如性别、大致年龄、文化程度、职业或职务、写字用手等，其中性别和年龄段必须明确，否则分析结果可能会出现重大偏差。另外，如何选择所要分析的笔迹材料，也需要掌握一些相关知识。

7.2.1 对笔迹原件的要求

如何选择可信度较高的笔迹材料，避免因对笔迹材料选择不当而出现分析差错率增加的情况呢？初学者通常是拿到什么笔迹就分析一番，并没有对笔迹样本提出什么特别要求。实际上对笔迹材料是有一些要求的，只不过大多数情况下，笔迹材料很难同时具备这些条件而已。

（1）最好是在一张没有任何格线的白纸上书写。没有格线的束缚，相当于在一种较自由宽松的气氛下书写，字体的大小、字的行间距、字间距和行向都不受格线的约束，可以较好地反映书写者真实的书写习惯和书写状态。

（2）书写者最好写满一整页纸。通过很多字数的连续书写，可以看出书写者的字体风格变化情况。那些恒心和耐力较强的人，笔迹风格在一整页里前后变化不大，而性情急躁、缺乏耐心的人，笔迹风格则很可能前后变化明显。另外，还能以此看出左右留边和上下留白的特点。

（3）书写者最好不知道这份样本将被送去进行笔迹分析。如果一个人知道这些字迹将被送去进行笔迹分析，他在书写时很可能会出现不自然的心态，从而导致笔迹变形和失真，这样分析出来的结论就会出现偏差。

（4）尽量不用只有签名的笔迹样本。虽然签名可以作为笔迹分析的取样来源之一，但因为签名字数过少，而且无法排除专门设计或刻意美化的成分，还有的签名与正常书写文字的风格完全不同，因此签名笔迹的分析价值有限。

（5）书写者在平静的心态及安静的环境下写的字最有分析价值。很多人在嘈杂的环境中或者在内心不安的情况下写的字，会受到临时的心理影响而与平时写的字不太一样。因此，一个人在环境安静、心态平静的情况下写的字，较能反映书写者内心世界在不受外界打扰时的心境和心态。

（6）以此人在心情不稳定或嘈杂环境下写的字为辅助样本。可以通过比对两种心境下的笔迹，判断一个人的心态、情绪的稳定性和抗干扰能力。如果这两种样本的书写风格相差很大，就可以判断出此人情绪波动性大，易冲动，易受外界干扰，定力差，对情绪的把控和环境变化的适应能力较差。

（7）如果能够提供此人几年前甚至多年前写的字作为参考和补充样本则更佳。随着一个人性格的改变，其字体是不断变化的，但这个变化是潜移默化的，短时间较难看出来，如果有此人两三年前的字体样本，就可以很好地看出笔迹变化的规律，从而判断出近几年来的性格变化趋势。

（8）最好能够提供用钢笔书写的笔迹样本。钢笔写的笔迹，能够通过字迹线条宽度的变化推断出书写的力度和速度变化。也可以使用中性笔，但圆珠笔、彩笔、铅笔或粉笔写出来的字都有或多或少的缺陷，特别在分析照片型笔迹时容易错判书写力度的变化。

（9）书写者的年龄最好超过15岁。因为年纪太小，书写习惯和性格还没有完全定型，分析出的内容有可能不准确。另外，长期不用笔的人临时书写的字存在书写不熟练的问题，也不宜分析。

7.2.2 对图片型笔迹材料的要求

随着计算机和数码产品的普及，笔迹材料逐步走向网络，使网上分析笔迹成为现实。不过，在网上进行图片型笔迹的分析，如果缺乏丰富的经验，分析的差错还是会比分析原件高一些，而且分析的详细程度也有所降低，对学习笔迹分析有一定影响。为此，有必要了解图片型笔迹材料的特点，以利于初学者的学习与提高。

图片型的笔迹材料，特别是在没有线格的纸张上书写的笔迹，由于缺乏文字大小的参照标准，会直接影响对字体大小的判断，因此图片型笔迹需要提供原有的字体、格子或纸张的大小尺寸以及书写轻重情况。

笔者通过对网上多份图片型笔迹进行分析和对反馈情况作出研究，发现对图片型笔迹的分析更容易出现差错，主要有以下几种常见原因。

（1）书写力度难以判断

这是最容易判断出错的项目。书写力度的轻重是笔迹分析中不可或缺的条件之一。如果是原件，可以通过形成的压痕深度来判别，特别是某些细微的轻重差别，对于线条和笔画特性的判别具有关键的意义。可是在扫描件或照片上，力度特征就很不明显了，导致许多项目只能凭直觉或推断来进行分析，一旦判断错误，就会造成一些分析项目的严重差错。造成这种情形的很大原因表现在书写工具的使用上：

① 毛笔：可以直接凭线条的粗细来判别书写力度的大小，一般不易出错。

② 中性笔：除非写得很轻或轻重变化很大，否则无论多用力，笔画都不会明显变粗，会对力度的准确判定造成障碍，特别是照片拍摄不清晰时更难以判别。

③ 钢笔：在力度加重时字就会变粗，墨迹的颜色也会变深，判断难度不大。

④ 铅笔：力度可以从粗细和线条颜色深浅上进行推断，但由于笔尖磨损变粗而产生宽窄不一和深浅不一的痕迹会对力度的判定造成干扰。

⑤ 圆珠笔的情形与中性笔相似，但因为油墨的不均匀性，会造成墨色深浅不一，特别在转折或回钩处容易堆积油墨，很容易造成某些细节上的误判。

除了书写工具的影响之外，还有一个原因是纸张的影响。

① 较厚的纸会硬一些，会使书写力度看起来显得轻一些。

② 受纸张下垫衬物的软硬和厚薄影响，如纸下垫物较软，书写力度看起

来会显得重一些。

针对这种情况，可以要求提供的笔迹原件尽量使用普通厚度的纸张，并告知书写力度的大致轻重情况。可以用手抚摸纸张的背面，感受表面的平整情况。

① 力度重者，纸张背面有明显凸起。

② 力度中等者，纸张背面有轻微凸起。

③ 力度轻者，纸张背面基本平整，没有凸起。

④ 力度轻重不一者，纸张背面有凸起但很不均匀。

（2）图片的清晰度和分辨率的影响

笔迹分析需要重点关注那些最基本的点、线、力度等细微特征。图片的清晰度与照片拍摄技巧以及拍摄工具直接相关，如果这些重要细节无法看清和判别，就会直接造成笔迹分析的困难。

针对这种情况，可以要求图片提供者提供分辨率更高的图片，且尽量采用原图，不要做电脑后期处理（如锐化和裁剪），图片上的文字越大越清晰越好。如果提供者实在无法提供符合要求的图片，可以拒绝分析，或对分析内容的详细程度和准确性下降提前作出声明。

（3）拍摄角度的影响

有线格或纸张边沿作为参照的图片，字体的垂直情况和字行的走向较好判断。在拍摄用白纸书写的笔迹材料时，如果没有把纸张边沿拍进去，将无法判断笔迹平整与否、拍照垂直与否以及是否歪斜，从而造成误判。

这种情况，可以要求图片提供者在图片中尽量保留纸张的左右或上下部边沿。

（4）信息反馈的真实性

有的图片提供者会反馈真实和具体的信息，对学习笔迹分析与交流学习经验有很大帮助。有的图片提供者可能会提供不准确的信息，从而使笔迹分析结果出现较大失误（如性别错误、字体大小或纸张尺寸错误）。还有的笔迹不是提供者本人所写，反馈回来的信息可能较少或有误，不一定表明分析不准确。

（5）书写时的心态稳定性

书写者在心态临时出现明显波动的情况下可能会使笔迹临时出现较大变化，从而使分析结果出现偏差，因此图片的选取应选择或增添当事人处于稳定心理状态下书写的笔迹为好。

从上述介绍中可见，笔迹分析是一项非常精细的工作，需要从错综复杂的字迹中分析出各种有价值的东西。虽然电脑的发展使网上分析笔迹成为现实，但这种方式目前还存在一定的局限性，对笔迹分析者的技能水平有较高的要求。对初学者而言，进行这类分析的失误率会相对高一些。不过，初学者通过网络来分析图片型笔迹材料，可以克服笔迹材料来源不足的问题，同时也可以通过网上分析与交流，得到大量的实践和学习机会，从而不断提升自己的水平。

7.3 用特征法进行笔迹分析

没有基础的初学者，可以通过学习使用特征对照法（简称特征法）来进行最简单的笔迹分析。

对于初学者而言，最开始进行分析的笔迹类型，最好选择比较简单的以及熟人的笔迹（比如高中生的笔迹）。这种笔迹通常比较容易从中得到书写者真实的信息，可以通过不断与书写者进行交流，使自己在实践之初就能获得足够的兴趣和成就感，为继续深入学习笔迹分析打好基础。初学者分析中年人的笔迹应当慎重，因为这个年龄段的人，笔迹特征会更为复杂，进行全面准确的分析可能会有些难度，也不容易获得书写者真实的信息反馈。由于中年人的社会经历很多，性格会相对更加复杂，有的人还可能存在人格或心理问题，要想分析透彻，需要掌握较为全面的知识，才能发现婚姻、职业、事业、家庭教育、社交等方面的问题，从而提供有价值的意见和建议。

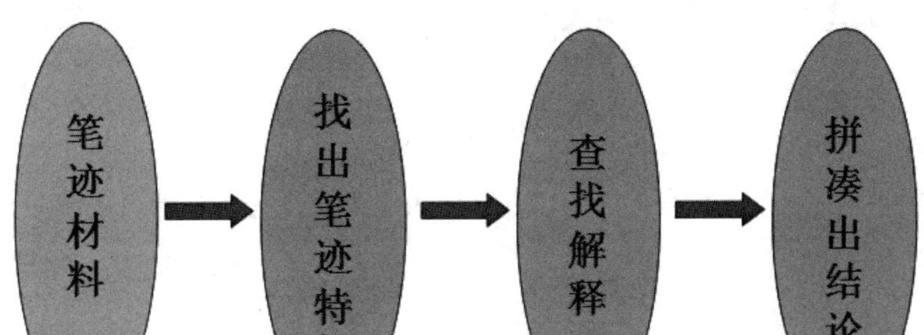

图 7-1 使用特征对照法分析笔迹的步骤

特征对照法的使用很简单，就像通过查阅英汉词典来直接翻译英文资料一样，只需找出符合要求的笔迹特征，再到汉字笔迹特征对照测量表中查找到相应的解释，然后进行整理，就能拼凑出笔迹分析结论。

刚接触笔迹分析的初学者，在学习特征法的最开始阶段，由于对笔迹特征的判断经验比较欠缺，只能找出比较明显的笔迹特征，而很多细节特征往往拿捏不准而不敢采用，因此能够提取出的笔迹特征比较少，通过查找解释而得出的分析结论也会相应地比较简单，不够全面，因而差错率也相对高一些。

下面这份笔迹是一个中年男性用铅笔所写，字体中等偏大，力度较重。我们可以到汉字笔迹特征对照测量表中进行查找和比对，找出主要的笔迹特征。

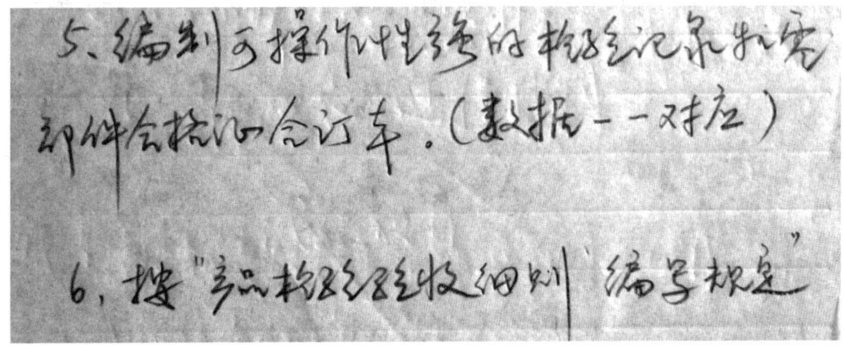

图 7-2 中年男性铅笔笔迹

经过从笔迹特征对照测量表中逐一查找比对，可能会找到不少符合要求的笔迹特征，大致有以下一些。

布局特征：潦草，行间距宽，字间距小。

结构特征：下区和右下区突出；字体大小不一，有机搭配；字体左倾。

笔画特征：上仰横，长竖、向下拉长，甩笔竖，大撇，连笔挑、甩尾上挑，长锋挑，针状收笔。

线条特征：力度重，速度快，刚性线条，线条流畅。

如果在这份笔迹中找到以下四项符合要求的主要笔迹特征：

（1）字体大小不一，有机搭配：情绪不稳定，思维敏捷灵活，适应力强，应变力强，审美力强。

（2）上仰横（件、订、本）：积极，主动，进取，自信，有理想，有主见，竞争意识强，情绪饱满，乐观。

（3）长竖向下拉长（制、件、本、则）：现实，目标明确，关注具体事物，虚荣，爱表现，深刻，执着，意志坚定。

（4）针状收笔（制、件、则）：急躁，直爽，易冲动，行动快，果断，缺乏忍让，批评意识强，内心外露，机敏，积极，观察力强。

我们则可以发现：释义中的不同词语之间并不是完全不相干的，有些词语之间存在一定的逻辑关联性（如“积极”和“主动”的关联性很高）。我们可以将这些词语按照一定的逻辑关联性进行归类、整理和组合，这样就能够拼凑出简单的笔迹分析结论：

（1）积极，主动，乐观，自信，虚荣，爱表现。

（2）情绪饱满，内心外露，急躁，冲动，直爽，情绪不稳定。

（3）适应力强，机敏，思维敏捷灵活，应变力强，观察和审美能力强。

（4）意志坚定，执着，进取，有理想，有主见，目标明确。

（5）关注具体事物，现实，行动快，果断。

（6）竞争意识强，缺乏忍让，批评意识强。

由此可见，在笔迹特征不多的情况下，用特征法分析笔迹的操作很容易，特别是在分析笔迹特征较为明显和书写风格比较一致的简单笔迹时，得出的结果符合性比较好，许多初学者就是通过这种方法自学入门的。不过，随着笔迹特征的增多，或者遇到比较复杂的笔迹，特别是出现明显矛盾的笔迹特征及解释的时候，这种简单拼凑的方法就有些力不从心了。另外，这种仅靠查找比对和简单拼凑的方法，过于依赖测量表，且缺乏思考和分析过程，无助于分析水平的提高。

例如，还是上面这份笔迹，如果将字体左倾的笔迹特征加进去，我们会发现，字体左倾的释义居然是这样的：偏内向，不善交际，羞怯，内心封闭（内心外露），孤僻，消极（积极），对未来缺乏信心（自信），逃避现实（进取），理智，谨慎，自制甚至压抑（冲动），深沉，多谋，多反省，保守，胆小，怕惹事（缺乏忍让）。

一下子出现了六对相冲突的词，使笔迹分析马上陷入困境——这些矛盾词该怎么处理?

由此可知，这种单纯依靠罗列笔迹特征的解释来拼凑笔迹分析结论的方法虽然简单易懂，但存在很大的缺陷：（1）笔迹特征和释义中出现的哪些线索是主要的？哪些线索是次要的甚至是没有价值的？（2）矛盾线索如何处理?

由于特征法无法解决上述问题，其实际应用受到很大制约，因而在我国的发展一直比较缓慢。

7.4 用统计分析法分析笔迹

针对特征法存在的上述缺陷，笔者经过多年的研究与实践，将概率与数理统计的方法引入到传统的特征法之中，研发出一种有效的笔迹分析操作方法，笔者将其命名为“统计分析法”，简称统计法。

7.4.1 统计分析法的原理

没有笔迹学基础的初学者，想要理解各种笔迹特征之间的相互联系和影响是很困难的，通常只会直接照搬笔迹特征对照测量表的结果来拼凑出分析结论。不过，笔迹特征释义所列出的词语，只是罗列了具有较高价值的各种线索，而且这些释义并不具有唯一的对应性，无法达到百分之百的准确度，该选择哪个或哪些解释，需要分析者本人进行筛选和甄别。例如，字写得较大的人，性格外向的可能性会较大，但也无法排除内向性格的人写大字的可能性，如何确定呢？这就需要结合其他的笔迹特征，进行综合分析与判断，看它们的解释是倾向于支持“外向”还是“内向”。如果只是简单地照搬测量表，由于释义中的线索过于零散，分析者往往难以抓住重点，这样拼凑出的笔迹分析结论，很可能遇到分析结论互相矛盾或模棱两可的问题，这样的笔迹分析结论是无法实用的。如何从初步得到的线索中筛选出有价值的内容，确实要费一番脑筋。针对初学者缺乏综合判断经验的特点，可以采用统计高频词的方法（统计分析法）进行笔迹分析。

（1）统计分析法的原理

从第一章“诸葛亮和三个臭皮匠”的例子可知，单个笔迹特征所对应的某种人格特征释义无法使笔迹分析达到很高的准确性，但如果有多个笔迹特征都指向那种人格特征，那么，书写者具有这种人格特征的可能性将会极高。

在内容足够丰富和准确的笔迹特征对照测量表中，存在着很多重复的词语。如果我们从一份笔迹中挑选出符合条件的笔迹特征，再将这些笔迹特征所对应的释义提取出来并排成一份列表，然后对该列表中词语的重复情况进行统计，找出重复次数多的词语（高频词），就能根据统计结果，将这些高频词按照词语之间的逻辑关系进行归类和组合，拼凑出最基本的笔迹分析结论。以该笔迹分析结论为核心，继续到列表中挑选出合适的其余相关词语补充添加到分析结论中，即可拼出一篇完整的笔迹分析结论。

本人经过多年的笔迹分析实践发现，必须要有足够多的笔迹特征才能进行有效的统计，而且对笔迹特征量表的用词也有很高要求。只要拥有一份准确和全面的笔迹特征量表，就可以依靠统计重复词语的方法得出笔迹分析的主要结论。即使没有基础的初学者，只要掌握了笔迹特征的判断方法，然后按照统计高频词的操作步骤，就能够进行简单的笔迹分析。由于该方法需要对释义部分的词语进行高频词的统计，并根据统计出的结果，将高频词作为分析结论的核心部分，因此这种笔迹分析的操作方法称为统计分析法。

用统计法分析笔迹的过程，可以用拼图游戏来简单说明。

假如有一堆被打散的拼图零件，可能还混有无关的拼图零件，该如何着手呢？通常我们不会使用随机组合的笨办法，而会重点关注颜色或图案之间的关联性，先将相似图案或相近颜色的零件挑出来尝试进行局部拼接，然后再设法将若干个拼接好的部分连在一起，从而构成整幅图画的初步雏形。最后将剩下的少数零件分别摆放到合适的空位，使图案完成。有一副由蓝天、高山、森林与河流组成的 20 片拼图零件，可以先按照颜色或图案把蓝天、高山、河流和森林进行简单的区分归类，然后尝试分别拼出各自的图案，接着再根据这几部分图案推测出大致图形并设法连在一起（尝试将蓝天放在上部，森林放在中部，河流放在底部），最后将剩下的少数零件分别添加到缺失的部位中，直到图案最终完成。

采用统计法分析笔迹，需要按照各词语之间的逻辑关联性进行词语组合，和玩拼图游戏很相似：先按照笔迹特征量表的顺序分别将所有符合要求的笔迹特征提取出来，然后将这些笔迹特征的释义排成一份列表，重点关注列表中重复率高的词语（相当于挑选出主要的拼图零件），再对这些词语进行归类并分别拼凑成短文（相当于对拼图进行归类并分别拼接，从而组成初步的全图轮廓），接着再到列表中挑选相关的其他词语或短句添加到短文中（相当于将剩下的少量零件补充到缺失的局部地方）。最后进行仔细检查和修改，得出最终结论（相当于对可能拼不上的多余拼图进行清理，拼图完成）。

或许你会怀疑，用这种方法最多也只能找到几十个高频词，通过这种类似于玩拼图的方法拼凑出来的笔迹分析结论，真的能表现出关键的人格特性吗？

这好比人物的漫画像，不但画得非常简单，而且人物的面容和姿态多有变形夸张，可谓面目全非，可为什么人们很容易就能辨认出画的是什么人呢？奥妙在于漫画突出表现了该人物容貌或形态与众不同的关键特征，如憨豆先生的眉毛、姚明的脸型、赵本山的下巴等具有个性的部位。只要刻画好这些关键部位，即使画面夸张变形严重，也能很容易辨别出画的是谁。

用统计法进行笔迹分析与画漫画类似，即用统计高频词的方法将关键的人格特征找出来，组合成的笔迹分析结论就能准确描述出书写者的主要人格特性。

也许大家还有疑问：某个笔迹特征只是反映了人格特性的某种可能性，而且关联程度也各不相同，就算有精确的概率统计数据，也难以保证绝对正确无误。该如何作出判断和取舍，从而避免可能出现的错误呢？

如果让你猜某种东西，并为你提供了几条可能有价值的线索，不过每条线索都不完整，甚至可能还包含有错误的线索，该怎么着手呢？

例如，通过以下七条线索猜一种动物：（1）这是一种哺乳动物，（2）这是我国特有的一种珍稀动物，（3）这种动物专门吃竹子，（4）这种动物生活在山区，（5）这种动物的皮毛由黑白两种颜色组成，（6）这种动物长得很可爱，（7）这种动物生活在海里。请根据上述七条线索猜出它是什么动物。

虽然提供的每一条线索都不完整，但读者朋友很快就能猜到这种动物只能是大熊猫。为什么呢？因为这些线索并不是孤立存在的，它们之间存在着一定的关联性，当多个线索联系到一起，就会形成一个完整的证据链，从而证明猜想的正确性。其中起到关键作用的是第二、三、五条提示，以此可以推测这种动物是我国特有的一种专吃竹子的黑白两色皮毛的珍稀动物，从而得出大熊猫的结论。而第七条线索（这种动物生活在海里）则很可能是错误的，因为从第三条和第四条（竹子和山区）反映出的信息来看，该动物在陆地上生活的可能性比在海里大得多，只要粗略估算一下概率并稍作分析，即可剔除这条错误的线索。

由于各个高频词之间的关系不是孤立的，它们之间存在着千丝万缕的联系，只要能够将这些词语所组成的内容联系起来形成一个有机整体，就能够像拼图一样拼凑出一个完整的人。

（2）统计法的优点

① 对操作者没有经验和学历要求，在不理解笔迹的组合规律、关联性以及复杂心理含义的情况下，只需找到符合的各种项目，按图索骥、生搬硬套就能使用。

② 可操作性强，容易上手，笔迹分析结论客观公正，可以通过不断完善和修订笔迹特征量表来提高笔迹分析结论的准确性和全面性。

③ 笔迹分析的操作方法脱离了神秘主义，分析步骤有章可循、有据可查。

④ 对同一份笔迹，不同的分析者均能得出较为一致的笔迹分析结论，使笔迹分析结论的标准化与规范化成为可能，有利于进行系统的培训教学。

⑤ 和侧重于形象思维的感知法不同，统计法侧重于逻辑思维，利用分析者的抽象思维进行分析、比较、推理、判断，找出各种关联性，得出综合的分析结论。这种分析和推导的过程是有条理的，容易进行具体描述，科学性强，即使分析出错，也能追根溯源找出错误所在。

（3）统计法的缺点

① 由于该方法采取生搬硬套的方式分析笔迹，虽然分析笔迹特征很明显或者性格相对简单的笔迹效果较好，但是在分析复杂的笔迹时，可能会遇到许多词语相互矛盾的情况，如果分析者不理解造成这种现象的原因，将难以对这部分内容得出有说服力的结论。

② 如果分析者对描述各种个性的词语之间的关联性缺乏认识，将难以作出深入的分门别类的笔迹分析结论。

③ 有些笔迹特征较少或字数较少的笔迹，使用该方法统计出的重复词语较少，会遗漏许多重要的有价值的分析内容。

④ 只使用统计法而不采用其他分析方法，因查找笔迹特征、统计和整理高频词以及分析其他相关词语需要较多时间，使得分析时间过长，效率不高，不适应简单快速的临时分析。

⑤ 由于该方法人为割裂了各个笔迹特征的关联，完全没有顾及笔迹与心理的内在规律，笔迹分析变成了词语统计的过程和结论文章的扩写过程，导致分

析内容流于表面而缺乏深度。如果不学习其他分析方法，分析水平将难以得到提升。

（4）统计法的潜在价值

① 可以迅速普及基层业余爱好者人群，推动笔迹学的快速发展和传播，为培训专业人才打好群众基础，促进笔迹分析事业的产业化进程。

② 可以进一步研发专项笔迹特征量表，为专项笔迹分析服务，使其更具有心理测量的价值，有望成为人才测评、心理咨询和婚恋交际的有力工具，为笔迹分析在这些领域的推广和应用提供广阔的发展空间。

③ 与计算机人工智能相结合，研发标准化的分析产品进行商业开发，从而实现笔迹分析的自动化。

7.4.2 用统计分析法进行笔迹分析的基本步骤

用统计法分析笔迹的基本步骤如图 7-3 所示。

笔迹材料

↓

将符合的笔迹特征及解释排成列表

↓

统计列表中的词语，找出所有重复词

依照关联性将这些词组成简单的笔迹分析结论

进行逻辑推理，到列表中找出其余相关内容添加到结论中

修改和完善分析结论，剔除无关或不合理内容，笔迹分析结论完成

图 7-3 使用统计分析法分析笔迹的步骤

（1）笔迹分析的具体步骤

① 准备放大镜、透明直尺以及量角器等工具。

② 准备好合格的笔迹材料，尽量使用原件。如果采用的是复印件、扫描件和照片，分析出错的可能性会大一些。

③ 尽量掌握书写者的性别、年纪、文化程度等个人信息。

④ 在理解并学会使用笔迹特征量表的前提下，仔细比对，在笔迹特征量表中查找符合的所有笔迹特征，将其解释部分提取出来排成一份列表。

⑤ 详细统计这份列表中的高频词即重复出现的词语，包括互相矛盾的词语，并记录下频次（重复的次数）。这些高频词也称为关键词，可以组成笔迹分析结论的核心部分。

⑥ 按照词语之间的关联性对这些高频词进行简单归类，拼凑出简单结论。如果有含义互相矛盾且重复次数都较高的词语，可以暂时放在一边。

⑦ 根据简单结论的含义，推测矛盾词的产生是否与性格或心理状态有关，按照各自的逻辑关系，尝试将其添加到相应的结论中。

⑧ 继续对上述结论的含义进行合理的逻辑推理，然后到列表中补充寻找符合推测的其他相关词语，分别添加到简单结论之中。

⑨ 检查添加后的笔迹分析结论，对遗漏、含糊不清之处进行修改或补充。修改完毕后，笔迹分析结论完成。

⑩ 也可根据情况，适当扩写分析结论的内容，但不宜偏离主题。

⑪ 如果还有其他相关分析项目，以该笔迹分析的结论为核心，继续进行其他项目的外延性分析与评估。

（2）注意事项

① 在比对笔迹特征时，笔迹特征不典型，模棱两可难以判断的，可以直接忽略。笔迹特征判定的项目如果不存在（例如，完全在线格之内书写的笔迹，无法判断行间距的大小），可忽略该项。

② 如果某个笔迹特征大项目中有若干个小项都比较符合的，可复选采用

（如竖画，可以同时将长竖、向上延伸、向下拉长、垂直竖、拖笔竖、右倾竖都选上）。

③ 有的笔迹，某种笔画有几种不同写法，通常选择最为常用的那种写法特征。如果笔迹特征明显地比较混乱，在选择笔迹特征时更要注意。例如，“丰”字的横，在一个字中同时出现了上仰、平直和下倾的现象，同时其他字的横也是这种没有规律的写法，就应该按照“错乱横”来判断，而不能分别按照“上仰横”“水平横”和“下滑横”这三个单独的笔迹特征项目来分析。

④ 由于量表中的笔迹特征很多，对目前还不会判断的笔迹特征项目可暂时先跳过，只使用目前已经掌握的那部分。

⑤ 尽量了解和掌握分析结论中词语的具体含义、与其相关联的词语以及不同词语之间的组合规律，以提高笔迹分析结论的书写水平。

⑥ 不要仅根据某些个别笔迹特征来作出笔迹分析结论，而要尽量综合考虑其他笔迹特征的影响或抵消作用。

⑦ 有时分析出的笔迹分析结论不够多，并不一定表明自己分析技术不够，有可能是书写者性格比较简单，或者书写者比较缺乏个性，导致很多分析项目不够突出，难以分析出有鲜明特点的内容所致。

⑧ 有时候会同时出现若干矛盾或有冲突的高频词，有下面几种处理方法。

a. 出现次数较少的词语，可以看成偶然的小概率事件，可互相抵消而不出现在笔迹分析结论中。

b. 某高频词的出现比较突兀（如绝大多数词语和内向性格的特征比较符合，同时也出现了个别明显表示外向性格的词语，但该词语和其他词语间缺乏关联性），即使属于高频词，也可将该词语当作偶然的错误而直接删除。

c. 出现存在明显冲突或互相矛盾的高频词，并且均有各自对应的关联词语，这种情况需要综合分析和判断。这种情况可能表示矛盾的人格或心理状态（如冲动与压抑），也可能表示书写者同时具备该词语所具有的特性（如冲动与自制）。遇到这种情况，可以凭自己的社会经验或相关理论进行合理的逻辑推理（如冲动与自制可以理解为：有冲动性，但自制力较强而不至于失控）。如果实在难以理解和判断，为避免差错，这种词可以舍弃。

⑨ 笔迹分析结论的书写应该注意：

a. 书面用语尽量规范和准确，避免使用过于生僻或容易引起歧义的词语。

b. 书面语言避免含有主观感情色彩（如贬低或拔高、以偏概全、哗众取宠等），力求客观公正。

c. 如果分析结论的内容较多，可以进行分类或逐条列出。

d. 无论结论是否准确，尽量避免使用模糊用语和过多的不确定内容。

e. 如果发现或怀疑书写者出现某些明显的人格或心理问题，特别是反馈给书写者本人的笔迹分析结论，应当慎重或有所保留，避免加重书写者的心理问题。

f. 注意为当事人保密。

⑩ 初学者由于经验不足，可能会觉得某些笔迹特征的判断比较困难（特别是线条动态特征），担心用错。如果直接跳过没有把握的项目，只采用容易判断的笔迹特征，也能够进行笔迹分析。因为笔迹特征是一个系统的整体，它们各自所呈现出的内容是互相交叉和关联、互为补充和验证的，即使笔迹特征减少了一部分，也不会对笔迹分析结论造成重大影响，只是分析的详细程度和准确性低一些而已。

7.4.3 统计高频词的方法

在使用统计分析法分析笔迹的过程中，对笔迹特征列表中的高频词进行统计是必不可少的步骤。统计高频词一般可以使用如下几种方法：

（1）使用人工统计

在已经提取出来的笔迹特征释义部分逐行查找出现的重复词语，直到将所有高频词统计完毕。

该方法虽然很简单，但费时费力，效率低下，需要极大的耐心和占用大量的统计时间。

（2）使用电子文档人工统计

借助计算机软件可以制作出笔迹特征列表的电子版本（后缀为 doc、txt 或 pdf 的电子文档），然后借助电子文档软件所自带的查找功能，可以快速统计出某个词语的频次。依次查找不同的词语，即可统计出所有高频词。

例如：在记事本软件中，点击“编辑”，在出现的菜单中点击“查找”，然后输入要查找的词语，然后点击“查找下一个”按键，在文件中就会标记出该词语的第一个位置，继续点击“查找下一个”，出现下一个位置……该方法虽然比人工统计快了一些，但不能直接显示出被查找词语重复的总次数，工作量依然比较大。

有一些打开 doc（或 docx）文件的软件，其中 Microsoft Word 可以直接查找统计出单个高频词。

以 Microsoft Word 2003 为例：用该软件打开 doc 文档，将从笔迹中提取出来符合要求的笔迹特征及其解释各自罗列出来，制成一份电子文档，如图 7-4 所示。

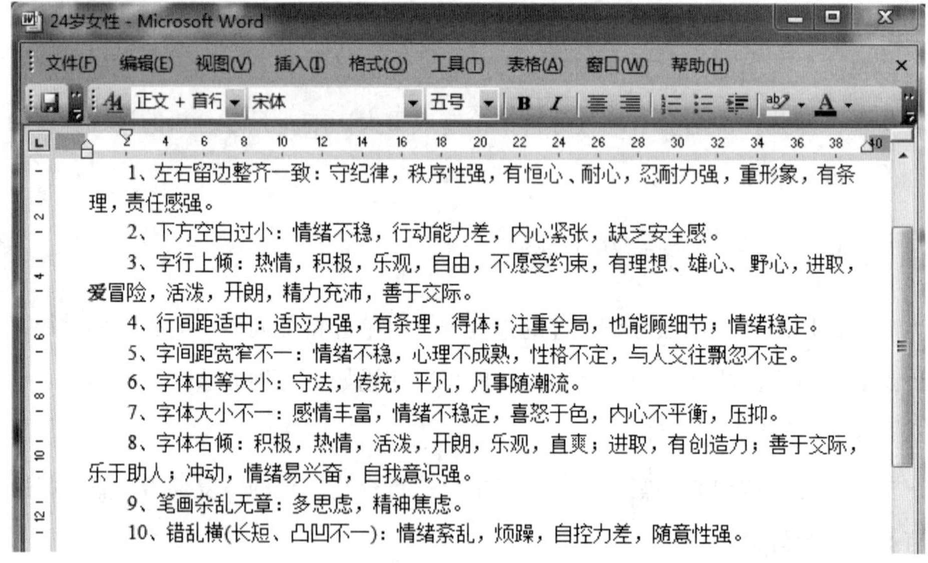

24岁女性 - Microsoft Word

1、左右留边整齐一致：守纪律，秩序性强，有恒心、耐心，忍耐力强，重形象，有条理，责任感强。
2、下方空白过小：情绪不稳，行动能力差，内心紧张，缺乏安全感。
3、字行上倾：热情，积极，乐观，自由，不愿受约束，有理想、雄心、野心，进取，爱冒险，活泼，开朗，精力充沛，善于交际。
4、行间距适中：适应力强，有条理，得体；注重全局，也能顾细节；情绪稳定。
5、字间距宽窄不一：情绪不稳，心理不成熟，性格不定，与人交往飘忽不定。
6、字体中等大小：守法，传统，平凡，凡事随潮流。
7、字体大小不一：感情丰富，情绪不稳定，喜怒于色，内心不平衡，压抑。
8、字体右倾：积极，热情，活泼，开朗，乐观，直爽；进取，有创造力；善于交际，乐于助人；冲动，情绪易兴奋，自我意识强。
9、笔画杂乱无章：多思虑，精神焦虑。
10、错乱横(长短、凸凹不一)：情绪紊乱，烦躁，自控力差，随意性强。

图 7-4　在 Word 文档中列出所有符合要求的笔迹特征

图 7-5　在 Word 文档顶部点击“编辑”选项

查找(D) 替换(P) 定位(G)
查找内容(N): 自制
选项: 区分全/半角
突出显示所有在该范围找到的项目(T): Word 找到 3 个与此条件相匹配的项
主文档
高级 ▾ (M) 查找全部(F) 关闭

图 7-6　在“查找”和“替换”菜单中输入指定词语，可得到该词语的出现次数

使用上述方法统计电子文档中出现的高频词比较简便。不过这些电子文档只能一个个地查找词语，不能进行批量统计，统计所花费的时间还是比较多。

（3）使用专业软件自动统计

面向中文的词频统计软件不多，免费软件的操作往往不大方便，不能批量统计指定的词语。笔者使用的是付费软件 WordsCount 词频统计工具，可以直接统计 Word 文件中指定的内容，简单快捷。下面简单介绍一下该软件的操作方法。

① 打开 WordsCount 词频统计工具软件，出现如下界面。

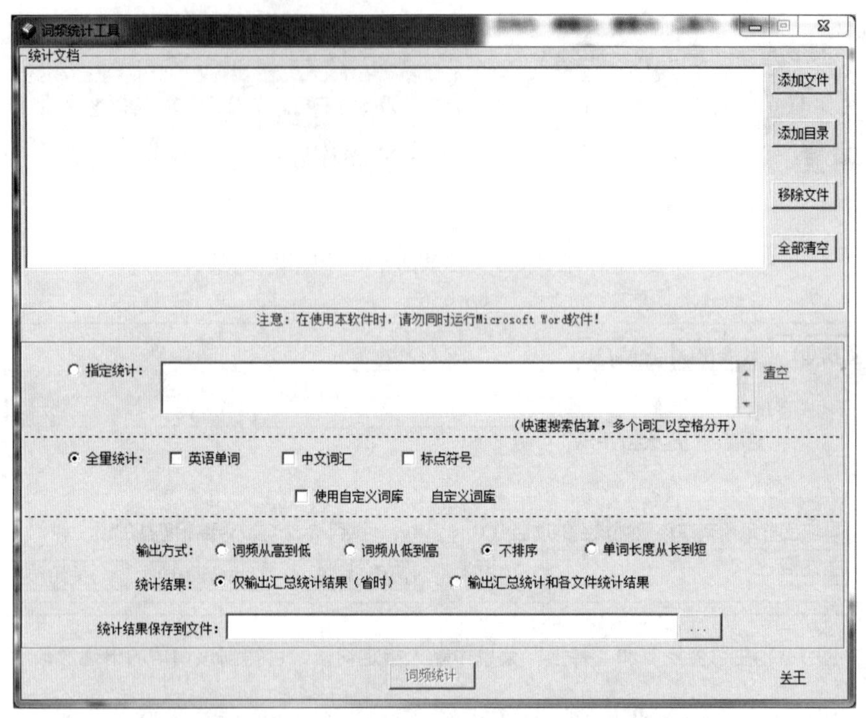

图 7-7　Words Count 词频统计工具的主界面

② 点击“添加文件”按钮，出现“新增待统计文件”界面，寻找需要统计的 doc 文件（即 Word 电子文档），再点击“打开”，该文件的路径即出现在软件主界面上部的“统计文档”栏目下。

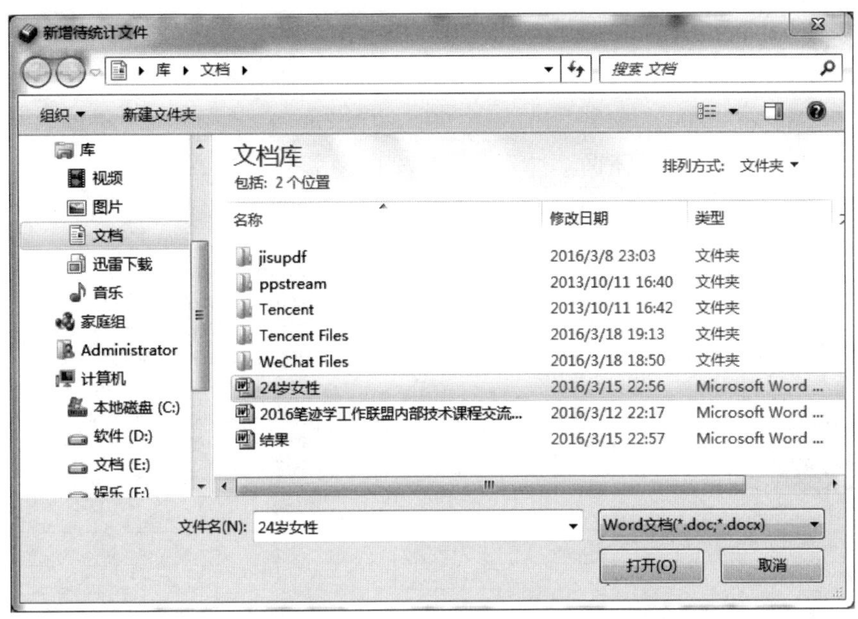

图 7-8 在“新增待统计文件”栏，选定待统计的 Word 文档

③ 回到软件主界面，选择“指定统计”选项，输入需要批量统计的词语，选择“输出方式”和“统计结果”选项，然后再点击“统计结果保存到文件”栏右边的按钮，出现“统计结果”栏目，选择“保存类型”和文件名称，点击“保存”。如图 7-9 所示。

图 7-9 在“统计结果”栏，选择或新建一个 Word 文档保存统计结果

④ 继续点击主界面下的“词频统计”，软件开始批量统计指定词语的频次。统计结束后，打开保存统计结果的那个文件，指定统计的词语就按照词频的高低顺序排列好了。

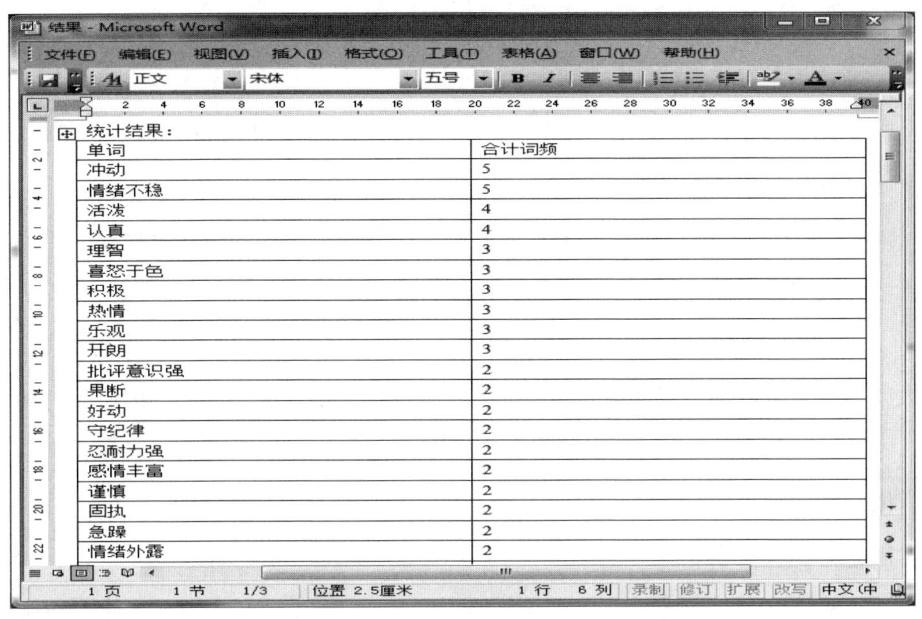

统计结果：

单词	合计词频
冲动	5
情绪不稳	5
活泼	4
认真	4
理智	3
喜怒于色	3
积极	3
热情	3
乐观	3
开朗	3
批评意识强	2
果断	2
好动	2
守纪律	2
忍耐力强	2
感情丰富	2
谨慎	2
固执	2
急躁	2
情绪外露	2

图 7-10　批量统计结果列表

使用该软件，既可以统计全部词语，也可以按照不同的笔迹分析项目统计特定的内容，可以节省大量的统计和分析时间，为快速统计分析提供技术保障。

7.4.4　笔迹分析示例 1

书写者情况：18 岁，高三女生，字体平均高度 5 毫米，力度轻。

强迫振动的振源

机内振源：车床上的电动机的振动，包括电动机转子不平衡及电磁

轮、卡盘，刀盘和附件不平衡引起的振动，运动传递过程中引起的振动

带轮把往复载荷卸载给箱体时的振动，三角皮带的厚度不均匀，

图 7-11　笔迹分析示例 1

基本分析步骤：

第一步：在笔迹特征量表中查找并提取出符合的所有笔迹特征，排成列表。

（1）左留边窄（小于10毫米）：谨慎，内向，不善交际，孤僻，消极，缺乏进取，多自我反省，忧虑烦恼，逃避。

（2）字行上倾：热情，积极，乐观，自由，不愿受约束，有理想、雄心、野心，进取，冒险，活泼，开朗，精力充沛，善于交际。

（3）行间距宽（空位大于字体高度）：大方，不重钱财，外向，宽容、忍让，大度，组织能力强，有分寸，目光远大，想象力丰富，情绪稳定，内心不外露。

（4）字间距小（间距小于四分之一字体宽度）：缺乏自信，自卑，孤独，有依赖性，独处时缺乏安全感，不善交际，沉着，随和，易与人相处，谨慎，自制，自私，吝啬。

（5）字体小（5毫米）：思维周密，细心、谨慎，专注，认真，责任感强，自制，观察、分析力强，决断力差，缺乏全局观，节俭，内向，谦虚，不善交际，有自卑倾向，心胸不宽，内心不外露，多疑，多虑，敏感，羞怯。

（6）字体左倾：偏内向，不善交际，羞怯，内心封闭，孤僻，消极，对未来缺乏信心，逃避现实，理智，谨慎，自制甚至压抑，深沉，多谋，多自我反省，保守，胆小，怕惹事。

（7）下区突出（“车、个、体”的竖下拉长）：欲望强，虚荣，行动能力强，意志坚强，自信，精力充沛，有耐心，稳重，有恒心，深刻。

（8）右上区欠缺（“振、源、动”）：消极接触外界，缺乏信心。

（9）右下区欠缺（“起、运、度”）：行动能力差，情感情绪不外露，不关注未来。

（10）短横：细心，谨慎，冷静，理智，踏实，缺乏信心，胆小。焦虑，但外表平静；心胸不宽，可能吝啬、孤僻或精明。

（11）长竖（“车、个、体、带”）：急于行动，现实，情绪饱满，自尊心、责任感强，自我中心，固执。

（12）向下拉长（“车、个、体、带”）：现实，目标明确，关注具体事物，虚荣，爱表现，深刻，执着，意志坚定。

（13）顿收竖（“车、带、引、体”）：内心不外露，防范心强，心胸不宽，细心，认真，谨慎，自制，责任感强，保守、忍让，慢性子，观察、分析力强。

（14）横撇写成横（“迫、盘、向”）：直率，不善体贴人，对他人情感不敏感。

（15）平直收：平和，理智，守法，从容，顺从，忍耐力强，责任感强。

（16）认真书写标点：认真，谨小慎微，细心，理智，自制，诚实，专注，守纪律，缺乏创新。

（17）速度适中：适应力强，稳重，自制，从容，有分寸，计划性强，内心不外露。

（18）力度轻：意志薄弱，犹豫，缺乏信心，处事灵活，有依赖性，缺乏主见，软弱，顺从，羞怯，喜静，拘谨，谦虚，温和，随和。

（19）收敛：性情内敛，自制，反省，克制，本分，理智，多谋，有心计，关注自我。

（20）拘谨：冷静，谨慎，不爱出风头，踏实，朴实，不善交际，想象力差。

（21）紧密：认真，执着，专注，谨小慎微，自制，心胸不宽，固执，不善交际，沉默，孤僻。

（22）硬直：意志坚强，执着，独立，原则性强，直率，处事不灵活，不善交际。

（23）凝重：含蓄，拘谨，克制，压抑，忧虑，抑郁，孤独，多思虑，深刻，沉默，孤僻。

（24）凝重生硬：压抑，多疑，处事不灵活，应变力差，爱幻想，单纯。

第二步：详细统计上述列表中的高频词。

（1）出现 > 5 次：自制、谨慎、不善交际。

（2）出现 5 次：认真、孤僻、理智。

（3）出现 4 次：内心不外露、心胸不宽、责任感强、细心。

（4）出现 3 次：内向、压抑、拘谨、消极、多自我反省、羞怯、深刻、执着、专注。

（5）出现2次：善于观察分析、直率、谦虚、保守、敏感、冷静、克制、顺从、谨小慎微、自卑、孤独、稳重、有分寸、多疑、多谋、胆小、有依赖性、从容、处事不灵活、沉默、精力充沛、意志坚强。

（6）出现互相矛盾的词语：随和—固执：2—2，消极—积极：3—1，自信—缺乏自信：1—1，意志坚强—意志薄弱：3—1，现实—逃避现实：2—1，吝啬—节俭—大方：2—1—1，想象力丰富—想象力差：1—1。

第三步：对选好的词语进行归类并据此写出简单结论。

归类顺序：先将出现频次≥3次的高频词进行归类，再将出现频次为2次的词添加进来，最后在列表中剩余的词中挑选合适的相关词语补充进结论中。

（1）对重复出现次数≥3次的高频词进行归类。

≥3次的高频词：自制、谨慎、不善交际、认真、孤僻、理智、内心不外露、心胸不宽、责任感强、细心、内向、压抑、拘谨、消极、多自我反省、羞怯、深刻、执着、专注。

① 内向，谨慎，自制，理智。

② 细心，认真，专注，责任感强。

③ 不善交际，内心不外露，心胸不宽，孤僻，拘谨，羞怯。

④ 消极，压抑，多自我反省。

（2）在上一步的基础上，将重复出现2次的词语补充添加进来，从而扩充成简单的结论。

出现2次的词语：善于观察分析、直率、谦虚、保守、敏感、冷静、克制、顺从、谨小慎微、自卑、孤独、稳重、有分寸、多疑、多谋、胆小、有依赖性、从容、处事不灵活、沉默、精力充沛、意志坚强。

① 性格内向，自制力强，头脑冷静理智，处事稳重，细心谨慎，认真负责。

② 处事不灵活，谨小慎微，胆小顺从，有依赖心理。

③ 人际上过于克制，不善交际，较为谦虚和羞怯，拘谨而沉默，比较孤独。

④ 思想保守，内心不外露，思想专注而深刻，善于自我反省。

⑤ 心胸不宽，自卑感强，具有敏感多疑和消极压抑心理，有些孤僻和吝啬。

⑥ 意志坚强，精力充沛。

⑦ 善于观察、分析，多谋。

（3）根据简单结论的含义，尝试将互相矛盾的高频词添加到简单结论中。

将“随和”和“固执”分别添加到第 3、5 条之中。（“随和”与“胆小、顺从、谦虚”相关，“固执”与“直率、认真、责任感强”相关）

矛盾词的处理方法：

① 两个词出现均较少者，可以互相抵消（如自信—缺乏自信、现实—逃避现实）。

② 两个词出现的次数差别明显，采纳出现次数明显占优的那个词（如“消极—积极”可采纳“消极”，“意志坚强—意志薄弱”可采纳“意志坚强”）。

③ 如果某一对矛盾词出现次数较多，且有各自的相关词语所支持，表明这两个词都是有价值的，可以添加到结论中。

（4）在上述简单结论的基础上进行合理推测，在列表中挑选出相关的其他合适词语补充到结论中。

列表中剩余的可能相关词语：易与人相处，决断力差，缺乏全局观，缺乏创新意识，不善体贴人，对他人情感不敏感，应变力差。

① 性格内向，自制力强，头脑冷静理智，处事稳重，细心谨慎，认真负责。

② 处事不灵活，应变力差，谨小慎微，胆小顺从，有依赖心理。

③ 人际上表现较为随和，注意分寸，易与人相处，但对他人的情感不敏感，不善于体贴他人，也不善于主动交际，往往表现得过于克制而显得拘谨和沉默，比较孤独。

④ 心胸不宽，思想保守，内心不外露，思想专注而深刻，善于自我反省。

⑤ 自卑感强，较为谦虚和羞怯，具有敏感多疑和消极压抑心理，有些孤僻和吝啬。

⑥ 意志坚强，精力充沛，有直率和固执的一面。

⑦ 善于观察、分析，有谋略但决断力不足，缺乏全局观，创新意识不强。

注：为了保证笔迹分析结论的准确性和条理性，与其他词语的关联性不高的高频词“从容”和“执着”被舍弃。

第四步：检查笔迹分析结论，对遗漏、含糊不清之处进行修改或补充。也可根据情况，适度扩写分析结论的内容。

7.4.5　笔迹分析示例 2

书写者情况：24 岁，女性，大专机械专业，机械工程师职业。字体中等，力度较重。

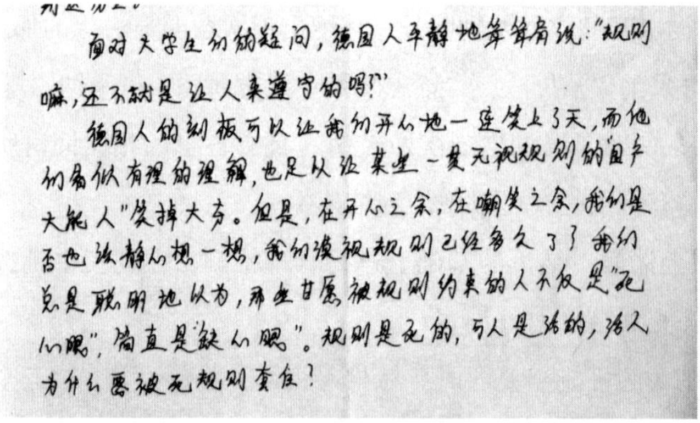
面对大学生们的疑问，德国人平静地耸耸肩说："规则嘛，还不就是让人来遵守的吗？"
德国人的刻板可以让我们开心地一连笑上了天，而他们看似有理的理解，也足以让某些一贯无视规则的国产"大能人"笑掉大牙。但是，在开心之余，在嘲笑之余，我们是否也该静心想一想，我们漠视规则已经多久了？我们总是聪明地认为，那些甘愿被规则约束的人不仅是"死心眼"，简直是"缺心眼"。规则是死的，而人是活的，活人为什么要被死规则套住？

图 7-12　笔迹分析示例 2

分析步骤：

第一步：在笔迹特征量表中查找并提取出符合的所有笔迹特征，排成列表。

（1）左右留边整齐一致：守纪律，秩序性强，有恒心、耐心，忍耐力强，重形象，有条理，责任感强。

（2）下方空白过小：情绪不稳，行动能力差，内心紧张，缺乏安全。

（3）字行上倾：热情，积极，乐观，自由，不愿受约束，有理想、雄心、野心，进取，冒险，活泼，开朗，精力充沛，善于交际。

（4）行间距适中：适应力强，有条理，得体，注重全局，也能顾细节，情绪稳定。

（5）字间距宽窄不一：情绪不稳，心理不成熟，性格不定，与人交往飘忽不定。

（6）字体中等大小：守法，传统，平凡，凡事随潮流。

（7）字体大小不一：感情丰富，情绪不稳定，喜怒于色，内心不平衡，压抑。

（8）字体右倾：积极，热情，活泼，开朗，乐观，直爽，进取，有创造力，善于交际，乐于助人，易冲动，情绪易兴奋，自我意识强。

（9）笔画杂乱无章：多思虑，精神焦虑。

（10）错乱横：情绪紊乱，烦躁，自控力差，随意性强。

（11）甩笔竖：急躁，感情丰富，情绪外露，喜怒于色，冒险，果断，心胸不宽，缺乏忍让，批评意识强，反应快。

（12）上挑捺（“人、是、贯”）：活泼好动，乐观，开朗，热情，善解人意，虚荣，易冲动，逻辑性强。

（13）直平捺（“连、是、遵”）：自信，拼搏，开拓，唯我独尊，固执。

（14）圆弧折：处事灵活，圆滑，随和，温和，宽容，外柔内刚，忍耐力强，理智，现实。

（15）平直起：认真，直率，坦荡，平和，理智，成就欲不强。

（16）针状收：急躁，直爽，易冲动，行动快，果断，缺乏忍让，有批评意识，内心外露，机敏，积极，观察力强。

（17）顿收，慢、重（“仅、些、一”）：认真，谨慎，自制，责任感强，忍让，保守，压抑，决断时易犹豫。

（18）认真书写标点：认真，谨小慎微，细心，理智，自制，诚实，专注，守纪律，缺乏创新。

（19）速度适中：适应力强，稳重，自制，从容镇定，有分寸，计划性强，内心不外露。

（20）力度重：活泼好动，精力充沛，意志坚定，有魄力，自负，独断，固执，倔强，刚愎自用，暴躁，易冲动，好强，喜怒于色，有个性，慷慨，豪爽，有恒心、毅力。

（21）重、直线多：直率，情绪外露，独立，吃苦。

（22）轻重不一：思维跳跃，思维间断，决断时易犹豫，想象丰富，注意力散，多无目标幻想，缺乏条理，缺乏逻辑，情绪不稳。

（23）拘谨：冷静，谨慎，不爱出风头，踏实，朴实，不善交际，想象力差。

（24）生硬，下笔重：自我意识强，自我中心，暴躁，易冲动，情绪不稳。

第二步：详细统计上述列表中的高频词。

（1）出现 > 3 次：活泼、认真。

（2）出现 3 次：理智、积极、热情、喜怒于色、乐观、开朗。

（3）出现 2 次：有批评意识、好动、守纪律、感情丰富、谨慎、固执、急躁、情绪外露、精力充沛、适应力强、暴躁、自我意识强、冒险、直爽、直率、责任感强、决断时易犹豫。

（4）矛盾词：冲动—自制—压抑：5—3—2，情绪不稳：5—1，果断—犹豫：2—2，忍耐力强—缺乏忍让：2—2，善于交际—不善交际：2—1，条理—缺乏条理：2—1。注：用“—”分隔开的数字为矛盾词语分别出现的次数。

第三步：对选好的词语进行归类并据此写出简单结论。

（1）性情开朗，适应力强，善于交际，处事积极乐观，待人热情直爽，活泼好动，精力充沛。

（2）感情丰富，性情急躁，情绪不稳定，容易外露。

（3）脾气有些暴躁，喜怒于色，直率地表达批评意见。

（4）头脑理智，做事认真负责，遵守纪律，谨慎。

（5）自我意识强，有些固执，但决断时容易犹豫。

第四步：根据简单结论的含义，将能够添加的互相矛盾的关键词临时加入到简单结论中。

（1）性情开朗，适应力强，处事积极乐观，待人热情直爽，活泼好动，精力充沛。

（2）在情感方面，感情丰富，性情急躁，情绪不稳定，易冲动，不良情绪容易表露在外。

（3）脾气不好，有暴躁的一面，喜怒于色，勇于直率地表达批评意见。

（4）工作方面较为谨慎理智，自制力强，做事忍耐，认真负责，遵守纪律，有些压抑。

（5）自我意识强，比较固执，缺乏忍让，但在做决断时容易犹豫。

注：相互矛盾的词语“冲动—自制—压抑”“忍耐力强—缺乏忍让”都有与之相关的词语支持，可以添加到结论中，“果断—犹豫”“善于交际—不善交际”和“条理—缺乏条理”由于出现频次不高，加上缺乏相关词语的联系，可舍弃。

第五步：在上述简单结论的基础上进行合理推测，在列表中挑选出合适的相关词语补充到结论中。

列表中找到的其他相关词语：心理不成熟，性格不定，与人交往飘忽不定。

（1）性情开朗，适应力强，处事积极乐观，活泼好动，精力充沛。

（2）待人热情直爽，但心理不成熟，与人交往飘忽不定。

（3）在情感方面，感情比较丰富，但性情不稳定，容易急躁和冲动，不良情绪容易表露在外。

（4）脾气不好，有暴躁的一面，喜怒于色，勇于直率地表达批评意见。

（5）工作方面较为谨慎理智，自制力强，做事忍耐，认真负责，遵守纪律，有些压抑。

（6）自我意识强，比较固执，缺乏忍让，但在做决断时容易犹豫。

第六步：检查笔迹分析结论，对遗漏、含糊不清之处进行修改或补充。也可根据情况，适度扩写分析结论的内容。

第8章

笔迹分析提高篇

学会了用统计法分析笔迹后，如果能够坚持笔迹分析的实践并进一步学习相关知识，随着经验的丰富，就可以进一步学习分析更加深入和细致的内容。

使用统计法分析笔迹有一个特点：在挑选关键词进行整理归纳的过程中，需要采用理性的数理统计和逻辑推理方法。这种方法可以明确地揭示出分析的步骤和判断推理依据，使笔迹分析的过程更具有科学性和逻辑性，即使出现错误也能知道产生错误的原因，有利于学习和提高。

8.1 专项笔迹分析及扩写方法

前面介绍的笔迹分析方法可以得出综合性的结论，但在实际应用中，我们很可能会遇到需要进行专项分析的项目。例如，在使用笔迹分析进行职场招聘时，需要重点分析与职业有关的职业特长和工作态度方面的内容，而对书写者的情感以及婚恋观等方面则不需要关注。常用的专项分析项目主要有以下内容。

8.1.1 用于个人分析的项目

使用笔迹分析技术，可以分析出书写者本人很多有价值的内容，用于个人分析的项目大致有以下这些。

（1）综合分析，（2）性格特征，（3）品质特征，（4）诚实程度，（5）私心轻重，（6）思想观念，（7）思维特点，（8）能力潜力，（9）适宜职业，（10）道德观念，（11）自我评价，（12）别人评价，（13）人生观，（14）生活态度，（15）金钱观，（16）生死观，（17）婚恋观，（18）社交公关，（19）婚恋特点与双（多）方婚恋分析，（20）感情与情感，（21）前途预测，（22）主要优缺点，（23）原则性与是非观，（24）心理健康，（25）工作态度，（26）事业分析，（27）近期心态，（28）目前情绪，（29）犯罪可能性，（30）对过去、现在和未来的态度，（31）领导能力，（32）身体健康状况，（33）体貌特征，（34）忠告，（35）志向，（36）特定情势下的行为预测，（37）特定范围的比较分析。

8.1.2 用于企业分析的项目

在企业中，不同的职位对个人的要求也不尽相同，而不同的企业对人才的要求也各有不同。如何才能招到合适的人才，是每个人力资源管理人员必须面对的问题。

企业的人力资源管理人员在选拔人才时，除了学历、工作经历和职业能力外，通常还会关注下面这些方面。

（1）积极主动性，（2）成就欲与责任心，（3）团体精神与纪律性，（4）工作态度与激励方法，（5）领导能力与方式，（6）督察能力，（7）交际能力与合作性，（8）社交活动能力，（9）开拓能力与冒险性，（10）判断能力与见识，（11）自控能力与情绪，（12）耐久性与意志，（13）协调适应能力，（14）对上级、下级的态度倾向，（15）诚实与虚伪，（16）可靠性，（17）保密性，（18）公正性，（19）自我开发热情，（20）人才类型归属，（21）适宜的职业职务，（22）聘用忠告。

8.1.3 笔迹分析结论的归类扩写法

用前面所介绍的笔迹分析方法得到的笔迹分析结论比较简单和笼统，如果直接把这些结论当作专项分析的内容，会因为过于简单而缺乏实用价值。不少初学者常为如何扩写笔迹分析结论或者书写专项笔迹分析内容而苦恼，该如何写出详尽和层次分明的内容呢？

笔迹分析结论的扩写有几种常用方法：一种是加入情境化的描述，也就是按照已经分析出的书写者的个性特点来推测，推测书写者在某种情境下很可能出现的行为表现或心理状况。例如已知书写者性情急躁冲动，可以推测其在工作方面具有工作效率较高但耐性不足的特点，不喜欢耐心细致的工作，如果把他放在某个具体岗位上，可能会遇到什么样的具体问题等。另一种方法是将基本的笔迹分析结论与某些理论如卡特尔人格特质理论、大五人格理论或测试工具如九型人格测试、霍兰德职业兴趣测试、MBTI 职业性格测试进行嫁接，通过借鉴和引用这些资料的相关内容来达到扩写笔迹分析结论的目的。

很多阅历不足的初学者，特别是一部分年轻人，往往不了解描述人格特性的某些词语所具有的深刻含义和涵盖范围，同时也因为经验和知识不全面而不善于使用上述两种方法。

针对上述问题，笔者以逻辑推理为基础，进一步研发出一种与统计分析法相配套的扩写方法——归类扩写法。如“认真”“谨慎”之类的词，在笔迹分析结论中，可以使用在思维特点、工作态度、思想观念、行为特点、能力、人际交往、诚实态度、道德观念、意志力、人生观、生活态度、感情、婚恋等多个分析项目之中。只要按照各个分析项目的特点，把这些词归类整合到不同的分析项目中，就能在原有笔迹分析结论的基础上扩写出详尽和全面的笔迹分析结论。

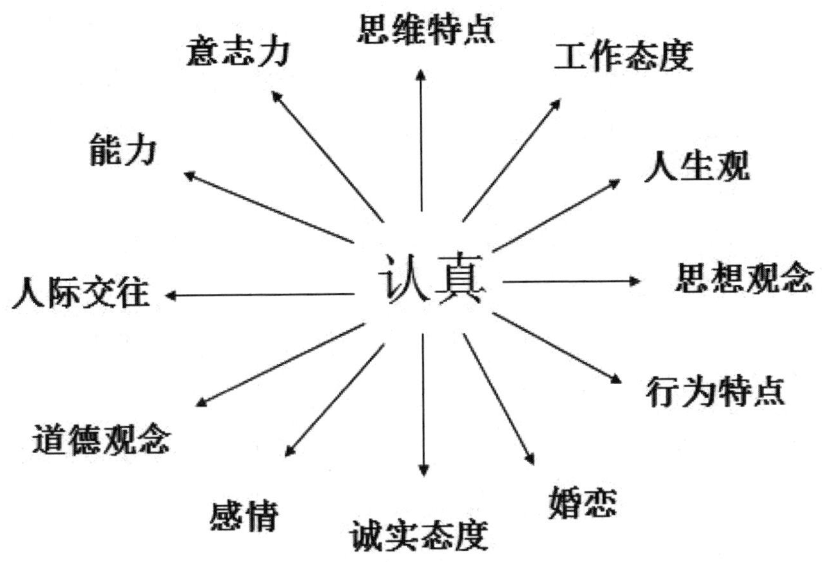

图 8-1　同一个词语可以在多个专项分析项目中使用

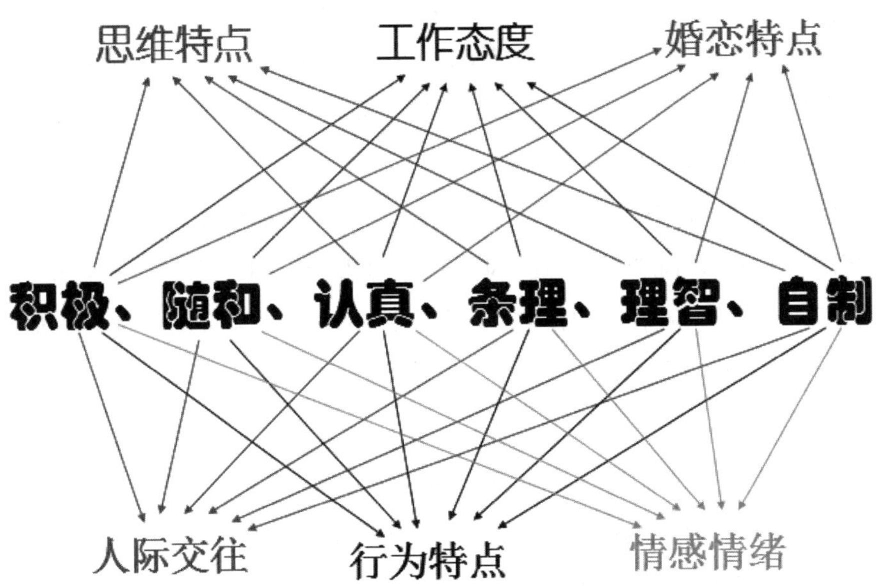

图 8-2　多个词语与多个分析项目之间的复杂关系

例如，“积极”“随和”“认真”“有条理”“理智”“自制”这六个词与“思维特点”“工作态度”“婚恋特点”“人际交往”“行为特点”和“情感情绪”这几个项目均有较高的关联性，因此我们可以把六个词语进行拆分，分别归纳在思维特点等几个项目中。将每个项目进行整理和扩充，就可得出分门别类的分析结论。

（1）工作态度（积极、认真、有条理、随和、自制、理智）

① 工作态度积极向上，办事认真负责，条理性强。

② 善于与人相处，待人随和，容易与人合作共事，不轻易得罪别人。

③ 头脑理智，自制力强，遵守规章制度。

（2）婚恋特点（积极、随和、理智、自制、认真）

① 以积极主动的心态对待感情，不逃避，不抗拒。

② 性情比较温和，待人随和，容易与人相处。

③ 头脑理智冷静，善于自我控制，不容易冲动。

④ 以认真负责的态度与异性交往，不自我放纵，不欺骗感情。

……

就这么短短的6个词、十几个字，以逻辑推理为核心，使用归类扩写法，就能够扩写成一篇像模像样的几百字的详细笔迹分析结论。

下面以第七章7.4.4的笔迹分析示例1为例（参见图7-11），文中的“冷静”这个词，可以用在“行为特点”“思维特点”“情感情绪”“工作态度”和“人际交往”项目中。而“理智”这个词，则可用在“行为特点”“情感情绪”“工作态度”和“人际交往”项目中。只要按照这种方法，将笔迹特征释义高频词语逐一拆分，进行分类整理，最后加以总结归纳，就能够扩写出一份像样的笔迹分析结论。具体示例如下：

（1）将分析步骤第二步所得到的高频词列出。

① 出现 > 5次：自制、谨慎、不善交际。

② 出现5次：认真、孤僻、理智。

③ 出现4次：内心不外露、心胸不宽、责任感强、细心。

④ 出现 3 次：内向、压抑、拘谨、消极、多自我反省、羞怯、深刻、执着、专注。

⑤ 出现 2 次：善于观察分析、直率、谦虚、保守、敏感、冷静、克制、顺从、谨小慎微、自卑、孤独、稳重、有分寸、多疑、多谋、胆小、有依赖性、从容、处事不灵活、沉默、精力充沛、意志坚强。

注：矛盾词先放在一边，暂时不归类。

（2）列出需要进行专项分析的各个项目。

① 情感情绪，② 能力，③ 工作态度，④ 人际交往。

（3）将上述笔迹特征释义词语按照与各项目关联性分类整理排列到各个项目之中。

① 情感情绪：自制、孤僻、理智、内心不外露、压抑、消极、多反省、敏感、冷静、克制、稳重、有分寸。

② 能力：自制、谨慎、不善交际、认真、细心、执着、专注、善于观察分析、多谋、胆小、有依赖性、处事不灵活、精力充沛、意志坚强。

③ 工作态度：自制、谨慎、认真、理智、责任感强、细心、拘谨、消极、执着、专注、善于观察分析、谦虚、保守、冷静、顺从、谨小慎微、稳重、多疑、有依赖性、从容。

④ 人际交往：自制、谨慎、不善交际、认真、孤僻、理智、内心不外露、心胸不宽、责任感强、细心、内向、拘谨、羞怯、执着、专注、直率、谦虚、保守、敏感、冷静、克制、顺从、谨小慎微、自卑、孤独、稳重、有分寸、多疑、胆小、有依赖性、从容、处事不灵活、沉默。

（4）分别对各个项目中的词语进行整理，组成各自的结论。

① 情感情绪

a. 孤僻的性格使得内心的情感情绪受到压抑而不显露在外。

b. 自制力强，头脑冷静，处事较为理智和克制，注重分寸，情感情绪稳定，不容易感情用事。

c. 内心比较敏感，善于自我反省，存在消极的情感情绪。

② 能力

a. 注意力集中，观察、分析能力强，有谋略。

b. 自制力强，胆量不足，交际能力不足，处事不灵活，有依赖心理。

c. 专注性较强，处事谨慎，细心认真。

d. 意志力强，精力充沛，执着。

③ 工作态度

a. 做事专注，细心认真，处事稳重，富有责任感。

b. 善于观察和分析，头脑冷静理智，自制力强。

c. 独立性缺乏，自信心不足，有依赖心理，有些谨小慎微，有消极和多疑的心态。

d. 服从管理，谦虚而顺从，处事保守而显得拘谨。

④ 人际交往

a. 性格内向，自制力强，较为保守和拘谨，显得有些孤僻。

b. 头脑冷静，理智谨慎，处事细心稳重，认真负责。

c. 独立性不足，害怕孤独，有依赖感，易羞怯。

d. 内心不外露，胆小顺从，处事不灵活，不善于交际，谨小慎微，沉默寡言。

e. 心胸不宽，在谦虚的外表下隐藏着一颗敏感多疑的心，自卑感强，善于克制。

（5）对上述结论进行整体分析评判，修改和剔除相矛盾或有问题的内容。

从上例可知，只要能够把尽可能多的词语按照关联性分别拆分到相应的分析项目之中，就会使可供分析的线索得到大幅增加，进而扩写出详细的笔迹分析结论。

8.2 部分笔迹分析项目的分析要点

笔迹分析可以分析的项目很多，但是每个书写者的人格特点不尽相同，即使在同一个分析项目中，对不同的书写者所得出的分析结论也会有所差异，有的结论较为丰富具体，而有的却比较简单笼统，这是为什么呢？

心理测量是让受试者做心理测量问卷，然后分析测量数据，找出其具有共性的人格特性。和心理测量的方式不一样，笔迹分析的侧重点是在共性特征中找出个性化的人格特征。也就是说，笔迹分析的结论侧重于描述书写者比较突出或者与常人不同的个性特点。如果书写风格较为常见，缺乏鲜明个性，那么书写者的人格特性通常也倾向于普通人的正常状态，因此分析结论就会较为平淡甚至简单。笔迹分析从业者通常更愿意分析那些非常特殊的个性鲜明的笔迹，因为从这样的笔迹中更容易分析出丰富和深入的内容，可以写出较为详细和深入的笔迹分析结论。

其实书写笔迹可供分析的内容是很多的，不但可以从中进行全面综合的分析，也可以对某类项目甚至单个具体的人格特征进行深入的分析。再加上忠告、建议以及引用的资料等内容，分析结论会更加丰富具体。不过初学者由于阅历不多以及分析经验不足，得出的分析结论往往比较简单和笼统，直接进行分门别类的详细分析会有不小的难度。

为分析尽可能多的项目，笔者经过多年的实践，将笔迹特征释义中的各种描述个性特征的词语进行了整合，归纳为三百多个词语。只要将这些词语按照不同的笔迹分析项目分别归类，然后对归类后的项目再作进一步的扩充，就会得出一份极为详细的分类词语表。这份词语表可以作为扩写笔迹分析结论的重要参照依据。

示例：“性格特征”项目的分类词语表（节选）

（1）活泼程度

① 活泼：表现欲强、不甘寂寞、不愿受约束、冲动、出风头、大方、发泄、放纵、好动、活泼、机敏、急躁、急于行动、健谈、交际强、精力充沛、开朗、乐于助人、轻率、情绪外露、热情、随意性强、外向、喜怒于色、兴奋、行动快、主动性强。

② 文静：被动、表现欲弱、不争名利、沉稳、沉默、不爱出风头、得体、有分寸、含蓄、谨慎、拘谨、克制、冷静、慢性子、内向、谦虚、忍让、深沉、

守纪律、拖拉、文雅、稳重、喜静、羞怯、自制力强、主动性差。

（2）思想的单纯性

① 思想单纯：本分、不争名利、诚实、单纯、缺乏变通、宽厚、虑事简单、朴实、死板教条、坦率、心理不成熟、正直、直爽、直率。

② 思想复杂：不信任他人、有城府、多谋、多疑、多虑、多思虑、防范心强、含蓄、精明、敏感、投机、有心计、虚伪、掩饰、装腔作势 。

（3）细心认真程度

① 细心：程序性强、有计划、谨慎、谨小慎微、耐心、认真、思维周密、有条理、完美、细致、细心、严谨、专注。

② 粗心：不拘小节、草率、粗心、懒散、耐心差、轻率、思维缺乏周密、随意性强、条理性差。

（4）独立性

① 独立性强：表现欲强、不愿受约束、胆大、独立、独断、独来独往、敢作敢为、刚愎、果断、好强、合作性差、决断力强、有开拓精神、目标明确、我行我素、行动快、原则性强、责任感强、自律、自我意识强、自我意识过强、执着、有主见。

② 独立性弱：被动、表现欲弱、胆小、缺乏安全感、孤独、决断力差、目标多变、软弱、顺从、羞怯、有依赖性、犹豫、易受影响、责任感差、主动性差、主见差。

（5）原则性与斗争性

① 原则性强：程序性强、缺乏变通、果断、决断力强、倔强、苛刻、任性、认真、守规矩、唯我独尊、我行我素、意志坚定、原则性强、责任感强、自我中心、自我意识强、自我意识过强、正直、执着、有主见。

② 原则性差：半途而废、不持久、草率、处事灵活、得过且过、放纵、感情用事、决断力差、随意性强、贪婪、投机、意志薄弱、易受影响、犹豫、责任感差、主见差。

③ 斗争性强：不留余地、胆大、斗争性强、独断、敢作敢为、刚愎、固执、好强、有竞争精神、不怕困难、冷酷、爱冒险、有批评意识、偏执、拼搏、情绪化、缺乏忍让、喜怒于色。

④ 斗争性差：不争名利、胆小、含蓄、宽容、怕困难、怕冒险、能屈能伸、忍让、软弱、随和、顺从、温和、羞怯。

（6）意志力

① 意志坚强：沉稳、吃苦、好强、有恒心、进取、不怕困难、目标明确、耐心、拼搏、忍耐力强、踏实、行动能力强、有雄心、意志坚定、原则性强、自制力强、自律、自我意识强、自我意识过强、执着。

② 意志薄弱：半途而废、不持久、得过且过、放纵、缺乏恒心、缺乏进取心、怕困难、懒散、目标多变、耐心差、忍耐力差、软弱、随意性强、顺从、逃避、消极、行动能力差、意志薄弱、易受影响、犹豫、自制力差。

（7）胆量

① 胆大：表现欲强、爱出风头、胆大、斗争性强、独断、独来独往、放纵、敢作敢为、果断、好强、进取、有竞争精神、决断力强、有开拓精神、不怕困难、爱冒险、拼搏、有魄力、唯我独尊、我行我素、行动能力强、有雄心、有野心、自信心强、自负、自我中心、自我意识强、自我意识过强、有主见。

② 胆小：被动、本分、不出风头、胆小、多疑、谨小慎微、拘谨、决断力差、怕困难、怕冒险、忍让、软弱、守规矩、随和、顺从、行动能力差、羞怯、有依赖性、犹豫、自信心差、自卑、主见差。

上述分类词语表可以根据不同项目列出很多，但是词汇量很大，逐项分析会比较枯燥。为降低分析难度，本书对下列16个笔迹分析项目仅列出分析要点。大家可以结合前面所介绍的几种扩写方法，参照各个项目的分析要点和提示，写出较为深入和详尽的笔迹分析结论。

8.2.1 性格特征

性格是一个人对人对事的态度和行为的心理特征，表现了人们对现实和周围世界的态度。人的性格是很复杂的，主要体现在对自己、对他人、对事物的态度和所采取的言行上。

（1）外向程度

性格外向与否？活泼好动吗？待人是否热情主动？

（2）思想的单纯性

思想单纯与否？心理成熟程度如何？为人老实本分吗？是否朴实无华？言行直率吗？防范心如何？

（3）细心程度

细心认真与否？责任心强吗？是否自由散漫？处事草率吗？

（4）独立性

自我意识强吗？独立性如何？有主见吗？依赖和顺从心理如何？处事果断与否？独断专行吗？

（5）原则性与斗争性

原则性如何？是否爱憎分明？竞争意识强吗？是否固执甚至倔强？善于忍让与否？软弱顺从程度如何？处事果断吗？思想偏激与否？胆量如何？斗争精神强吗？

（6）意志力

意志坚强吗？执着坚定性如何？韧性强吗？能屈能伸否？

（7）胆量

胆量大小？勇于冒险吗？积极主动性如何？自我意识强吗？自信心如何？竞争意识强吗？处事果断与否？是否软弱顺从？

（8）自制力

自制力如何？忍耐力强吗？易冲动与否？脾气好不好？处事冷静理智吗？自由散漫与否？是否纵情纵欲？

（9）稳定性

性格稳定与否？冲动性如何？处事冷静理智吗？是否有草率急躁现象？

（10）内心外露程度

内心外露与否？忍让性如何？爱出风头吗？待人主动热情否？

（11）人际亲和力

性格开朗与否？待人积极热情吗？是否随和？自我意识强吗？性情是否温和？是否固执甚至倔强？是否孤僻？善于忍让与否？合群吗？

（12）人际主动性

善于交际与否？积极主动性如何？待人热情与否？内心是否外露？自信心如何？有主见吗？独立性如何？

（13）生活态度

生活态度积极主动吗？有生活热情吗？富有竞争精神吗？对未来乐观吗？是否崇尚自由？喜欢玩乐与否？是否循规蹈矩、安守本分？

（14）不良性格

是否脾气暴躁、喜怒无常？是否思想偏激、倔强任性？是否性情孤僻、脾气古怪？是否郁郁寡欢、悲观消沉？是否缺乏自制、纵情纵欲？是否胆小怕事、畏首畏尾？

8.2.2 思维特征

（1）思维的缜密程度

① 思维的周密性

思维周密与否？虑事是否细致？是否粗心马虎？

② 思维的清晰性

头脑是否清晰？思路是否散乱？

③ 全局意识

考虑问题是否全面？是否注重全局？是注重于宏观还是侧重于局部？

④ 思维的条理性

思维条理性如何？虑事计划性如何？是否散漫或草率？是否过于注重条理？

（2）思维的灵活程度

① 思维的敏捷性

思维速度如何？头脑反应敏捷吗？是否有机敏的应变能力？

② 思维的灵活性

头脑（思维）灵活性如何？思维活跃与否？是否虑事简单？是否过于循规蹈矩？

③ 思维的停顿与间断

思维是否容易停顿？思维是否容易跳跃而间断？

（3）善于思考程度

① 爱思考程度

是否爱思考或善于思考？好奇心强吗？

② 多思多虑程度

是否容易多思多虑？处事是否优柔寡断？是否爱回忆留恋过去？

（4）想象与创新能力

① 创造性

创造性如何？是否具有开拓精神？是否不愿受约束而喜欢标新立异？

② 想象力与幻想

想象力丰富与否？爱思考思想领域难题吗？是否常有奇思妙想或幻想？

（5）思维方式的倾向性

① 形象思维

善于理解具体的形象概念吗？想象力丰富与否？善于利用直觉吗？记忆力和反应能力强吗？音乐、美术等艺术感如何？

② 逻辑抽象思维

善于理解抽象概念吗？思维是否注重逻辑性和条理性？分析、判断能力强吗？推理、计算能力如何？

③ 创造性思维

想象力强吗？头脑灵活性如何？有艺术审美眼光吗？善于奇思妙想吗？

是否常有独到见解或创造性？直觉和灵感如何？

④ 综合性思维

思维的全面性如何？善于将各方面联系成整体来考虑吗？

⑤ 逆向思维

善于反过来思考问题吗？具有叛逆精神否？具有从问题的另一面深入探索的精神吗？

⑥ 发散思维

在思考时是否善于通过多种途径探求多种答案？形象思维能力强吗？想象能力和联想能力如何？

⑦ 横向思维

思维面是否宽广？善于举一反三吗？

⑧ 纵向思维

思维的深入程度如何？善于深入钻研探索吗？

（6）与思维相关的智力特点

① 分析能力

逻辑抽象思维能力如何？条理性怎样？头脑灵活与否？思考是否周密？

② 规划能力

规划或策划能力如何？是否有长远眼光或长远目标？虑事是否全面？

③ 运筹能力

虑事全面与否？有心计和谋略吗？运筹能力如何？全局意识如何？

④ 理解能力

理解和接受能力如何？是否爱认死理？善于理解别人吗？

⑤ 判断能力

判断力如何？感觉和直觉能力如何？

⑥ 应变能力

头脑灵活与否？应变能力如何？是否死板教条？思维速度如何？是否虑事简单？

⑦ 反应能力

思维敏捷与否？反应是否迅速？思维是否缓慢？头脑是否机敏？

⑧ 想象能力

想象力丰富与否？是否常有奇思妙想或幻想？爱思考思想领域难题吗？

（7）思维的主动性

思维积极主动与否？爱思考吗？

（8）思维的独立性

思维的独立性如何？有主见吗？自信心如何？

（9）思维的开放性

思维的开放程度如何？对外界动向关注吗？思想观念保守吗？

（10）思维的谋略性

是否有心计与谋略？是否精于算计？

（11）思维的稳定性与持续性

思维的稳定性如何？头脑冷静理智吗？容易受到情绪和心态的影响吗？是否有恒心与耐心？

（12）思维的目的性

思维的方向或目的是否明确？目标切合实际吗？

示例：如图 8-3，这是一名物理专业大四女生的笔迹，我们来具体分析一下她的思维特点。

一片花飞减却春，风飘万点，正愁人。
且看欲尽花经眼，莫厌伤多酒入唇。
江上小堂巢翡翠，花边高冢卧麒麟。
细推物理须行乐，何用浮名绊此身。

图 8-3　大四女生的笔迹

（1）思维的缜密程度

① 书写认真，笔画衔接较紧密，字体不松散，书写速度较慢：思维较为周密，虑事细致认真，不草率从事。

② 笔画依顺序写成，线路明确，无混乱的线条：头脑清晰，有条理，思维不混乱。

③ 字体的结构较合理，没有明显的缺损部位，且中部与四周的衔接比较合理：考虑问题较为全面，注重宏观全局，也能兼顾细节。

（2）思维的灵活程度

① 书写速度较慢：思维速度不快，头脑反应不够敏捷，随机应变能力有些不足。

② 书写速度慢，线条较为生硬，直线居多，转折角度较尖锐：头脑的灵活性和思维活跃性不足，考虑问题比较直接和简单，有些刻板。

（3）善于思考程度

① 笔画较为直接，各个方位向外延伸的笔画不多（右下部除外）：好奇心不强，对事物探求的愿望不高，不太善于进行思想领域的感性思考。但逻辑性的理性思考能力较强。

② 横和竖的收笔加重而有停顿现象：思维有停滞现象，可能是对事物反复深入思考所致。

（4）想象与创新能力

书写循规蹈矩，笔画按部就班，没有与众不同的书写行为：想象力和创造性不足，易墨守成规，缺乏开拓创新精神。

（5）思维方式的倾向性

倾向于逻辑抽象思维，而形象思维、逆向思维、想象思维均不突出，且思维的广度和深度一般。

（6）思维的独立性

字体倾斜方向一致，横画上仰，捺拉得较长：有主见，自信心强，有行动欲望。

（7）思维的开放性

整体书写中规中矩，线条收放有度，右下区收笔线条较长：思想观念比较传统，思维方式有保守的一面而不够开阔，但能积极关注外界动向而顺应潮流。

（8）思维的谋略性

线条直线多，转折处不圆滑，线条简洁：处事不圆滑，言行较直率，心机不深，谋略不足。

（9）思维的稳定性

书写风格稳定，各种线条的形状和方向比较一致，符合规范：思维较稳定，头脑理智冷静，处事有耐心，能克制或压抑不良情绪。

（10）思维的目的性

整体文字的风格以及各笔画的走向比较一致：思维具有明确的条理性，虽然可能还没有具体的目标，但大致方向比较明确。

8.2.3 感情与情感

（1）感情与情感的外在表现性

感情外倾与否？内心是封闭还是外露？是压抑忍让还是主动宣泄？态度是积极进取还是克制忍耐？热情还是冷漠？勇敢还是怯懦？

（2）感情与情感的稳定性

易感情用事与否？感情强烈还是淡漠？是否容易受外界影响？情感宣泄欲望如何？是否多愁善感？各种欲望强烈与否？意志坚定与否？感情或目标是否多变？轻浮还是稳重？是否放纵感情？恒心和耐心如何？热情或兴趣是否持久？

（3）感情与情感的丰富性

感情丰富与否？同情心如何？感情细腻吗？是否多愁善感？是否多情或好色？

（4）感情与情感的原则性

感情的原则性和责任感如何？是否正直？可靠与否？意志是否坚定？自制力如何？是否专一？

（5）感情与情感的适应性

感情的适应能力如何？顺应现实吗？处事灵活性如何？待人圆滑世故吗？

（6）感情与情感的自信程度

情感的独立性如何？处事果断有主见吗？是否有足够的自信心？对未来乐观吗？多疑与否？是否逃避现实？

（7）感情与情感的理智性

对待感情是否理智和现实？任性或逆反倾向如何？是否冲动或感情用事？是否好斗或容易记仇？

（8）感情与情感的不良表现

是否意志薄弱、用情不专？是否思想幼稚而容易上当受骗？是否叛逆任性而不可理喻？是否死板教条、爱认死理？是否心胸狭窄、容易记仇？是否感情脆弱而逃避现实？是否心理不平衡而愤世嫉俗？是否留恋过去而郁郁寡欢？是否内心矛盾而情感积郁？

8.2.4 目前情绪

（1）情绪的发泄方式

情绪的冲动性如何？易激动吗？脾气好吗？自控力如何？是否喜怒于色？暴躁倾向如何？是否偏激和叛逆？

（2）情绪的稳定性

情绪稳定性如何？能克制冲动、把握好分寸吗？是否容易受外界影响？心态稳定吗？是否有浮躁、烦躁、紧张、焦虑、不安、激动的情绪？脾气暴躁或偏激吗？

（3）特殊的情绪状态

情绪异常与否？情绪的表现强烈吗？有紧张、激动、偏激、倔强、好斗、狂妄、不可理喻、喜怒无常、暴躁的情绪吗？

（4）情绪的积极性

情绪乐观积极吗？内心外露与否？是否情绪低落、悲观消沉？是否内心烦恼不安、抑郁焦虑？

8.2.5 思想特征

（1）思想的开放性

思想是否传统？是保守还是开放？能积极主动接受和适应社会发展吗？是循规蹈矩、安于本分还是崇尚自由、表现自我？是勇于开拓冒险还是谨小慎微、与世无争？

（2）思想的原则性

思想的原则性和责任感如何？认真与否？独立性如何？有主见吗？是否不受外界影响？是否过于正直、固执、执着、苛刻、抗争、理想主义、爱憎分明？是否有软弱、忍让、顺从、随波逐流的思想？是否有贪婪、放纵、投机、不择手段的思想？

（3）思想的灵活性

思想灵活还是僵化？善于接受新事物吗？善于理解别人吗？思想单纯还是复杂？处事圆滑还是刻板？容易受外界影响吗？

（4）思想的积极主动性

思想积极主动与否？进取精神如何？开拓创新和竞争意识强吗？逃避现实吗？喜欢向往未来还是留恋过去？有无冒险精神？

（5）思想的稳定性

思想的稳定性如何？思想成熟与否？易受外界影响吗？是否理智和谨慎？是否容易感情用事或情绪化？心态稳定还是浮躁？是否急于求成？

（6）思想的复杂性

善于思考与否？思想的广度和深度如何？思想成熟吗？见解是否深刻？有长远眼光吗？思想复杂与否？创新意识如何？处事圆滑精明与否？

（7）思想的创新性

善于思考与否？想象力丰富与否？头脑灵活吗？思维方式奇特与否？是否具有创造性？是否具有开拓进取、钻研探索精神？是否具有冒险和竞争意识？

（8）以自我为中心的特殊思想

是否以自我为中心？支配欲强吗？是否自以为是、我行我素？是否专横霸道、独断专行？是否思想偏激、愤世嫉俗？是否狂妄自大、不可理喻？

8.2.6 人生观

（1）人生目的

是否有理想和抱负？理想和目标是否明确？切合实际吗？有长远眼光还是注重眼前利益？

（2）人生价值

崇尚金钱至上吗？崇尚吃喝玩乐吗？崇尚自由吗？崇尚精神需求吗？崇尚名利吗？崇尚情义吗？崇尚拼搏冒险吗？崇尚开拓进取吗？崇尚传统本分吗？

（3）人生态度

对人生的态度积极主动性如何？甘于现状吗？逃避现实与否？向往未来吗？进取心如何？乐观与否？是否注重实际？是否顺应潮流？

8.2.7 金钱观

（1）对钱财的占有欲

虚荣心强吗？对钱财支配欲和占有欲的强弱程度如何？是否不满足于现状？理智和现实与否？贪婪或冒险程度如何？是否不择手段？

（2）对钱财使用方式的态度

用钱大方还是吝啬？是否斤斤计较？花钱谨慎或节俭？条理性和计划性如何？目标切合实际吗？易受他人影响吗？是否喜欢投机和冒险？

8.2.8 婚恋观

（1）积极主动性

对待婚恋积极主动还是消极逃避？喜欢交际吗？乐观与否？敢于出头露面吗？冒险精神如何？勇于拼搏进取、开拓竞争吗？是否谨小慎微、畏首畏尾？

（2）对待感情的态度

稳重与否？安于本分吗？对感情是专注还是目标多变？占有欲强吗？感情浪漫与否？是否不甘寂寞？冒险性如何？偏执吗？好色吗？是否自我放纵？

（3）关爱对方与否

关心他人吗？乐于助人与否？有同情心吗？对人热情还是冷漠？是否信任对方？是否多疑？自私与否？支配欲强吗？是否以自我为中心？专横霸道吗？

（4）原则性

原则性强吗？是循规蹈矩还是不择手段？爱投机吗？是否品行正直、爱憎分明？是否过于追求完美？是否过于死板教条？是否苛刻挑剔？爱斤斤计较吗？易受感动吗？

（5）幻想与现实

注重幻想还是注重现实？头脑理智吗？有切合实际的目标吗？对现状满意吗？对未来有信心吗？

（6）自由与约束

责任感强吗？是否崇尚自由而不愿受约束？是否喜欢玩乐？是否我行我素，甚至倔强叛逆？

（7）适应性

适应性如何？能顺其自然吗？自我保护意识如何？

（8）意志力

意志坚强还是软弱？忍耐力如何？是否易受影响？意志消沉吗？能忍让和顺从吗？

（9）见识

有主见吗？见解深刻吗？处事主观还是客观？优柔寡断吗？是否易受外界影响？虚荣心强吗？是否重情义？是否重名利？是否只注重眼前？是否急于求成？

8.2.9 事业观

（1）权力欲

权力欲望强吗？重名利吗？重情义吗？事业心强吗？甘愿服从、受人领导吗？

（2）积极性

事业进取心如何？积极主动吗？是否勤奋努力？是否认真负责？甘于现状吗？胆小怕事吗？对未来乐观吗？对事业追求执着吗？有钻研探索精神吗？

（3）竞争性

竞争意识强吗？是否不怕困难、勇于开拓？是否敢作敢为、勇于冒险？是否好勇斗狠？是否为达目的而不择手段？

（4）自我约束

能否严于律己？是否自由散漫甚至我行我素？头脑理智冷静与否？思想是否保守而安于本分？是否不愿冒险和抛头露面？是否容易受外界影响？处事谨慎吗？忍耐力如何？

（5）合作性

对别人是否信任？支配欲强吗？是否以自我为中心？斤斤计较吗？自私、固执、冷酷吗？独立性与合作性如何？

（6）理想与现实

有远大理想吗？目标切合实际吗？注重幻想还是现实？对未来有信心吗？

8.2.10 生死观

是否勇敢？胆量大小？是否软弱顺从、贪生怕死？是否爱出头露面？敢于迎接挑战吗？是否情绪不稳定，有冲动、草率、偏激、倔强、抗争现象出现？

善于忍让吗？是否爱管闲事？是否爱认死理？意志坚强与否？

8.2.11 对生活的态度

（1）积极性

对生活的态度积极吗？乐观与否？喜欢关注外界动向吗？向往未来吗？是否不甘现状？是否有积极进取的开拓精神？勇于冒险吗？

（2）顺应生活的态度

能够适应生活的变化吗？接受能力如何？计较利益得失吗？能随遇而安吗？注重实际与否？行事谨慎吗？

（3）生活方式的偏好

喜欢吃喝玩乐的生活吗？喜欢简朴的生活吗？喜欢无拘无束的生活吗？喜欢与众不同、标新立异的生活吗？喜欢平静的生活吗？喜欢不受外界影响的生活吗？

8.2.12 对人际交往的态度

（1）积极主动性

善于表现自我吗？态度积极吗？是否逃避现实、留恋过去？是否态度保守、谨小慎微？

（2）原则性与自制力

原则性强吗？为人正直吗？是否有责任感？诚实守信吗？是否爱憎分明？敢于批评与抗争吗？能自我控制与约束吗？是否易受外界影响？是否有自我放纵倾向？

（3）自私自利程度

自私自利吗？占有欲和支配欲强吗？容易斤斤计较吗？是否精于算计？重情重义与否？

（4）竞争意识

竞争意识强吗？是否不甘埋没？好出风头吗？能忍让吗？能顺其自然、安于本分吗？

（5）理解与信任

理解能力如何？善于理解和接受别人吗？愿听别人意见还是独断专行？防范心强、对人缺乏信任吗？

（6）自我意识与自信心

自我意识强吗？思想成熟吗？独立性如何？是否事事以自我为中心？是否我行我素、自行其是？自信心如何？有主见吗？

（7）灵活性

灵活性如何？处事圆滑吗？是否循规蹈矩甚至死板教条？能顺应现实吗？

8.2.13　道德观念

（1）在人际互助方面的表现

乐于关心和帮助别人吗？重情重义吗？是否富有同情心？能忍让和理解别人吗？待人热情还是冷酷无情？是否常常以自我为中心？是否自行其是而不听别人意见？

人际中的自我表现如何？是保守拘谨还是不拘小节？待人诚实与否？表里如一吗？为人坦率还是虚伪？圆滑世故与否？是否自私自利？斤斤计较吗？是否精于算计？爱占小便宜吗？是否爱嫉妒别人？有否狂妄的表现？

（2）在诚信方面的表现

为人诚实与否？是否光明磊落、表里如一？虚伪程度如何？是否为达目的而不择手段？是否讲信用？富有责任感吗？感情专一吗？

（3）在原则性方面的表现

原则性强弱与否？意志坚定还是薄弱？为人正直与否？责任感强吗？批评意识如何？人际和环境适应力如何？圆滑与否？善于妥协忍让吗？是否不择手段？感情专一与否？是否过于完美主义？爱认死理吗？是否刻板？

（4）在自我约束方面的表现

自制力如何？忍让克制能力如何？能自律吗？懒散吗？原则性如何？遵

章守纪与否？爱冒险吗？喜欢自行其是吗？责任感如何？行事谨慎还是喜出风头？诚实本分吗？是否表里如一？

（5）在感情方面的表现

感情专一与否？注重现实吗？是否重情义？多情好色吗？容易受影响吗？自制力如何？是否不愿受约束而自我放纵？

（6）在斗争性与适应性方面的表现

批评意识强吗？原则性如何？是否爱憎分明？好斗与否？是否胆小怕事、忍让顺从？是否过于情绪化甚至偏激？适应力如何？圆滑与否？爱斤斤计较吗？

（7）在品德方面的表现

品德优良吗？忠厚、诚实吗？正直与否？是否表里如一、光明磊落？责任感如何？关心和理解他人吗？重情义吗？是否有狠毒、奸诈、冷酷、贪婪、阴险、专横霸道、纵情纵欲现象？

8.2.14 能力

（1）艺术审美与创造能力

是否具有艺术审美眼光？有文学修养吗？想象力如何？有创造性吗？是否多才多艺？

（2）领导能力

① 领导能力

是否具有领导才能和魄力？能力如何？事业心和权力欲强吗？进取心如何？是否具有开拓创新精神？自信与否？爱表现吗？是否志大才疏？

② 执行能力

执行能力如何？行动能力强吗？是否认真负责？墨守成规与否？勇于冒险吗？

③ 意志力

意志坚强与否？有恒心和毅力吗？处事沉稳与否？是否容易受外界影

响？怕困难吗？

④ 工作效能

工作效能如何？办事拖拉吗？是否注重办事效率？办事能力强吗？稳重与否？办事严密细致吗？

⑤ 包容力与亲和力

包容力与亲和力如何？善于关心和理解别人吗？是否不信任他人？是否不听他人意见？

⑥ 管理能力

管理能力如何？有全局观吗？组织能力如何？善于策划运筹吗？处事有计划性和条理性吗？

⑦ 决策能力

决策能力如何？有主见吗？处事果断与否？是否有胆魄？敢作敢为吗？支配控制欲如何？善于决断吗？

（3）心理素质

心理素质如何？意志坚强吗？毅力顽强与否？情绪和心态稳定性如何？容易受外界影响吗？处事沉稳吗？自信心和进取心如何？

（4）适应能力

① 环境适应能力

对环境适应能力如何？易受外界影响与否？心理素质如何？生活能力强吗？能随遇而安吗？独立性如何？生活有规律吗？忍耐力如何？怕困难吗？

② 人际交往与合作能力

人际交往方面的适应力如何？积极主动与否？喜欢交际吗？善于社交吗？合群与否？合作能力如何？善于理解他人吗？能听别人意见吗？

③ 自我约束力

自我约束力如何？能忍让克制吗？

④ 应变能力

应变能力如何？处事灵活与否？反应机敏吗？处事从容镇定吗？

（5）办事能力

① 主动性与冒险精神

办事积极主动性如何？勇于竞争吗？善于出头露面、表现自我吗？社会活动力如何？善于交际吗？善于与人合作吗？冒险精神如何？是否敢作敢为？有胆魄吗？

② 认真程度

办事认真细致与否？是否具有钻研探索精神？责任感强吗？办事稳重与否？是否自由散漫、粗心草率？

③ 办事效率与条理性

办事能力如何？办事简洁、效率高吗？处事灵活敏捷与否？反应快吗？条理性如何？组织和管理能力强吗？独立性如何？

④ 谋略与创新意识

运筹能力如何？善于策划吗？有谋略吗？创新意识如何？

⑤ 主见

具有领导才能吗？办事沉稳与否？是否有主见？办事有计划性吗？有长远眼光吗？

⑥ 意志力与自信心

意志力是否坚强？自信心强吗？决断力如何？易受外界影响吗？处事果断吗？

⑦ 持久性

恒心和毅力如何？忍耐力强吗？办事有耐心吗？是否易半途而废？

⑧ 行动能力

行动能力如何？勇于拼搏与否？勤奋努力吗？有吃苦精神吗？

（6）社交能力

① 人际交往能力

人际交往能力如何？喜爱社交吗？社会活动能力如何？善于社交吗？善于关心和理解他人吗？

② 自我表现能力

自我表现能力如何？积极主动吗？处事灵活性如何？表现沉稳与否？自信心如何？独立性和主见强吗？语言表达能力如何？注重自我形象与否？

③ 合作共事能力

合作共事能力如何？信任他人吗？善于听取他人的意见吗？能宽容忍让吗？

④ 自我约束能力

自我约束能力如何？冒险精神如何？责任感强吗？处事草率与否？有耐心吗？能忍耐吗？

（7）表现能力

① 交际与合作

交际与合作能力如何？语言表达能力怎样？待人主动热情吗？乐于关心帮助他人吗？

② 冒险与挑战

勇于冒险与否？是否敢作敢为？勇于竞争和挑战吗？开拓进取能力如何？勇于拼搏奋斗吗？

③ 自我表现与约束

自制力如何？善于忍耐克制吗？自我表现能力如何？有主见和自信心吗？是否积极主动？注重自我形象与否？

④ 权力欲

有领导才能与否？权力欲和支配欲强吗？运筹能力和组织能力如何？处事果断吗？

（8）开拓能力

① 主动性与冒险精神

具有冒险精神和竞争意识吗？喜欢表现与否？积极主动性如何？有魄力吗？

② 规划与创造力

想象力和创造力如何？善于钻研探索吗？规划能力如何？有全局观和长远眼光吗？有胆识吗？是否有开拓精神？具备领导才能吗？

③ 意志力与持久性

意志坚强与否？有恒定的事业心吗？愿意努力拼搏奋斗吗？

（9）行动能力

① 主动性与自我表现力

积极主动与否？是否爱表现？胆量如何？有冒险精神吗？独立性如何？有主见与否？决断力如何？处事果断吗？自信心强弱如何？处事沉稳吗？

② 社交能力

社交能力如何？是否喜欢交际？善于交际吗？待人热情与否？是否善于关心他人？善于随机应变吗？

③ 自制力

自制力强弱与否？自律严格吗？愿受约束吗？耐心如何？安于本分吗？

④ 意志力

意志坚强与否？忍耐力强吗？恒心和毅力如何？勇于拼搏奋斗吗？怕吃苦吗？

⑤ 执行能力

执行能力如何？细心认真吗？行动能力如何？办事效率和速度快吗？条理性如何？处事稳重吗？执着与否？有钻研探索精神吗？易受外界影响吗？

⑥ 自我意识

进取心如何？支配欲强吗？善于听取他人意见吗？勇于竞争吗？有长远目标吗？志向如何？

8.2.15 诚实态度

（1）原则性

原则性如何？品行正直吗？意志坚定与否？勇于批评吗？是否胆小怕事、贪生怕死？处事灵活与否？责任感如何？易受影响吗？感情专一吗？是否放纵？

（2）诚实性

是否表里如一？思想单纯吗？为人是否正直？诚实可靠吗？胸怀坦荡与否？勇于批评吗？言行是否直率？言行一致与否？守信用吗？

（3）遵守法纪程度

遵纪守法与否？能受约束吗？责任感强吗？意志坚定吗？处事理智与否？灵活性如何？胆量大吗？为人可靠与否？感情专一与否？易受影响吗？

（4）心机

心机深浅程度如何？思想单纯与否？为人本分吗？诚实与否？言行直率与否？处事灵活性怎样？内心外露吗？防范心如何？容易相信他人吗？精于算计吗？

（5）信用

为人诚实可靠与否？守信用吗？意志坚定与否？责任感强吗？遵纪守法吗？保密性如何？

8.2.16 公私态度

（1）自私程度

自私程度如何？宽容大度与否？爱算计甚至斤斤计较吗？为人本分吗？是否注重个人利益？爱争名夺利吗？

（2）人际合作方面

自我意识如何？支配欲望强吗？善与人合作吗？能听从他人意见吗？爱斤斤计较吗？宽容心如何？防范心强吗？好斗吗？是否表里如一？诚实性

如何？

（3）关心他人方面

乐于助人与否？关心和理解他人吗？真诚还是虚伪？是否重情义？易感情用事吗？内心冷酷甚至狠毒吗？

（4）对钱财重视程度

注重钱财与否？占有欲强吗？爱占小便宜与否？重名利吗？虚荣心如何？注重实际吗？用钱大方还是节俭？斤斤计较与否？是否贪婪？喜欢投机吗？

（5）工作方面

原则性如何？责任感强吗？批评意识如何？守信用吗？独立性如何？决断力强吗？自制力如何？遵纪守法吗？处事灵活性如何？应变力强吗？易受外界影响吗？自我放纵与否？工作认真与否？能吃苦吗？

另外，还有一些笔迹分析项目，如品质、智力、犯罪倾向、疾病与心理健康等，因涉及评判人的好坏或隐私，容易引起争议而不在本书中列出。例如，人们普遍认为性格是可以改变的，即使有性格缺陷也可以改善和克服，而品质则被认为是很难改变的本质特性。如果对书写者的品质问题妄加评论，很容易引发不必要的纠纷，因此不建议初学者分析这些项目。即使已经掌握了这些分析项目，也需要谨言慎行，特别是在书写笔迹分析结论时更要注意，以避免不必要的纠纷。

8.3　统计分析法和直觉感知法的交叉应用

学会了特征法的统计分析方法，掌握了笔迹分析的入门知识，是否就大功告成了呢？

统计法主要融入了特征法、测量法、类推法、综合分析法等经验，也吸收了望气法、形态结合法以及主动触觉法所归纳的部分成果。统计法的优势在于笔迹分析结论较为客观，出现较大差错的可能性不大，虽然容易操作，但该方法受到测量表内容的限制而较为死板教条。如果想更加深入地学习笔迹分析，只掌握这一种方法是不够的，还需要学习另一类笔迹分析的方法——直觉感知法。

在单独使用某一种笔迹分析方法的时候常常会遇到一个问题：如何保证笔迹分析结论的准确性？比如，做数学题 15 + 26 = 41，怎样才能知道计算结果是正确的呢？验算是一种很有效的方法，可以用 41 − 15，看是不是等于 26。笔者经过多年学习和实证研究发现，笔迹分析的结论也能进行验算：用感知法（包含主动触觉法）和特征法（包括统计分析法）这两类方法分别得出的笔迹分析结论具有互为补充、相互验证的特点。如果将这两类方法结合起来使用，用感知法来验算特征法得出的笔迹分析结论，或者用特征法来验算感知法的结论，找出支持或否定某个分析结论的确凿证据，使用熟练之后，就能互相借鉴，交叉应用，从而得到更加准确和丰富的笔迹分析结论。

根据笔者的笔迹分析经验，可以这样使用笔迹特征量表。

（1）在笔迹特征量表中查找符合的所有笔迹特征，提取出来排成列表。

（2）通过直觉感知，结合列表整体反映出的倾向性内容，在释义中直接挑选并标记出自认为有价值的词语。

（3）对与上述词语含义相近或有关联的其他词语进行感知确认。对没有把握的某词语，可按照该词语同其他词语的逻辑关联性进行推理论证。

（4）将标记出的词语选出并分别加入到各个分析项目之中。

（5）对各项目中的词语进行整理和分析，依据这些词语的含义，继续感知笔迹材料和列表中可能遗漏或者不够具体的其他内容。

（6）对整理好的各个分析结论进行整体性的分析判断，逐步完善和修改即告完成。

两种方法交叉应用的优点：

（1）感性和理性相结合，克服了统计法死板教条的分析方式，节约了分析时间，更具有灵活性和创造性，分析结论可以更加深入。

（2）通过列表释义的提示，使感知有了明确的方向，避免出现找不到感知目标或出现较大偏差的问题。

（3）可以通过统计和推理来验证感知的正确性，克服了盲目性，有利于训练感知的准确性和针对性。

（4）对分析出的项目，容易产生感性和理性的共同认识，使得判断依据更加充分，利于理解和学习。

初学者可以根据自己的特点，先重点使用一种分析方法（感知法或特征法）对某份笔迹进行分析，然后再尝试用另一种方法对该笔迹分析的结论进行验证和补充。当对这两类方法具备一定的运用经验后，就可以在笔迹分析过程中灵活地交叉使用。

8.4　几种主流测试方法简介

笔迹分析除了能直接进行基本的人格分析外，还能够与一些专业理论及测试工具进行嫁接使用，使笔迹分析可以延伸应用到其他方面。通过这些应用，不但可以丰富笔迹分析结论的内容，也使得笔迹分析更具有实用价值。目前常用的专业测试工具比较多，笔迹分析可以与很多测试工具相结合，为更有效的测评应用提供帮助。下面简单介绍几种常用的人格测试以及职业测试的工具。

8.4.1　九型人格测试

“九型人格”是当今比较流行的实用理论，将人划分成九种人格类型，每种类型的人具有各自的特性。掌握好九型人格，对于处理好人际关系、完成学业、做好工作等方面都有极大的益处。将笔迹分析和九型人格相结合，就能更好地使用九型人格理论，为完善自己、了解他人提供有效的帮助。

由于笔迹特征的复杂性，初学者只凭笔迹特征直接判定某种人格类型比较困难。可以在先得出笔迹分析结论后，再以此为依据推断出书写者属于何种人格类型，然后参照九型人格的具体内容进行分析。

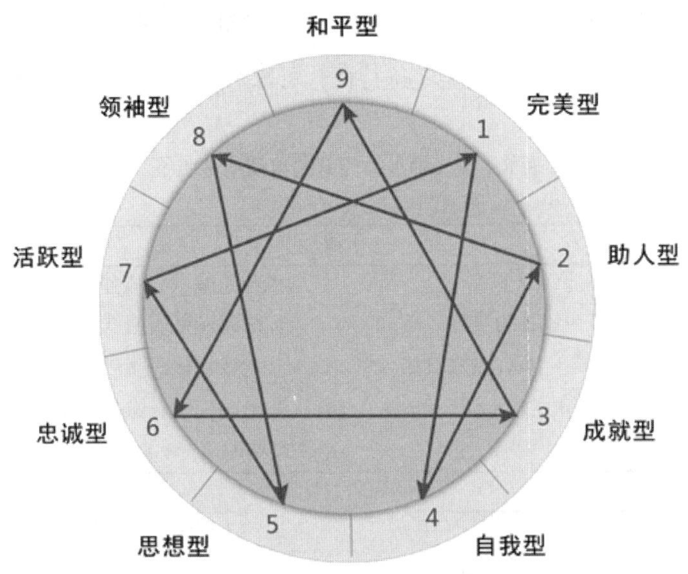

图 8-4　九型人格的九种类型

笔迹学工作联盟特级盟员傅伟群女士深入钻研九型人格和笔迹学多年，在九型人格和笔迹分析结合运用上有独到的研究，具备深厚的人力资源管理从业背景和丰富的企业实战经验，是国内鲜有的对九型人格和笔迹学都有深入研究而且能够两课并授的老师。

8.4.2　卡特尔 16 种人格因素测验

美国心理学家卡特尔将因素分析的统计方法应用于人格心理学的研究。卡特尔一共找到了 16 种根源特质，并编制出卡特尔 16 种人格因素测验（也称“卡特尔十六种人格因素量表”），简称 16PF。自 20 世纪 50 年代推出以来，已被世界上许多国家采用，是世界公认的最具权威的个性测验方法，在临床医学中被广泛应用于心理障碍、行为障碍、心身疾病的个性特征的研究，对人才选拔和培养也很有参考价值。

16 种人格特质因素是各自独立的，每一种因素与其他因素的相关度极小。通过这些因素的不同组合，构成了一个人不同于其他人的独特个性。

用笔迹分析的方法可以在无须被试者做量表的情况下对这 16 种人格因素做

出评估，并直接借鉴该测验方法的解释，为心理诊断和人才选拔提供依据。表 8-1 简要列出了每项人格因素的典型笔迹特征，可以对人格因素做出粗略判断。

表 8-1　16 种人格因素的典型笔迹特征

乐群性 A	
乐群（外向、热情、乐群）	孤独（缄默、孤独、内向）
1. 线条柔和，多曲线，力度轻。 2. 线条流畅，有条不紊，收放自如。 3. 折角圆滑，收笔内敛，突出笔画少，缺乏个性风格。	1. 线条刚硬，直线多，力度重。 2. 线条机械、生硬、滞涩。 3. 笔画尖锐，锋芒展露，多突出线条，个人风格明显。
聪慧性 B	
聪慧（聪明、富有才识）	迟钝（迟钝、学识浅薄）
1. 线条随意流畅，速度快。 2. 书写熟练，收放自如，灵活自然，搭配均匀美观。	1. 线条停滞，不流畅，速度慢。 2. 线条生硬，笔画呆滞，运笔不灵活，搭配不均匀不美观。
稳定性 C	
情绪稳定（情绪稳定而成熟）	情绪不稳定（情绪激动不稳定）
1. 字形稳定，字体大小一致。 2. 行间距和字间距稳定一致。 3. 字体倾斜方向一致，变化较少。 4. 力度和速度均匀稳定，变化不多。	1. 字形不稳定，字体大小不一，无规律。 2. 行间距和字间距不稳定，变化多。 3. 字体的倾斜方向不一致，容易变化。 4. 力度和速度的变化较大，稳定性差。
恃强性 E	
好强（好强固执、支配攻击）	顺从（谦虚顺从）
1. 字体大，力度重，折角尖锐。 2. 线条刚硬，多直线。 3. 线条锋芒展露。 4. 字体风格较为刚劲，笔画突出，横竖撇捺长大硬直，收笔果断有力或放纵。	1. 字体小，力度轻，折角圆弧。 2. 线条柔和，多曲线。 3. 线条锋芒较少。 4. 字体风格比较绵软，缺乏力度，突出笔画不明显，收笔内敛。
兴奋性 F	
兴奋（轻松兴奋、逍遥放纵）	冷静（严肃审慎、沉默寡言）
1. 字体偏大，线条舒展，轻快流畅。 2. 字体大小不一，形态活泼，结构松散，线条快捷、流利，有突出笔画。	1. 字体小，线条沉稳、凝重。 2. 字体风格稳定，形态拘谨，结构偏紧，收笔内敛。

有恒性 G	
恒心（有恒心负责任，讲良心）	缺乏恒心（权宜敷衍、原则性差）
1. 力度稳定，线条和谐统一。 2. 全篇工整清晰，前后风格一致。 3. 速度慢，力度重，结构规范紧密。	1. 力度不一，线条缺乏和谐一致。 2. 全篇潦草或风格前后不一致。 3. 速度快，力度轻，结构松散或不稳定。
敢为性 H	
敢为（冒险敢为，少有顾忌，主动性强）	畏缩（害羞、畏缩、退却）
1. 字体上部大，力度重，风格鲜明，线条刚硬强劲，多突兀之笔。 2. 长竖下拉，刚劲。 3. 右下部笔画长大有力。	1. 力度轻，线条软弱、迟缓、凝滞、颤抖，笔画拘束收敛。 2. 短竖，软弱。 3. 右下部笔画短小无力。
敏感性 I	
敏感（细心、敏感、好感情用事）	理智（粗心、理智、注重实际）
1. 字体不工整，多曲线，轻快流畅。 2. 字体大小、力度、行向变化不一，结构松散。 3. 线条在速度、力度和运笔方向上变化较多。	1. 字体工整，拘谨，慢，沉稳。 2. 力度稳定，笔画排列均匀，结构得当。 3. 线条在速度、力度和运笔方向上变化较少。
怀疑性 L	
多疑（怀疑、刚愎、固执己见）	随和（真诚、合作、宽容、信赖、随和）
1. 凝重生硬，直线多，结构紧密，封口严密。 2. 线条运笔不流畅，笔画不舒展，较多停滞，收笔停顿或回钩。	1. 轻柔流畅，曲线多，结构松散，封口开放。 2. 线条运笔流畅，收笔随意自然，笔画较为舒展。
幻想性 M	
幻想（富于想象、狂放不羁）	现实（现实、脚踏实地、合乎成规）
1. 字体顶部向上延伸较长或上部较大。 2. 字体飘逸，线条灵动轻快，变化较多。 3. 运笔随意，收笔有时放纵有时轻柔。	1. 字体底部向下拉伸较长或下部较大。 2. 字体朴实、沉稳，线条稳定，变化较少。 3. 书写认真，收笔较重。

世故性 N	
精明（精明能干、圆滑世故、善于处世）	朴实（坦诚、直率、天真）
1. 字体错落有致、结构得当，刚柔相济。 2. 线条灵巧、机敏，美观。	1. 字形比较方正，无修饰。 2. 线条凝重生硬，缺乏灵活性，不太美观。
忧虑性 O	
忧虑（忧虑抑郁、沮丧悲观、自责、缺乏自信）	平和（安详沉着、有自信心）
1. 局促，笔画拘谨凝重。 2. 速度慢，书写熟练而运笔迟疑。 3. 线条生硬机械，缺乏熟练，收笔多停顿或下滑。	1. 刚柔相济，自然随便。 2. 线条轻重快慢均匀和谐，结构得当。 3. 线条运笔从容，收笔平稳。
实验性 Q1	
自由激进（自由开放、批评激进）	保守传统（保守、循规蹈矩、尊重传统）
1. 字体不端正，结构松散。 2. 线条随意，锋芒外露。 3. 突出笔画明显，折角尖锐。	1. 字形方正，结构严谨。 2. 线条平稳，字态收敛，凝重、僵硬。 3. 无突出笔画。
独立性 Q2	
独立（自主、当机立断）	依赖（依赖、随群附众）
1. 字间距大。 2. 字体垂直。 3. 力度重、快，直线多，刚硬，字体有个性。	1. 字间距小，字体较小。 2. 字体右倾。 3. 轻快，流畅，线条柔和，多曲线，缺乏字体风格。
自律性 Q3	
自律（知己知彼、自律谨严）	自控力差（自制力差、不守纪律、随心所欲）
1. 字形稳定，书写风格前后一致，遵守书写规范。 2. 行间距、字间距、行向稳定一致。 3. 结构紧密，字形收敛，线条速度慢而沉稳、均匀，无放纵之笔。 4. 线条力度速度稳定一致；或者过渡自然，刚柔相济，收放有节。	1. 字形多样，书写风格变化较大，书写不规范。 2. 行间距、字间距、行向不稳定一致。 3. 结构松散，字形开张，线条速度快，随便放纵。 4. 线条轻快，但长短不一，笔画散乱，通篇不协调。

紧张性 Q4	
紧张（紧张、有挫折感、缺乏耐心、心神不定）	平和（心平气和、镇静自若、知足常乐）
1. 线条凝重或者颤抖。 2. 线条缺乏流畅连贯，轻重过渡缺乏自然。 3. 速度快，但字体大小、高低、力度、线条方向、行向、字间距等风格不一，整体不协调。 4. 书写随便，线条放纵。	1. 流畅的柔性线条。 2. 书写速度、力度、大小、行向、字间距等均匀稳定，整体比较协调。 3. 字体中等大小，较为拘谨工整，整体协调。 4. 水平横、收笔平直。

8.4.3 MBTI 测试

美国凯恩琳·布里格斯和她的女儿伊莎贝尔·布里格斯·迈尔斯研制了迈尔斯—布里格斯类型指标（MBTI），该指标是以瑞士心理学家荣格的心理学类型理论为基础，加以扩展而发展出的一套个性测验模型。通过对四个维度（外向 E—内向 I，感觉 S—直觉 N，思维 T—情感 F，判断 J—知觉 P ）的不同组合，形成 16 种人格类型，从而将不同个性的人区别开来。

表 8-2 MBTI 的十六种性格类型表

ISTJ 内倾感觉思维判断（稽查员 / 检查者）	ISFJ 内倾感觉情感判断（保护者）	INFJ 内倾直觉情感判断（咨询师 / 劝告者）	INTJ 内倾直觉思维判断（智多星 / 科学家 / 策划）
ISTP 内倾感觉思维知觉（操作者 / 演奏者）	ISFP 内倾感觉情感知觉（作曲家 / 艺术家）	INFP 内倾直觉情感知觉（治疗师 / 导师 / 化解者）	INTP 内倾直觉思维知觉（建筑师 / 设计师）
ESTP 外倾感觉思维知觉（发起者 / 创业者）	ESFP 外倾感觉情感知觉（表演者 / 示范者）	ENFP 外倾直觉情感知觉（倡导者 / 激发者）	ENTP 外倾直觉思维知觉（发明家）
ESTJ 外倾感觉思维判断（督导 / 监督者）	ESFJ 外倾感觉情感判断（供给者 / 销售员）	ENFJ 外倾直觉情感判断（教师 / 教导者）	ENTJ 外倾直觉思维判断（统帅 / 调度者）

浙江金华笔迹学专家范志方先生在 MBTI 与笔迹分析的结合应用方面具有

丰富的实践和教学经验，可以直接用笔迹分析的方法使用MBTI测试工具。另外，他的团队已成功开发出一款通过对笔迹进行拍照而直接得出MBTI分析结果的应用软件。

8.4.4 大五人格测试

许多心理学家在对不同的人格理论和人格特质模型的研究中发现，人格结构是由五个显著而稳定的因素构成的，由此形成了一种新的人格分类系统——大五人格模型。众多研究认为这五个广义的人格特质是普适存在的，不以语言、文化、种族等的不同而不同。这五个因素分别反映了人格的一般心理倾向（内外倾向性）、人际关系性倾向（社交性）、对规则认同与遵循倾向（责任感）、情绪反应性（情绪稳定性）和智能性倾向（开放性或智能）。该理论模型可以直接与笔迹分析结合使用，同时对笔迹分析结论的标准化书写也具有借鉴意义。

表 8-3　大五人格的五个因素

高分者的人格特征	因素	低分者的人格特征
好社交、活跃、健谈、乐群、乐观、好玩乐、重感情。	内外倾向性	谨慎、冷淡、无精打采、冷静、厌于做事、退让、寡言。
心肠软、脾气好、信任人、助人、宽宏大量、易轻信、直率。	社交性	愤世嫉俗、粗鲁、多疑、不合作、报复心重、残忍、易怒、好操纵别人。
有条理、可靠、勤奋、自律、准时、细心、整洁、有抱负、有毅力。	责任感	无目标、不可靠、懒散、粗心、松懈、不检点、意志弱、享乐。
烦恼、紧张、情绪化、不安全、不准确、忧郁。	情绪稳定性	平静、放松、不情绪化、果敢、安全、自我陶醉。
好奇、兴趣广泛、有创造力、富于想象、反对保守。	开放性或智能	习俗化、讲实际、兴趣少、无艺术性、非分析性。

8.4.5 霍兰德职业兴趣测试

约翰·霍兰德于1959年提出了具有广泛社会影响的人业互择理论。该理论根据劳动者的心理素质和择业倾向，将劳动者划分为6种基本类型，相应的职业也划分为6种类型：现实型（Realistic）、艺术型（Artistic）、研究型（Investigative）、社会型（Social）、企业型（Enterprising）、常规型（Conventional）。他认为，绝大多数人可以被归于6种类型中的一种。霍兰德职业兴趣测试量表针对不同人的性格特点与职业兴趣之间的联系编制，通常在6种性格类型中选择最符合的三项作为职业选择的重点方向。

表8-4　霍兰德职业兴趣测试中的六种职业类型

职业类型	共同特点	职业兴趣	具体职业
现实型（R型）	愿意用工具从事操作性工作，动手能力强，做事手脚灵活，动作协调；偏好于具体任务，不善言辞，做事保守，较谦虚；缺乏社交能力，通常喜欢独立做事。	喜欢使用工具、机器和需要基本操作技能的工作；具备从事机械方面工作的才能、体力和从事与物件、机器、工具、运动器材等相关工作的兴趣，并具备相应能力。	机械操作、维修、安装工人、建筑、渔业、矿工、电工、司机、厨师、测绘员、运输工人、农民、野外工作等。
艺术型（A型）	有创造力，乐于创造新颖、与众不同的成果，渴望表现个性和实现自身价值；做事追求完美，理想化，不注重实际；具有一定艺术才能和个性；善于表达，怀旧，心态较复杂。	具有艺术修养、创造力、表达能力和直觉等能力，喜欢从事语言、行为、声音、颜色和形式的审美、思索和感受的工作，并具备相应能力。	音乐演奏者、舞蹈和戏剧方面的演员、导演、艺术设计师、雕刻家、建筑师、摄影师、广告制作人、广播节目主持人、室内装饰从业人、歌唱家、作曲家、诗人、画家、乐队指挥等。
研究型（I型）	思想家而非实干家，抽象思维能力强，求知欲强，善于思考，不愿动手，喜欢独立和富有创造性的工作；知识渊博，有学识才能，不善于领导他人；考虑问题理性，做事喜欢精确，喜欢逻辑分析和推理，不断探讨未知领域。	喜欢智力、抽象、分析、独立、定向任务一类的研究性质的工作，要求具备从事观察、估测、衡量、形成理论、最终解决问题等相关职业的兴趣，并具备相应的能力。	天文地理、物理化学等自然科学方面的科学工作者，实验员、计算机程序设计员、教师、工程师、医生、系统分析员、设计师等。

职业类型	共同特点	职业兴趣	具体职业
社会型（S 型）	喜与人交往，不断交新朋友，善言谈，愿教导别人；关心社会问题，渴望发挥自己的社会作用；寻求广泛的人际关系，较看重社会义务和社会道德。	喜欢从事与人打交道的工作，关心社会问题，能不断结交新朋友；乐于做好提供信息、启迪、教导、帮助、培训、开发或治疗等事务，并具备相应能力。	教师、心理学工作者、行政人员、医生、护士、咨询人员、社团工作者、公关人员、服务员、保姆、政治家、学校校长等。
企业型（E 型）	追求权力、权威和物质财富，具备领导才能；喜欢竞争，敢冒风险，有野心或抱负；务实，习惯以利益得失、权力、地位、金钱来衡量做事的价值，做事有较强的目的性。	具备经营、管理、劝服、监督和领导才能，可从事政治、实业机构、社会或经济目标的工作，并具备相应能力。	项目经理、销售人员、营销管理人员、政府官员、企业领导、企业家、法官、律师、广告宣传员、调度员、电视节目主持人等。
常规型（C 型）	尊重权威和规章制度，喜欢按计划办事，细心，有条理，习惯接受他人指挥和领导，自己不谋求领导职务；关注实际和细节，通常比较谨慎和保守，缺乏创造性，不喜欢冒险和竞争，有自我牺牲精神。	具备注意细节、精确度、有系统有条理的才能，可从事记录、归档、依据特定要求组织数据和文字信息的职业，并具备相应能力。	秘书、办公室人员、记事员、会计、行政助理、图书管理员、出纳、会计、统计员、打字员、保管员、税务员、邮递员、交通管理员等。

经过笔迹分析，可以通过书写者的性格特点来推测其职业兴趣的类型，再对照使用霍兰德职业兴趣测试量表，为书写者的职业规划提供有价值的参考。

8.5 笔迹分析单项量表简介

用统计法进行笔迹分析虽然比较客观，对技术水平的要求不高，但过于注重整体分析，存在劳动强度大和分析时间长的缺点，不大适合进行单个具体项目的分析。

在进行单项分析时，可以采用简单的特征对照法来分析，即尽量从笔迹中找出符合该项个性特征的所有笔迹特征，然后进行分析判断。不过，由于个性特征的复杂性，笔迹特征所表现出的只是各种可能的心理含义，无法做到完全一一对应。对初学者而言，在不通过整体分析的情况下，想要直接得出准确的判断是比较困难的。就像用查字典来确定某个字的含义一样，需要结合这个字的语言环境，才能确定这个字的含义到底符合哪一条解释。对于初学者而言，单纯使用特征对照法做单项分析，类似于让小学生通过查字典来学习文言文，由于对很多知识缺乏全面的理解，做笔迹分析的难度、还是比较大的。

不过，特征法还是有其优势。它可以通过提取重要的笔迹特征来简化分析判断过程，可以有针对性地对某些具体项目进行分析，效率较高。对于初学者而言，虽然这种方法的准确率不太稳定，但随着经验的积累，笔迹分析的广度、深度以及准确率会逐步提高。

虽然笔迹特征千变万化，反映的个性特性也各不相同，但在研究某些个性特征的两个维度（如胆量的两个维度为胆大和胆小）时，发现分别属于这两个维度的两组笔迹样本会呈现出正好相反的一些笔迹特征规律（如字体大而重与小而轻），具有很高的相关性。经实证研究，这种规律性的笔迹特征可以作为判断个性特征的重要依据。

例如：

外向		内向
字体大，力度重	←——→	字体小，力度轻
字行上倾	←——→	字行下倾
字体右倾	←——→	字体左倾
字体结构松散而随意	←——→	字体结构紧凑而拘谨
末笔向外延伸较长	←——→	末笔向内收回
线条延伸较长，张扬	←——→	线条拘束，收敛
……	←——→	……

只要将这些具有高相关性的笔迹特征提取出来，并按照相关性的大小，编

制成笔迹分析的单项量表并赋以相应的分值，就可以直接使用，从而简化分析过程，快速得出分析结论。

笔迹分析的单项量表可以参照主流的心理测试量表进行编制。表8-5、表8-6是笔者编制的单项测试量表中的其中两份，是为实现笔迹分析的科学性和可操作性所做的尝试。

（1）细心程度笔迹分析量表

表8-5　细心程度笔迹分析量表

很粗心（2分）	有点粗心（1分）	一般（0分）	比较细心（-1分）	很细心（-2分）
字体大，结构很松散。	字体较大，结构有些松散。	字体中等，结构不松散。	字体偏小，结构合理，比较紧凑。	字体小，结构很紧凑。
笔画过于减省，缺乏衔接。	省略某些笔画，衔接不到位。	省略和完整笔画共存，衔接自然。	笔画比较完整，衔接到位。	笔画过于齐全，衔接紧密 。
封口过于开放。	封口开放。	封口开放与严密共存。	封口基本严密。	所有封口都很严密。
标点书写过于随意甚至乱用。	标点书写比较随意。	标点书写认真程度一般。	标点书写比较认真。	标点书写很认真，风格一致。
线条快而重，不流畅。	线条偏重偏快，不太流畅。	线条力度速度中等，流畅度一般。	线条轻柔流畅，拘谨收敛。	线条凝重流畅，有条不紊。

分数大于6分：非常不细心，生活中你爱丢三落四，大事情做不好，小事情更不放在心里，但是这样的性格让你拥有了很多好朋友，你很受别人的照顾。然而，在工作中这个问题不容忽视，公司的领导不敢把任务交给你，所以要更加细心才行。

分数为3 ~ 6分：不够细心，你是一个很有潜力的人，在工作上是很有效率的一个人，但是有时候还需更加细心一些；对家人和恋人很想关心，但是爱面子难以说出口，这样不把自己的爱表达出来，别人也不会知道，只要自己努力改变，就有好转。

分数为 2 ～ −2 分：细心程度一般，既不粗心大意，也不太关注细节。

分数为−3 ～ −6 分：在生活中你是个很细心的人，总是会在意别人不在乎的细节，所以，你很有异性缘；你也是个很成功的人，要知道，细节决定成败。感情里，你很容易让人依赖，因为你的细心，你身边也有很多知心的朋友。

分数小于−6 分：过于关注细节问题，多思多虑，心胸不够开阔，容易斤斤计较。

（2）独立程度笔迹分析量表

表 8-6　独立程度笔迹分析量表

独立性强（2分）	比较独立（1分）	一般（0分）	有些依赖（−1分）	依赖性强（−2分）
字间距很大。	字间距较大。	字间距适度。	字间距较小。	字间距很小或无。
字体垂直。	字体基本垂直。	字体轻微不垂直。	字体轻度右倾。	字体倾斜不定。
竖垂直，下拉较长，力度重。	竖垂直，下拉偏长，力度偏重。	竖不太垂直，下拉不长,力度中等。	竖倾斜不定，下拉较短，无力。	竖倾斜不定，下拉短小无力。
重快。	偏重偏快。	力度、速度中等。	偏轻偏慢。	较轻较慢。
直线条明显，刚硬流畅。	线条直线居多，偏刚硬。	曲/直线条共存，刚柔共存。	曲线条居多，偏柔弱 。	曲线条明显，柔软无力 。

分数大于 6 分：你的独立性很强，当机立断，不依赖别人，也不受社会舆论的约束。

分数为 3 ～ 6 分：你的自立性强，通常能够自作主张，独立完成自己的工作计划. 同时，你无意控制和支配别人，不嫌弃人，但也无须别人的好感。

分数为 2 ～ −2 分：你能够在一般性问题上自作主张，并能够独立完成，但对某些高难度的问题常常拿不定主意，需要他人的帮助。

分数为−3 ～ −6 分：你有一定的依赖性，比较随群。通常愿意与别人共同工作，而不愿独自做事。

分数小于−6 分：你的依赖性很强，缺乏自信心，常常放弃个人主见，附和众议，以取得别人的好感。因为你需要团体的支持以维持自信心，你不是真正的乐群者，应多培养一些自己的自主性。

使用说明：在每行关于笔迹特征的描述中分别选取最符合的一项，将每项的得分相加，然后查阅总分数所对应的解释。

注：① 由于可能存在矛盾的笔迹特征，也可能笔迹特征不典型，因此选项允许复选或缺省。

② 当高分选项区（2分）和低分选项区（−2分）同时出现不少于两个选项时，测试结果无效。主要原因：a. 文字材料不合格，可能不是同一时间或同一书写工具书写。b. 笔迹特征不稳定，出现判断失误。c. 书写者的人格或心理状态超出了正常测试范围。

第9章

笔迹分析案例

“实践是检验真理的唯一标准”。笔迹分析的真实水平到底如何，必须经过实践来检验。下面列出的这些案例均是本人这些年来不断学习与实践的成果，大多数案例使用了统计分析法。各位读者如果有兴趣进行深入的自学，可参照这些案例中的笔迹特征，结合本书的笔迹特征量表进行对照分析验证，从而逐步积累经验，提高笔迹分析的水平。

9.1 笔迹分析帮你关注身边的病人

随着医学的发展，对疾病的诊断也越来越精准。除了身体疾病外，人也可能患上心理疾病或突发心理问题而出现异常的行为，很多心理问题就是因为没有及时发现和治疗而恶化的。你身边有长期郁郁寡欢的人吗？是否发现某位同事的言行突然变得有些异常？是否担心某位长期受人欺负的老实人会突然暴怒伤人？

常言道：助人为快乐之本。如果你身边出现了这样的病人，笔迹分析或许可以让你帮助到他们，使他们得到及时治疗和矫正。

9.1.1 你身边有有自杀倾向的人吗

据卫生部门在2003年9月10日“预防自杀日”公布的数字显示：我国自

2000年以来，每年每10万人中有22.2人自杀，一年约有28.7万人自杀死亡。除此之外，每年还有约200万人自杀未遂。平均每两分钟就有1人死于自杀，8人自杀未遂。

在世界卫生组织于2003年10月发布的对2002年全世界自杀率的评价中，中国女性自杀率排在世界第9位，男性自杀率排在世界第17位。有数据表明，自杀已位列我国人群死因第5位。

2010年发生的某公司员工连环跳楼自杀事件震惊天下。如何及时发现有自杀倾向的人并采取及时有效的干预措施，是摆在每一个社会工作者面前的难题。笔迹分析在这方面可以起到一些积极的作用。

如图9-1是某公司的一名男性自杀未遂员工的遗书图片，分辨率不高：

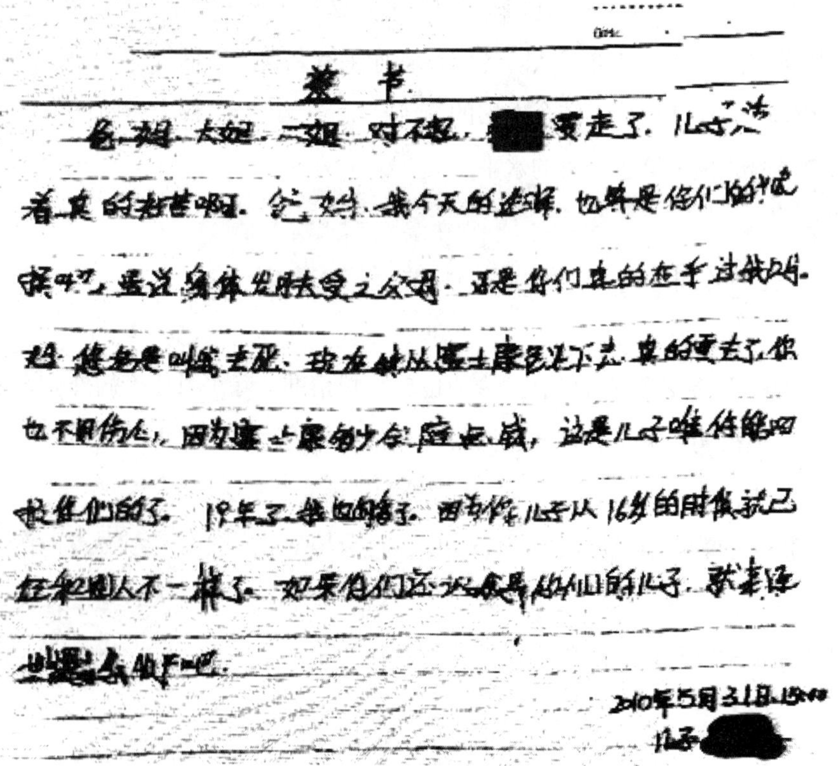

遗书

爸、妈、大姐、二姐，对不起，■■要走了。儿子活着真的好苦啊。爸、妈，我今天的选择，也许是你们的[illegible]吧。虽说身体发肤受之父母，可是你们真的在乎过我吗？妈，您总是叫我去死，现在我从[illegible]下去，真的死去了，你也不用伤心，因为[illegible]会给[illegible]，这是儿子唯一能回报你们的了。19年了，[illegible]。因为你儿子从16岁的时候就已经和别人不一样了。如果你们还认我是你们的儿子，就来[illegible]一下吧。

2010年5月31日 15:00

儿子■■

图9-1　自杀未遂者的遗书

（1）笔迹特点

① 全篇布局特征：左右留边整齐，行间距大，字间距小，字压在线格上，全篇排列整齐，清晰工整。

② 字体结构特征：字体中等大小、大小一致，方形，楷书，笔画衔接紧密。

③ 基本笔画特征：长撇，长钩，锐角折。

④ 线条动态特征：速度慢，收敛、拘谨、紧密、工整，凝重生硬。

（2）性格特点

① 他性格内向，不活泼开朗，处事冷静稳重，缺乏冲动与冒险性。

② 他思想单纯，为人本分可靠，不圆滑世故，朴实无华。

③ 他性情孤僻，不善言辞，不善于与人交往，喜独处。

④ 他的思想比较僵化，程序性和原则性强，较固执而难以变通，缺乏灵活性和应变力。

（3）思维特点

① 他的思维严密，但思想比较单一，缺乏综合连续性，考虑问题比较死板教条。

② 他的思维不够敏捷，灵活性不足，考虑问题缺乏全面和深入。

③ 他的想象能力欠缺，但喜欢反复深入思考思想领域的问题，多为幼稚的幻想。

（4）情感情绪

① 他性情内敛，内心封闭，情感情绪不轻易表现在外。

② 他多思多虑，情绪多压抑，易焦虑紧张，有寻求发泄情感情绪的欲望。

（5）人际关系

① 他比较孤僻，喜欢独处，不爱交往。

② 他不善言辞，缺乏语言沟通技巧，与人交谈和理解别人的能力不足。

③ 他的思想观念落伍，处事较死板教条，在合作共事以及人际往来方面存在较多障碍。

（6）思想观念

他的思想观念过于传统，缺乏灵活性，不善于适应各种环境的变化。

（7）心态

① 他的心胸不开阔，自尊心强但心理承受力不足，易为小事耿耿于怀。

② 他对前途缺乏明确的目标，内心压抑，思想比较单一，容易钻牛角尖。

（8）工作

① 他遵章守纪，工作认真，一丝不苟，程序性强，能够胜任耐心细致的工作。

② 他工作踏实，办事稳重，原则性强，但办事效率不高。

③ 他的自信心不足，缺乏明确的奋斗目标，不善于表现自己，缺乏领导能力和把握全局的能力。

（9）生活

他在生活上注重规律而有些刻板，用钱节俭，业余生活单调，不善于放松减压。

（10）人格缺陷分析

① 在性格方面：他的性格过于内向，思想观念传统而固执，原则性过强，对人对事容易过分追求绝对化，难以忍受事物的不确定性。

② 在为人处世方面：他表现得比较孤僻，不善言辞，社会交往能力差，难以与人进行深入有效的交流沟通，使内心世界无法与人交流互动，导致自己在思想和感情上与社会相隔离，缺乏社会归属感。

③ 在思想方面：他属于直线式思维，认识问题倾向于简单片面，易以偏概全，缺乏全面解决问题的能力，在困难或挫折面前难以对自己和周围环境作出客观的评价。

④ 在适应性方面：他的社会适应能力较差，在应付困难方面的技巧和能力上比较欠缺。可以看出，此人存在明显的人格缺陷和由此导致的社会适应性方面的问题，容易造成持续的心理压力而郁结于心难以解脱。在诸多持续的不良因素（如对前途绝望、社会地位低下以及前期自杀者的示范效应）刺激下，容易诱发并强化悲观厌世的片面认识，导致悲剧的发生。如果能在早期及时对

他进行有效的心理干预或人格矫正，就能及时避免又一例自杀悲剧的重演。

注：性格缺陷明显的人，在遇到重大打击或处于应激状态时，出现心理或行为问题的可能性会比常人高很多。不过，即使已经出现了问题也不用过于担心，绝大多数性格缺陷明显的人即使没有得到心理治疗，也会以相对温和的方式表现出来并得以缓解，自杀、杀人等极端行为的出现还是属于小概率事件。

9.1.2　忍无可忍的马某某

发生于 2004 年的马某某校园杀人案令人震惊，残忍杀害四名大学生同学的他也已伏法。虽然这是一起偶然事件，但所造成的深远社会影响，为世人提出了警示。从他的笔迹特征中，根本无法发现明显的暴力犯罪倾向，那么，是什么原因使他走上了不归路？人们从中又能得到什么启示呢？

如图 9-2 是 23 岁马某某遗书的一部分，因清晰度不高而无法得知书写力度的轻重情况。

收到这封信后，我希望你们马上向我的父亲母亲转述我的意愿——劝我的父亲、母亲不再理我的事了，我真的不想再见到他们二人。因为我已经不是从前的我了。我知道在父母的心中，无论我长得有多高、有多大，始终是小时候的那个'十二'，但是我真的已经变了很多很多，一个人从思想上变坏以后是不可救药的了。我真的希望父母别再理我的事了，至于尸体、后事之类的，就由政府处理得了，总知之越省事越好，骨灰之类千其不要办，我这个人是从来不迷信的。

图 9-2　马某某的遗书

（1）笔迹特征

① 全篇布局特征：全篇排列整齐、清晰工整，靠近线格底部，字行平直，

字间距小。

② 字体结构特征：字体中等大小，楷书；正方形，字体垂直，右下区突出，中区与外围衔接良好，笔画齐全、衔接紧密。

③ 基本笔画特征：上挑横，拖笔竖，直撇，直平捺，针状收笔、平直收笔。

④ 线条动态特征：速度慢，收敛、拘谨，生硬，不流畅，朴拙。

（2）笔迹点评

① 书写认真，线条较直而缺乏变化：反映了书写者思想单纯、思维单一，缺乏心机，程序性强，处事缺乏灵活性和应变力。

② 字体方正，笔画齐全，字体紧密，线条收敛：反映了书写者本分、保守、谨慎、自制、稳重的内向性格，具有良好的自我约束力，遵守规章制度，不喜欢出风头，不愿冒险。

③ 字体工整，笔画齐全，字体上部和右部没有突出笔画：反映了书写者缺乏远大理想和对未来的积极期望，做事注重条理性和准确性，一丝不苟，按部就班，富有责任感和耐性，注重细节，办事严谨，原则性强。

④ 字体笔画齐全，结构紧密，书写较慢：反映了书写者思维严密，逻辑性强，但头脑灵活性不足，虑事缓慢，灵活性和形象思维能力不足。

⑤ 线条力度速度均匀，字体左倾，末笔的回钩（“已、就”）和延长笔画（捺、竖）共存：反映了书写者既有情绪稳定、理智冷静的一面，也有急躁冲动的一面，但能有效克制和压抑这种冲动。另外，放不开手脚的延长笔画也反映出他在人际交往中缩手缩脚，不善于主动交际，内心封闭，情感不外露的特点。

⑥ 字体右下部明显的延长捺：反映了书写者的行动能力和实践能力很强，具有发泄情感情绪的愿望和行动。

（3）犯罪倾向

从上述分析可以看出，马某某属于思想单纯、理性而内向的人，具有良好的原则性和道德观念。他缺乏斗争性，虽然心胸不很宽广，也不善于理解和关心别人，但遇事忍让，不愿与人冲突。这种性格的人对他人几乎不会构成威胁，如果他能够在良好的社会环境中正常发展，犯下杀人罪行的事根本就不可能发生。那么，是什么促使他走上了自我毁灭之路？

（4）深层剖析

① 缺乏有效的社会支持系统。因为贫困，他在大学的几年，没有什么深交的朋友，也很少有钱回家探望父母。在面临各种人际和社会问题时，由于缺乏有效支持和帮助他的人，他不得不独自面对这些问题。一旦思想观念出现错误的认知，就很难得到及时有效的指导和矫正。

② 性格缺陷。内向的性格使他不善于与人交流沟通，也不善于理解和关心别人，对别人的有意攻击或无意伤害一直采取忍耐和逃避的方式消极应对，使自己经受长期的心理压力。忍耐超过极限时，他的内心终于崩溃，做出激烈举动，导致悲剧的发生。

③ 缺乏帮助自己的手段。作为一名贫困生，他很容易受到身边同学的疏远和嘲笑，从而产生深深的自卑感。虽然他为改善生存状态而不断打零工，却依然无法改变贫困的命运。当对自己的未来失去希望，他选择自我毁灭的概率就会增大。

④ 学生缺乏自我保护常识。同为贫困生的四个被害学生，和他都没有产生过严重的冲突。主要是他们日常的言行没有注意分寸，随意揭他的短，致其忍无可忍、恼羞成怒，招来杀身之祸。

9.1.3 备受争议的药某某

药某某，某音乐学院大三学生，2010 年 10 月，即将年满 21 岁的他，因驾车撞人后故意持刀杀害被撞者而被捕入狱，最终被判死刑，造成了极为广泛的社会影响和争议。他的性格特点、作案动机、家庭背景以及折射出的社会心理都是大家所关注的。

如图 9-3 是药某某在看守所写的悔过书的笔迹图片。

悔过书

尊敬的检察官：

您们好，对于我此次所犯的错误，我认罪伏法。一念之差，毁了两个家庭，我对不起受害者，对不起受害人的所有家属。由于我的错误行为，给受害人家庭造成了巨大的伤害，也给我的家人带来了麻烦，给社会带来了不良的负面影响。想到受害者的孩子从小就没有了母亲，新婚不久的丈夫失去了妻子，年迈的老人失去了孩子，而这一切都是由我造成的，我悔恨万分。我和我的家人愿意尽最大的努力给予受害者家庭物质经济赔偿。我知道，金钱不是万能的，再多的金钱也无法弥补我所犯下的罪过。但我和我的家人会尽最大的努力，让受害者家庭今后的生活好过一些。我恳求政府给我一个改过的机会。如果有余生，我会用余生回报社会，补偿受害者家属，回报养育我的父母，恳求政府对我宽大处理。

图 9-3　药某某的悔过书

由于无法接触到笔迹原件，加上图片的分辨率也较低，因此包括书写力度在内的很多细节无法分辨。另外，由于图片分辨率低的原因，如果采用直觉感知法来分析笔迹，许多感觉难以准确把握和判断，容易出现感知不准确或受舆论导向等主观因素影响而使笔迹分析不准确的结果。对于药某某这种有争议人物的笔迹，需要采用一种客观公正的方法来进行笔迹分析，以避免出现技术上的差错。为此，可以采用统计法来进行笔迹分析。具体分析步骤如下：

（1）列出符合分析要求的笔迹特征项目和相应的解释。

① 全篇清晰工整：认真，责任感强，守纪律，秩序性强，情绪稳定。

② 字靠近格线底部：现实，关注具体事物。

③ 字行平直：意志坚定，沉稳，理智，情绪稳，自制，守纪律，不冒险，目标明确，有主见、恒心，有耐心，细致，有条理，正直，固执，死板教条。

④ 字间距小：缺乏自信，自卑，孤独，有依赖性，独处时缺乏安全感，

不善交际，沉着，随和，易与人相处，谨慎，自制，自私，吝啬。

⑤ 字体中等大小：守法，传统，凡事随潮流。

⑥ 字体大小一致：适应力强，应变力强，得体，自制，情绪稳定，聪明。

⑦ 楷书：正直，本分，守纪律，程序性强，缺乏变通，有耐心、恒心，不善交际，思维周密，组织能力强。

⑧ 正方形：原则性强，正直，诚实，责任感强，谨慎，理智，自律，守法，不冒险，忍耐力强，稳重，不善交际，保守，传统，意志坚强，固执，思维不灵活，死板教条。

⑨ 字体垂直：自制，忍耐力强，传统，守规矩，原则性强，处事不灵活，内向，冷静，理智，独立，爱思考，有主见，合作性差，正直。

⑩ 上区突出：自信，有理想，目光远大，有野心，精神状态佳，想象丰富，爱幻想，有领导、指挥能力。

⑪ 右区突出：急躁，内心外露，缺乏忍让，好强，目光远大，注重未来，有恒心，积极主动接触外界。

⑫ 右下区突出：行动能力强，情感情绪外露，注重未来。

⑬ 中区与外围衔接良好：组织能力强，易与人相处，情感情绪稳定。

⑭ 笔画齐全，照顾八方：有条理，程序性强，守纪律，处事不灵活，观察力强，综合性思维。

⑮ 长横，横左短右长：固执，执着，自以为是，有理想，目光远大，注重宏观全局，心胸宽广，慷慨，豪爽，大度，不拘小节，积极，进取，注重未来。

⑯ 横左短右长：急于进取，急于求成，自以为是。

⑰ 上仰横：积极，主动，进取，自信，有理想，有主见，竞争，情绪饱满，乐观。

⑱ 长竖，向上延伸较长：急于行动，现实，情绪饱满，自尊心、责任感强，自我中心，固执。

⑲ 向上延伸较长：聪明，思维活跃，完美主义，爱幻想，有理想、抱负，有主见、野心。

⑳ 真撇：心胸宽广，感情丰富，爱生活，爱自然，开朗，乐观，注重未来，热情，健谈，兴趣广泛，情绪饱满，洒脱，现实。

㉑ 真捺：开朗，感情丰富，爱生活，爱自然，有理想，审美意识强，善良，积极，乐观，热情，心胸宽广。

㉒ 锐角折：果断，机敏，应变力强，好强，心胸狭窄，暴躁，好斗争，苛刻，冷酷。

㉓ 针状收：急躁，直爽，易冲动，行动快，果断，缺乏忍让，有批评意识，内心外露，机敏，积极，观察力强。

㉔ 认真书写标点：认真，谨小慎微，细心，理智，自制，诚实，专注，守纪律，缺乏创新。

㉕ 速度慢：内向，深沉，保守，忍耐力强，沉稳，冷静，不冒险，反应差，慢性子，独来独往，爱思考，周密，多谋。

㉖ 收敛：性情内敛，自制，多自我反省，克制，本分，理智，多谋，有心计，关注自我。

㉗ 拘谨：冷静，谨慎，不爱出风头，踏实，朴实，不善交际，想象力差。

㉘ 工整：冷静、内向，不爱表现，现实，分析能力强。

㉙ 刚健：精力充沛，个性强，固执，刚愎自用，冷静，进取，自尊心强，意志坚定，自信，注重荣誉，爱生活，爱自由，分析、判断力强。

㉚ 生硬：单纯，处事不灵活，应变力差。

㉛ 不流畅，朴拙，机械，不灵活：处事不灵活，应变力差，心理不成熟，生活方式散漫。

㉜ 凝重：含蓄，拘谨，克制，压抑，忧虑，抑郁，孤独，多思虑，深刻，沉默，孤僻。

㉝ 签名与正文文体大小一致：表里如一，朴实，正直，品行端正，坦荡，守规矩。

㉞ 签名朴实工整：易与人相处，忍让。

㉟ 字形与正文一致：温和，善良，谦虚，易与人相处。

（2）统计上文中重复出现的词语。

① 出现≥ 5 次的词语：自制、固执、积极、守纪律、冷静、理智、正直、有理想。

② 出现 4 次的词语：注重未来、处事不灵活、不善交际、现实、有主见、进取。

③ 出现3次的词语：认真、忍耐力强、情绪稳定、情绪饱满、朴实、心胸宽广、爱生活、内向、乐观、谨慎、传统、目光远大、责任感强、有行动力、有恒心、不冒险。

④ 出现2次的词语：果断、应变力差、爱幻想、好强、孤独、原则性强、守法、善良、聪明、克制、机敏、有分析能力、热情、感情丰富、组织能力强、多谋、应变力强、爱思考、意志坚定、爱自然、保守、有野心、急躁、本分、死板教条、拘谨、自尊心强、开朗、沉稳、诚实、程序性强、内心外露、自以为是。

（3）将重复的词语按照关联性进行整理归类，组合成句子，即得到笔迹分析结果。

① 性格内向，头脑理智冷静，情绪稳定，自制力强，处事沉稳。

② 自信心强，有主见，组织能力和行动能力较强，处事果断。

③ 有热情开朗的一面，热爱生活，有理想，但更注重现实。

④ 为人朴实，有诚实善良的一面。心态积极乐观，内心易外露，但不善交际而较孤独。

⑤ 有固执与好强的一面，易自以为是。

⑥ 爱思考，分析能力强，有一定的谋略。好幻想，但想象力一般。

⑦ 具有传统的正直思想，处事谨慎认真，遵章守纪，原则性强，缺乏灵活性而不善变通。

⑧ 意志坚定，责任感强，有恒心，能忍耐，有执着的进取心。

（4）对笔迹分析结果进一步分析得出的推论。

① 他是个好学生。

从以上笔迹分析结论中可知，他处事谨慎，冷静理智，自制力强，遵守规章制度，严格要求自己。在长辈眼里，他不调皮，不惹事，服从管理，做事认真负责，让人放心，不用担心他会惹是生非胡作非为，这种性格的乖孩子，无疑是很多老师和家长满意的。这一点可以从他的校友、同学、邻居为其写请愿书得到证明。

② 他不善于处理人际关系。

由于他的思想和行为过于正统，显得少年老成，缺乏年轻人所具有的朝气，因此在人际交往和人际关系的处理上比较僵化，缺乏灵活性，不容易融入同龄人的圈子。另外，他的个性较强，有固执倔强的一面，处事较为死板教条，缺乏圆滑的处世技巧，不易讨人喜欢，容易在不经意间得罪别人。

③ 严厉的父亲对他的性格造成影响。

从他的性格特点可以看出早期家庭教育对他的影响。由于父亲对他从小进行严厉的教育，使他的性格不断地被各种压制、惩罚等负面经历所塑造，从而使思想变得僵化，行为变得死板，对人缺乏信任，思维单一，不但缺乏年轻人所应当具有的开放个性，而且缺乏熟练的处事技巧，对事物的认识也很容易陷入非此即彼的窠臼，这为他的悲剧的发生埋下了伏笔。而从他的笔迹中缺乏明显的压抑线条，却反而出现反映出积极乐观心态的上仰横来推测：正是这几年的大学生活使他暂时摆脱了父亲的直接控制，他的青春活力正在恢复。

④ 杀人动机是什么？

从他冷静的头脑和谨慎的处事风格来看，缺乏自我控制而随意伤人的可能性极小，除非是进行有针对性的蓄意谋杀。那么，他的杀人动机是什么？

有位犯罪心理学专家将他的杀人动作解读为源自下意识的弹钢琴动作，类似一种强迫症状的表现，这一说法立即招致社会的广泛批评。从笔迹来看，他确实具有强迫型人格的倾向，但把杀人和弹钢琴的动作联系到一起却太过于牵强。

笔者赞同一些心理专家的看法：这是他长期受到父亲严格教育而产生的一种被强化了的恐惧，极为害怕自己因为做错事情而招致父亲的严厉惩罚。在撞人后的第一时间，头脑中突然冒出自己“惹事”而招致惩罚的“可怕”场景。

而伤者记车牌号的举动更加刺激了他的这种恐惧心理，于是惊慌失措的他在设法逃避父亲惩罚的恐惧心理支配下失去理智，一念之差酿成杀人灭口的惨剧。

⑤ 悔过书和道歉信的诚意如何？

这份笔迹反映出药某某书写时的心理状态是很稳定的，不但没有明显的消沉、抑郁或明显的情绪波动，反而体现出积极乐观的一面，这一点可以从他元宵节在看守所联欢会上的演出得到证实。不过有点奇怪的是，无论从书写风格还是笔迹特点来分析，这封信完全无法证明出他幡然悔悟的诚意，与其说是悔过书，不如说更像是抄来的作文。

先从书写风格来看，可以发现他在信中用了很多个“我”。这种经常说“我”的用词习惯反映出一种以自我为中心的个人意识。这封信的检讨部分和补偿部分的篇幅各占了一半，明确表明和强调了花钱消灾的丰厚补偿，以请求宽大。从信中的字里行间流露的信息来看，他的道歉和悔悟只是停留在表面的形式上，缺乏诚意，并不是发自内心的忏悔。

从笔迹特点来看，他书写时的心态是很积极向上的，这可以从明显上仰的横画表现出来。而这些笔迹还有一个共同点：缺乏凝滞的线条。通常在心情低落的情况下，书写速度会变慢，会出现有气无力、拖泥带水甚至十分沉重的笔画，常反映在横、竖、捺之中。而他的横、竖和捺画的结束部分均较为轻快，完全没有凝滞沉重的感觉，反映出他心情良好的状态。为什么写如此沉痛的悔过书都不会对心境造成影响？莫非他很明白写这些只是为逃避惩罚的一种手段？或者只是奉命行事？

笔者认为，药某某的道歉信之所以看起来如此缺乏诚意，并不是他死不悔改，而是确实不知该如何悔改，因此信中根本无法表达出能够让人感受得到的诚意。可以想见，有一个对子女过分严厉、缺乏宽容理解的专制家长，使他从小就生活在持续的紧张、压抑之中，逐渐养成了一种冷漠、内向、固执、对人缺乏宽容信任的性格，而这种性格的养成是建立在反抗与被迫服从之中的。由于始终摆脱不了专制家长的直接影响，造成他独立意识和思想道德观念的模糊或缺失。在力所能及的小事上尚能自己处理，一旦遇到超过自己承受能力的重大事情或产生严重后果时，就会失去承担责任的勇气，只能听天由命或者出于本能地寄希望于家长替自己摆平。这就是他在受羁押期间心态稳定，甚至还表现得积极乐观的原因所在。由于其感情的淡漠、思维的僵化，因此想写出发自内心的感人肺腑、催人泪下的道歉信是极为困难的。

9.1.4 你身边有潜在的精神异常者吗

通过笔迹，可以分析出书写者自身可能存在的心理问题，为及早发现和治疗提供有价值的线索，也能为精神疾病患者的病情诊断提供一定的参考或帮助。

如图 9-4 是某公司一个 19 岁女生（普通作业员）的笔迹，力度中等偏重。半个月后，该女生因患重度情感性精神分裂被送入精神病院隔离治疗。从这份笔迹中我们又可以看出什么来呢？

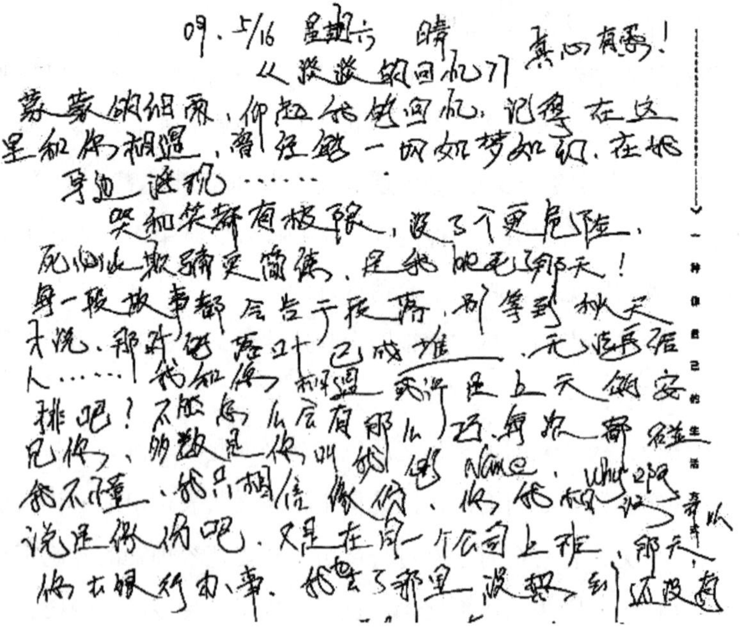

图 9-4　该女生精神疾病首次发病前的笔迹

（1）笔迹特征

① 全篇布局特征：左留边参差不齐；字阵风格逐渐变化；字行凌乱，忽上忽下；行间距分隔不清；字间距宽窄不一。

② 字体结构特征：字体大小不一，左倾，下区、左区和右下区突出，笔画夸张，杂乱无章，衔接不紧密。

③ 基本笔画特征：甩点；长横左长右短，上仰横，拱弧横；长竖，左倾竖；锐角折；针状收笔，回钩收笔。

④ 线条动态特征：时快时慢，缺乏节奏，轻重不一，力度紊乱，随便放纵，锋芒多，飘忽不定，生硬，不流畅。

（2）笔迹综合分析

① 性格

a. 性情不定，急躁、冲动，缺乏耐性，自制力不足，不愿受约束。

b. 心情浮躁，急于求成，缺乏冷静理智。

c. 做事随意，心理不成熟，行为多变，缺乏条理，常受情绪支配而不按程序办事，责任感不足。

d. 有夸张的性格或心态，专横任性，我行我素，人际关系不佳。

e. 在日常生活中不注重条理，生活缺乏规律，不善于料理家务。

② 思维

a. 思维迅速但缺乏条理，缺乏有序的逻辑连贯性而抓不住重点，致使注意力较分散。

b. 思维缺乏连贯性，易间断，易从一种思维突然转入另一种思维，跳跃性大。

c. 想象丰富，直觉感知力强，但多为主观随意的奇思怪想，易沉迷于此而精神焦虑。

d. 思维侧重于宏观方面，缺乏对具体事物的精细思考而比较粗略。

③ 当前心态

a. 具有积极进取的心态，向往自由自在的生活。

b. 内心潜在的欲望较强，容易因欲求不被满足而使内心陷入烦乱、迷惘之中。

④ 人际交往

a. 爱表现，专横霸道，自以为是，言行喜干涉别人，不易与人合作共事。

b. 不善于掩饰及克制情绪，不大注重交谈技巧，言行直率，易喜怒于色而造成人际关系紧张。

c. 与人交往飘忽不定，以自我为中心，不为他人着想，难以与人建立深厚的友谊。

⑤ 情感情绪

a. 情绪不稳，波动较大且变化无常。

b. 缺乏自我约束力，不易掩饰及克制自己的情绪，情感情绪饱满，很容易爆发。

c. 内心矛盾而较压抑，易烦躁不安。

（3）心理健康状况问题

经过笔迹分析，她性格中有情绪情感方面的问题，与情感性精神障碍的性格特点符合性较好。笔者认为，她的情感症状很可能原来就已经存在，如果能够及早发现并进行心理干预和治疗的话，她的病情就很可能不会恶化成精神分裂。

结合以上分析来看，此人具有冲动型人格障碍的部分特征（符合以下第①③④⑤⑥条）。如果受到较强精神刺激，有诱发躁狂症或精神分裂症的可能。

附：冲动型人格障碍的诊断鉴别

诊断人格障碍者是冲动型，必须符合下述项目中的三项：

① 有肯定的不可预测和不考虑后果的行为倾向。

② 行为暴发不能控制。

③ 不能控制或不适当地发怒，易与他人发生争吵或冲突，特别是行为受阻或受批评时。

④ 情绪变化反复无常，不可预测，尤其易暴发愤怒和暴力行为。

⑤ 生活无目的，尤其不能事先计划或不能预见将会发生的事件或情况，或做事缺乏坚持性。

⑥ 强烈而不稳定的人际关系，要么与人关系极好，要么极坏，几乎没有持久的朋友。

⑦ 有自伤行为。

注：人格障碍分为自恋型、表演型、攻击型、偏执型、分裂型、反社会型、冲动型、癔症型、强迫型等。人格障碍患者的意识状态和智力没有明显缺陷，能够应付日常的工作和生活，但对自身的人格缺陷和与众不同的行为模式缺乏自知之明。由于其思想与言行难以被别人理解，因此常常在人际交往、职业和感情生活方面受挫。

9.2 笔迹分析为你的婚恋保驾护航

笔迹分析可以帮助自己选择合适的伴侣，这也是许多年轻人学习笔迹分析的主要动力。如果你想偷偷地筛选合适的伴侣人选，如果你想使自己更加有效地俘获她（他）的心，如果你正在为双方婚后出现的小摩擦而烦恼，或者你正在为战胜“小三”而进行一场看不见硝烟的婚姻保卫战……不妨学一点笔迹分析吧，它可以有效地为你的婚恋保驾护航。

9.2.1 一位气质美女

面对一位气质高雅的美女，身为男性你会动心吗？该采取怎样的行动展开追求呢？

这是一位气质美女的笔迹，35 岁，大专文化，办公室职员。

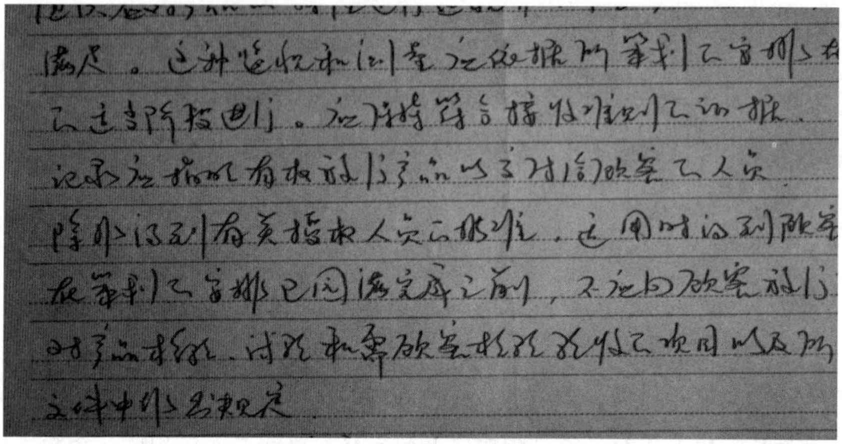

图 9-5　气质美女的笔迹

（1）笔迹特征

① 全篇布局特征：字靠近格线底部，字间距小。

② 字体结构特征：字体中等大小，大小不一，有机搭配；圆形；字体垂直；笔画衔接不紧密。

③ 基本笔画特征：逗点；长竖，向下拉长，甩笔竖；平直起笔；针状收笔；标点随意。

④ 线条动态特征：速度快，力度适中，收敛，圆滑柔和，柔软曲线多，流畅熟练，灵动，简洁，圆润，线条亦凝重亦展放。

（2）综合分析

① 她的性格刚柔相济而略偏于外向，内心容易外露，处事积极主动，待人友善，表现出直爽、热情的一面。

② 她的心理比较成熟，心机较深，但不善于掩饰情绪而容易外露，防范心不强。

③ 她处事具有急躁、冲动的一面，不愿受约束。耐心不足，容易急于求成而不够细心认真。

④ 她处事简洁，有适度的主见意识，独立性一般。

⑤ 她具有冒险的欲望，竞争意识较强，有固执和爱憎分明的一面，但勇

于斗争也易于放弃，不纠缠于细枝末节。

⑥ 她的意志较为坚强，有自己的原则立场，但同时也具有灵活性，能屈能伸。

⑦ 虽然她具有急躁冲动的一面，忍耐力有所不足，但同时也具有较强的自制力，处事较为理智和克制。

⑧ 她的外在表现比较文雅，人际亲和力较强，待人积极热情，处事圆滑老练，表现得体。

⑨ 她的生活态度比较积极，在遵守传统规范的前提下希望有一定的自由。对未来具有乐观的心态，但缺乏实现目标的切实行动。

⑩ 她在精神上存在轻度压抑感，主要由无法施展才华以及情感需求难以得到满足所致。

⑪ 她比较注重精神追求，有理想，也注重实际，具有行动的欲望。

（3）思维特点

① 她虽然头脑思路清晰，但考虑问题侧重于宏观，因此缜密程度一般，在处理局部细节方面有所不足。

② 她的思维迅速，头脑灵活，反应敏捷，应变能力强。

③ 她思维的广度和深度一般，不喜欢反复深入思考。

④ 她的想象力丰富，具有一定的创造性。

⑤ 她的思维连贯，为形象思维、逻辑思维的综合，条理分明。

⑥ 她的思维比较稳定，但缺乏明确的目的性或方向性。

（4）情感情绪

① 她的内心易外露，表现出积极热情的态度，有表达和发泄情感的欲望。

② 她感情丰富，虽然稳定性不足，容易受外界影响，但感情的需求适度，无纵情纵欲倾向。

③ 她的情绪不太稳定，具有冲动性，容易直接表露出好恶，但自控力强，通常比较注重分寸。

④ 她具有积极乐观的情绪，虽然有轻度压抑感，但焦虑烦恼情绪不明显。

（5）思想观念

① 她的思想观念倾向于传统保守，但也有开拓冒险的愿望。注重当前，能主动接受和适应社会的发展变化。

② 她的思想成熟而有些复杂，心态稳定，为人处世灵活老练却不乏真诚。

（6）金钱观

① 她对钱财的占有欲和支配欲望不强，虚荣心弱，容易安于现状，不具有拜金主义特性。

② 她花钱适度，既不节俭也不大手大脚，投机或冒险欲望不强。

（7）婚恋观

① 她对待婚恋态度积极乐观，具有主动性，勇于表现自我，善于与人交往。

② 她对待感情的态度比较慎重，注重感情需求，渴望浪漫，在感情表达的主动性和冒险精神上表现一般。

③ 她愿意为心仪之人付出，对其表现出充分的热情和关爱，容易信任对方，支配欲望不强，不自私。

④ 她在追求精神上的需求与交流的同时也注重现实的物质需求，注重当前，缺乏长远规划，对未来信心不足。

⑤ 她在婚恋对象的选择上有比较广的适应范围，没有明确的标准，追求顺其自然。

（8）人际交往

① 她待人热情，积极主动，善于表现自我。

② 她通常表现较为随和，但也有自己的原则立场，为人比较圆滑，但也能够直接表达观点。

③ 她比较重感情，不自私，支配欲和占有欲一般，不喜欢斤斤计较。

④ 她不甘埋没，忍让性有所不足，具有一定的竞争意识。

⑤ 她对人的防范心不强，容易理解和接受别人。

（9）能力

① 她有良好的艺术审美眼光，想象力丰富，具有创新意识。

② 在领导能力方面：她的领导能力和执行能力较强，工作效能高。管理和组织能力较强,处事有计划和条理。包容力和亲和力良好,决策能力有所不足。

③ 她的心理素质较好，虽然情绪不太稳定，但心态的调节能力较强，处事从容。

④ 在适应能力方面：她对环境的适应力较强，能随遇而安。人际交往与合作能力较强，善于理解别人。处事灵活，善于随机应变。

⑤ 在办事能力方面：她办事积极主动，勇于出头露面。办事有条理，效率高，但优势侧重于宏观全局方面，恒心和毅力有所不足，不够耐心细致。

（10）点评

这是一位公认的气质美女，不但容貌出众，气质高雅，还具有很高的智力和优秀的工作能力，是优秀的人才。不过，这种高颜值高素质的人，在为人处世方面往往存在较强的优越感和自信心，无形中会使身边的人产生自惭形秽之感，久而久之，好友寥寥，知己难寻。

如果你不是高富帅，想追求这位女神，靠软磨硬泡甜言蜜语是没有什么效果的，阅人无数的她早就对男性的这些招数有了免疫力。作为一个追求者，你不但自身需要具备很高的素质，在工作能力、知识层次、艺术眼光上能得到她的认可甚至欣赏，你还必须具有一往无前的勇气和魄力，用自己的魅力令她折服。

9.2.2 一位事业型的帅哥

如果你对身边的某个帅哥有点动心，希望选中这个“绩优股”，却不知道他是否真的具有事业潜力，该如何考察呢?

如图 9-6 是一名 26 岁帅哥的笔迹，大专机电专业毕业，在某央企技术管理部门工作。字体中等，力度偏重。

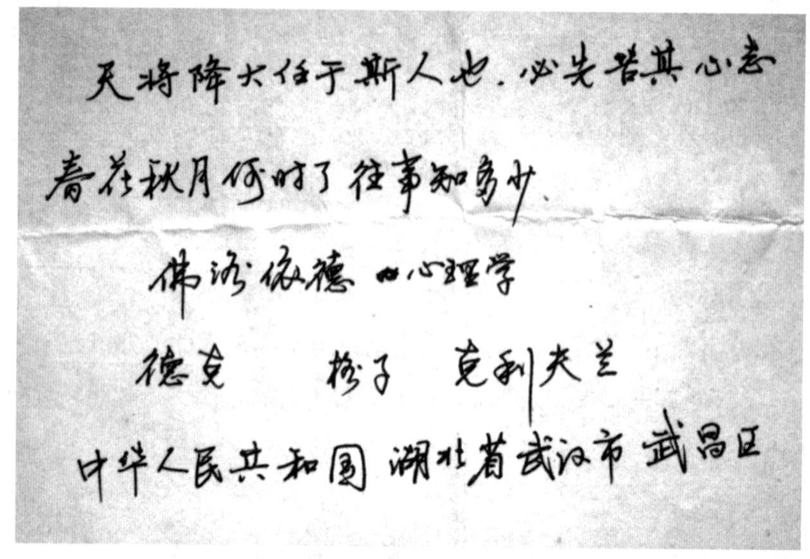

图 9-6 帅哥的笔迹

（1）笔迹特征

① 全篇布局特征：字行上倾、起伏，行间距宽，字间距适中。

② 字体结构特征：大小中等、大小不一、有机搭配，略左倾，上区、左下区和下区突出，右下区欠缺、中区与外围衔接合理。

③ 基本笔画特征：顿点，长横、左长右短、上仰横，长竖、向下拉长、左倾竖、甩笔竖，直撇、长撇，锐角折，顿起笔，针状收笔。

④ 线条动态特征：速度适中，力度重，线条下笔重，稳重宽大，收敛，刚健，刚硬流畅，线条亦凝重亦展放。

（2）综合分析

① 他的性格中有急躁冲动的一面，好表现，勇于冒险，但也能自我克制，谨慎从事而不会失去理智，表现比较沉稳。

② 他有理想，但更关注现实，多关注与自己有关的物质利益。

③ 他的意志坚定，事业心强，处事果断，有气魄，执着进取。

④ 他感情丰富，情绪饱满而有宣泄欲望，但内心不愿外露而显得有些压抑。

⑤ 他自我意识过强，常常表现出固执倔强的一面，容易自以为是甚至有

些刚愎自用。

⑥ 他思维敏捷，反应迅速，虽言行比较直率，但适应性强；处事得体，注重分寸，但耐心不足。

⑦ 他的心态积极乐观，社会活动力强，善于交往，但个性过强而朋友不多，独立生活能力强。

⑧ 他对自己期望高，但有时自负而高估了自己的能力，致使自信心易受到影响而内心焦虑。

（3）点评

这是一个积极进取、能力优秀的事业型男性，具有良好的组织管理能力和领导能力。心理素质很不错，能屈能伸，能理智处理遇到的各种事情。另外，他事业心很强，善于主动表现自己的能力，善于抓住机遇，从而得到赏识和提拔。

事业型的男性，具有永不屈服的竞争意识，有时为目的不择手段。尽管在工作上付出多，但也喜欢稳定和持久的爱情关系，不多情也不多愁善感，一般工作靠前，爱情靠后。对心仪的女人，会竭力追求，可以创造浪漫，但感情投入可能不多。婚后，他会把事业与家庭截然区分，事业更重要，但对家庭忠诚。

他喜欢能提升自我形象的女性，喜欢脚踏实地、有足够忍耐力，又能在必要场合具有魅力的女性。他希望女性成为可依靠的、爱情投入且把事业放在第二位的妻子和母亲。

如果你认为自己符合他的标准或者认为他值得你全身心地付出，那就大胆地追求吧！

9.2.3　一位骄横的妻子

当代社会，郎“财”女貌的婚恋观无可厚非。不过，如果双方的性格有些不合，又没有有效的办法改变对方或相互适应，那么谈婚论嫁就得慎重考虑了。“婚姻是爱情的坟墓”虽然有失偏颇，不过如果双方婚后陷入旷日持久的硝烟战火或冷战之中的话，对双方都是一种精神的折磨。

如图 9-7 是一个 35 岁已婚女性的笔迹，中专文化，销售工作。字迹偏纸张左上角，字体中等大小，力度重。该女性谈吐得体，容颜清秀，给人以一种温柔贤淑的印象，怎么看也不像家庭中的暴君。为避免出现以貌取人的问题，我们使用统计分析法分析一下她的笔迹，看看会得出什么样的结论。

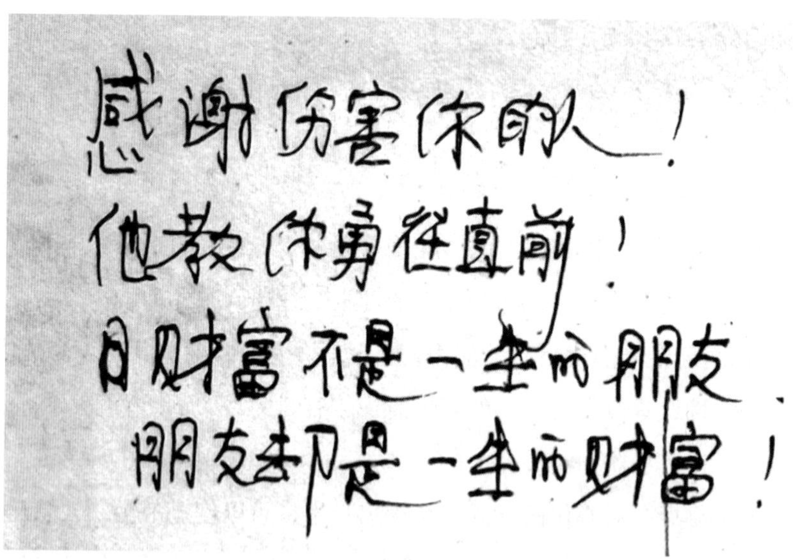

图 9-7　这位妻子的笔迹

（1）做出笔迹特征及释义列表。

① 字迹在纸张的左上角：自卑，吝啬，心胸狭窄，自私，贪婪，孤僻。

② 行间距宽窄不一：缺乏条理，组织能力差，缺乏规划，缺乏全局观。

③ 字间距宽窄不一：情绪不稳，心理不成熟，性格不定，与人交往飘忽不定。

④ 字体中等大小：守法，传统，平凡，凡事随潮流。

⑤ 字体大小不一：感情丰富，情绪不稳定，喜怒于色，内心不平衡，压抑。

⑥ 字体正方形：原则性强，正直，诚实，责任感强，谨慎，理智，自律，守法，不冒险，忍耐力强，稳重，不善交际，保守，传统，意志坚强，固执，思维不灵活，死板教条。

⑦ 字体垂直：自制，忍耐力强，传统，守规矩，原则性强，处事不灵活，内向，冷静，理智，独立，爱思考，有主见，合作性差，正直。

⑧ 右下区突出：有行动能力，情感情绪外露，注重未来。

⑨ 下区突出：欲望强，有虚荣心，行动能力强，意志坚强，自信，精力充沛，有耐心，稳重，有恒心，深刻。

⑩ 中区与外围衔接不好：组织能力差，难与人相处，情感情绪紊乱。

⑪ 笔画夸张：有夸张性格或心态，自我意识过强，言行喜干涉别人。

⑫ 笔画尖锐：个人意识强，唯我独尊，倔强。

⑬ 甩点：急躁、果断，内心外露，直爽，缺乏耐心，冲动，行动快。

⑭ 长竖：急于行动，现实，情绪饱满，自尊心、责任感强，自我中心，固执。

⑮ 向下拉长：现实，目标明确，关注具体事物，虚荣，爱表现，深刻，执着，意志坚定。

⑯ 括弧撇：敏感，多疑，心胸狭窄，机敏，处事灵活，投机倾向，吝啬。

⑰ 针状收：急躁，直爽，易冲动，行动快，果断，缺乏忍让，有批评意识，内心外露，机敏，积极，观察力强。

⑱ 收笔甩很长或拖很远：目光远大，自信，乐观。

⑲ 速度慢：内向，深沉，保守，忍耐力强，沉稳，冷静，不冒险，反应差，慢性子，独来独往，爱思考，周密，多谋。

⑳ 时快时慢，缺乏节奏：情绪不稳，性情不稳，感情用事。

㉑ 力度重：活泼好动，精力充沛，意志坚定，有魄力，自负，独断，固执、倔强，刚愎自用，暴躁，易冲动，好强，喜怒于色，有个性，慷慨，豪爽，有恒心，有毅力。

㉒ 轻重不一：思维跳跃、间断，决断时易犹豫，想象丰富，注意力分散，多无目标幻想，缺乏条理，缺乏逻辑，情绪不稳。

a. 停滞不流畅：思维跳跃，缺乏逻辑，主观，好幻想，随意性强，乏恒定。

b. 力度紊乱，缺乏方向性：烦躁，困惑迷惘，不满足，愤世嫉俗。

㉓ 随便放纵：热情，慷慨豪爽，向往自由，自制力差，易激动，理解力、想象力、创造力强，有开创精神。

㉔ 锋芒多：爱憎分明，不甘人后，有竞争精神，情绪外露。

㉕ 刚健：精力充沛，个性强，固执，刚愎自用，冷静，进取，自尊心强，意志坚定，自信，注重荣誉，爱生活，爱自由，分析、判断力强。

㉖ 生硬，下笔重：自我意识强，自我中心，暴躁，易冲动，情绪不稳。

㉗ 生硬，不流畅，朴拙，机械：处事不灵活，应变力差，心理不成熟，生活方式散漫。

㉘ 欠连贯，轻重过渡缺乏自然：易焦虑紧张，目标迷惘，易半途而废，思维间断、跳跃。

㉙ 凝重：含蓄，拘谨，克制，压抑，忧虑，抑郁，孤独，多思虑，深刻，沉默，孤僻。

㉚ 凝重生硬：压抑，多疑，处事不灵活，应变力差。好幻想，单纯。

（2）统计出重复率高的词语。

① 出现≥ 5 次的词语：情绪不稳，意志坚定。

② 出现 4 次的词语：固执，冲动。

③ 出现 3 次的词语：好幻想，忍耐力强，传统，思维跳跃，深刻，自信，行动快，压抑，冷静，精力充沛。

④ 出现 2 次的词语：暴躁，情绪外露，心胸狭窄，孤僻，缺乏条理，心理不成熟，行动快，倔强，刚愎，喜怒于色，虚荣，个性强，自我中心，直爽，守法，多疑，稳重，理智，现实，果断，组织能力差，内向，思维间断，正直，自尊心强，爱思考，爱自由，急躁，保守，暴躁，机敏，内心外露，责任感强，原则性强，应变力差，豪爽。

⑤ 相互矛盾的词语：吝啬（慷慨）2—2、不灵活 4—1、冲动（冷静）4—3。注：用“—”分隔开的数字为矛盾词语出现的次数。

（3）参照关键词和列表内容，得出笔迹分析初步结论。

① 她精力充沛，意志坚定，思想现实，独立自主，具有很强的行动能力和实践能力。

② 她的头脑不灵活，反应不快，思维和行为逻辑性差，缺乏条理和连续性，易把幻想与现实混淆。

③ 在心态平稳的情况下，她可以表现得比较冷静理智。不过她的心理不成熟，很容易产生急躁和冲动情绪，又不善于掩饰和克制，负面情绪很容易突然发泄出来。

④ 她心里的想法多，欲望强，心态不稳定而容易失去平衡，从而使自己的内心陷入心烦意乱的矛盾冲突之中。

⑤ 她个性很强，心胸狭窄，缺乏忍让，固执倔强，支配欲强，具有很强的自我中心意识，脾气暴躁。

⑥ 她的生活条理性不足，组织能力欠缺，生活方式散漫。

（4）做出婚姻评估。

这是一个个性极强的女人，虽然智力和能力中等，但具有极为坚定的意志力和实践能力，吃苦耐劳，完全能够胜任推销工作。不过作为丈夫，娶到这样的一个妻子是很不幸的。她是一个很容易歇斯底里、性格强悍的女性，人格缺陷较多却难以有效改变，主要表现在以下几点。

① 她的个性过于强悍，脾气暴躁，缺乏女性的温柔贤淑，一般人很难适应这种骄横的个性。

② 她的自我意识过强，言行直率，常站在自己的角度考虑问题而完全不顾对方的感受。

③ 她的内心欲望很强，但在现实中又无法得到满足，在言行中很容易给丈夫施加无形的精神压力。

④ 她的心理不够成熟，心胸不够开阔，情绪波动较大而不善于克制和忍耐，常常为一些小事而挑起口角纠纷，对夫妻感情伤害较大。

⑤ 她性格中存在的上述矛盾冲突，短时间内很难得到改善，加上她目前对自己的这些缺陷也没有主动改正的意识，为维持家庭的稳定，丈夫只能委曲求全，继续容忍和迁就妻子的坏脾气。

注：家庭暴力对婚姻的伤害是巨大的，往往闹得满城风雨，离婚率很高。而夫妻之间因为性格不合而导致长期关系紧张所造成的家庭冷暴力，对婚姻关系同样有着巨大的破坏作用。

9.2.4 他们般配吗

如果你不幸沦为大龄青年，看着父母不辞辛苦地为自己物色相亲人选，你是不屑一顾一口回绝还是无可奈何降格以求？其实，相亲这种方式虽然落伍，但有时候也很有效，通过这种方式找到合适伴侣的大有人在。那么，如何才能提前了解对方，避免盲目和草率呢？笔迹分析或许能帮助你找到合适的伴侣。

下面就是一例通过相亲而成功的实例，由女性相亲者提供双方的笔迹，要求详细分析双方是否适合继续发展。

男性相亲者，24 岁，大专学历，做销售工作，笔迹如图 9-8。

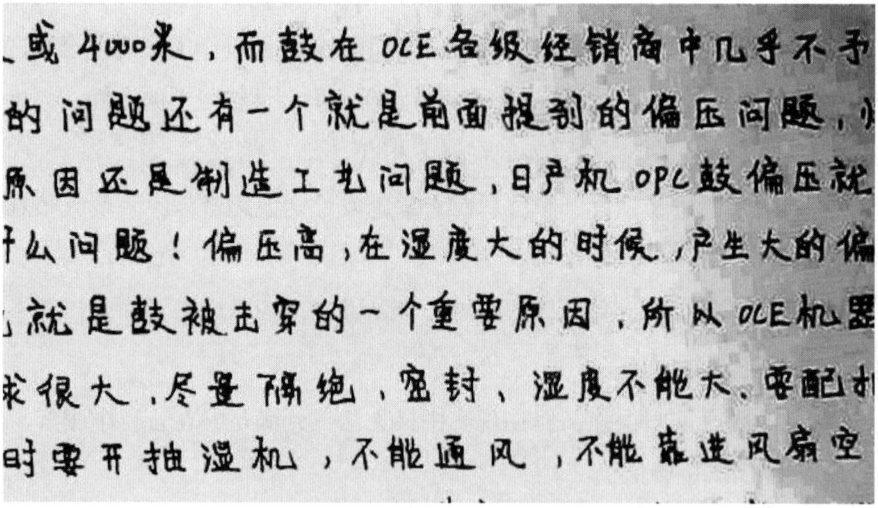
或4000米，而鼓在OCE各级经销商中几乎不予
的问题还有一个就是前面提到的偏压问题，
原因还是制造工艺问题，日产机OPC鼓偏压就
么问题！偏压高，在湿度大的时候，产生大的偏
就是鼓被击穿的一个重要原因，所以OCE机器
求很大，尽量隔绝，密封、湿度不能大、要配
时要开抽湿机，不能通风，不能靠进风扇空

图 9-8　男性相亲者的笔迹

（1）笔迹特征

全篇排列整齐，清晰工整，行间距大，字间距适当；字体中等大小，楷书，正方形，字体左倾，工整，笔画齐全，笔画衔接紧密，按规则书写；线条速度慢，力度和速度均匀，拘谨，收敛，凝重生硬。

（2）综合分析

① 他的性格较内向，谨慎理智，稳重自制，头脑冷静，不善言辞与交际，与世无争，对别人的事不大关心。

② 他做事认真负责，遵规守纪，原则性强，注重条理性、准确性与程序性，办事稳重，能够善始善终，善于组织安排，具有领导才能（非开拓性）。不过灵活性与随机应变能力不足，有些死板教条。

③ 他的思维严谨周密，有计划，虽然不够灵活且创新意识不足，但善于分析与思考，具有良好的判断力，能够在从事的领域中深入探索，有一定的谋略，易于成为智囊型人才。

④ 他的思想观念较保守，忍耐力强，做事按部就班，行动不够灵活。进取心一般，没有较大的野心或抱负，不爱表现，常以实际行动和实践来体现自己的价值，具有实践型领导的才能。

⑤ 他的思想较单纯，不圆滑世故，为人本分，言行较直率，虽不愿主动表露内心，但情绪却很容易在脸上表现出来。

⑥ 他心胸宽广，感情丰富，热爱生活，对未来充满乐观情绪，当前的心态较平和。

⑦ 他的婚恋观念比较正统，思想传统保守，处事谨慎，态度认真负责，言辞不多，不够幽默浪漫且不善于关心对方。

女性相亲者的回复：

“分析得很对哦！对他不太了解，但给我的印象和你说的差不多哦，至少有 80% 是这样的。”

女性相亲者，24 岁，大专学历，从事财务兼行政工作，兼职工作经历丰富，笔迹如图 9-9。

图 9-9　女性相亲者的笔迹

（1）笔迹特征

① 字体大，速度快，书写潦草，结构有些松散，有夸张放纵笔画。

② 字态较刚健，下笔较重，既有流畅又有生硬的线条，既有展露又有凝滞的线条。

③ 点画为甩笔；横画上仰，字体中部为长横；竖画下拉较长且向右钩；撇较长；平捺，收笔向上挑；起笔较重；收笔有较多顿笔。

④ 字体上区、下区、左区、右上区和右下区笔画较长。

（2）综合分析

① 你性格外向，心胸开阔，热情开朗，积极进取，乐观自信，多动活泼。

② 你思维敏捷灵活，注重宏观，善抓全局，但思维不够严谨。想象丰富，爱思考。

③ 你感情丰富，情绪波动较大，不善于掩饰内心，喜怒于色。当前心态不平和，较抑郁，有寻求情感发泄的欲望。

④ 你精力充沛，关注外界，对不同事物接受和学习较快，兴趣广泛，但多不长久或深入。

⑤ 你为人爱憎分明，言行直率，勇于直接表露好恶或见解。在交友中既能表现得大方热情，也能冷淡回避、果断拒绝。

⑥ 你性情急躁，易冲动，自制力不足，缺乏忍耐力，致使表现不够成熟稳重。

⑦ 你有个性，支配欲强，具较强的自我中心意识而表现出刚愎自用的一面。

⑧ 你有理想和事业心，具有较强的竞争意识，办事干脆果断，行动迅速

大胆。我行我素，不愿受约束，能冒险，具有创新意识。

⑨ 你的思想现实，意志坚定，目标明确，关注具体事物。

⑩ 你的组织、管理、分析、判断能力较强，具备领导素质，能够独当一面。另外，创造、形象思维、想象能力较强，可在具有开拓性的职位上发挥特长。据此可见，你在财务上并不具有事业发展潜力，但在行政方面具有较强的竞争力和事业前景。

女性相亲者的回复：

“我的性格很外向，活泼好动，但最近心情不太好，有点抑郁，这点你看出来了，有点佩服……

‘性情急躁，易冲动，自制力不足’，对于这点，生活中可能有点，但工作上是很认真很负责，也很有耐心的哦……

‘你在财务上并不具有事业发展潜力，但在行政方面具有较强的竞争力和事业前景。’……目前在会计师事务所上班，做财务纯粹是开始的好奇心与新鲜感驱使，但并不是真正喜欢。个人也比较喜欢做行政工作，但本身性格不太安分，总喜欢接触陌生的行业，除财务和行政外，我的兼职很丰富，做过销售、采购、市场调查以及保险的话务员……我想，也许经商还是蛮适合我的。

其他分析都很对哦……简直就和认识我一样。”

对双方婚恋匹配性作出评估：

（1）双方性格的互补性较强。

① 女方热情冲动，男方冷静自制；男方稳定的心态能平复女方易波动的情绪。

② 男方的忍耐力较强，能够容忍女方的强悍作风。

③ 男方不喜欢出头露面，能够为女方的事业作出牺牲与奉献。

④ 男方的思维具有深度和谋略性，可以弥补女方在这方面的不足。总之，他能够为事业型的女方出谋划策和提供稳定的后方保证。

（2）双方性格中具有一致性。

双方心胸都比较开阔，感情都比较丰富，且均不善于掩饰内心，言行直率。如果发生不愉快，能够及时得以发泄和沟通，不至于郁积于心。

（3）双方应克服可能会遇到的问题。

① 女方工作中的强悍作风表现在爱情中容易缺乏温柔，易于使男方感到某种压力或不满。

② 双方的生活方式和思想可能不太容易被对方很快接受，需要不断磨合才能完全适应。

（4）女方需要注意的几个问题。

① 男方的事业心和进取心确实不如女方，切记不要在言行中使男方感到自卑或窝囊。

② 尽量做到有事多商量，有想法多沟通，以使男方感到受重视，切勿我行我素。否则，男方可能会变得沉默压抑而难以沟通。

③ 由于男方的性格较内向，因此不善于主动关心别人，也不够浪漫，这方面对他不宜要求过高。

总之，爱情婚姻需要双方共同努力维护才能长久，上述分析仅供参考。具体是否合适或美满还要看双方当事人的不断沟通和发展的情况。

女性相亲者的回复说，首先谢谢你的分析，对我很有帮助。其实我不是那种通过相亲就可以定终身的人，对相亲向来很反感。呵呵，只是家人朋友都支持，让我很无奈，也许是注定有缘，他一见我就喜欢上了，这让我很为难。看了你的分析，我觉得我的性格如果找个和我差不多的，也许是不会幸福的。谢谢你，我会试着从他的角度去考虑问题，给他，也给自己一个机会，真的谢谢。

婚后一年，女方反馈信息说他们的婚姻较为和谐美满。

注：在这个拜金主义盛行的时代，很多年轻人在选择婚恋伴侣时，常有意无意将郎“财”女貌作为第一选项甚至唯一选项，从而错过了真正的爱情。如果能改变一下思想观念，排除拜金主义和以貌取人的干扰，找到适合你的那个人其实并不难。

9.2.5　一例婚外姐弟恋

当前，随着人们思想观念和道德观念的变化，婚姻家庭的稳定性正变得越来越脆弱，婚外情已经成为一个社会问题。如何对当事人进行有效的引导和纠正，是摆在社会工作者面前的一道难题。

如图 9-10、图 9-11 是一个未婚男性与一位已婚女性的笔迹。女方因丈夫长期在国外工作而和男实习生发生了姐弟恋。

未婚男性，25 岁，大专学历。笔迹为中性笔书写，字体高度 3～4 毫米，力度中等。

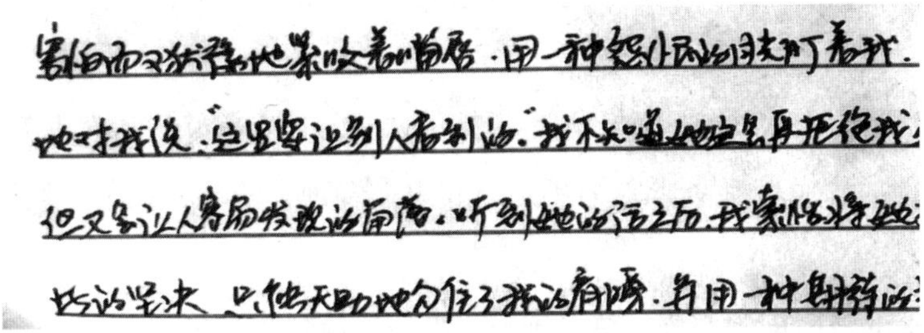

图 9-10　未婚男性的笔迹

（1）男性的笔迹特征

① 全篇布局特征：全篇排列整齐，字靠近线格底部，字行起伏，字间距小。

② 字体结构特征：字体过小、大小不一，字体左倾，下区突出、右下区欠缺。

③ 基本笔画特征：短横、上仰横，甩笔竖，无钩，圆弧折，平直起笔，针状收笔。

④ 线条动态特征：速度适中，力度适中，拘谨、收敛，柔软曲线多、软弱，轻柔流畅，收笔内敛。

（2）性格

① 他性格内向，处事沉稳，谨慎理智，耐心细致，认真，有责任感。

② 他性情温和，外在表现文雅，但自我表现力不足，有些胆小羞怯而不善于主动交际。

③ 他思想保守，自制力强，多反省和克制，比较安分守己。

④ 他自信心不足，独立性不强，缺乏主见，易依赖和顺从于别人。

（3）思维

① 他头脑灵活，反应敏捷，适应力强，善于随机应变。

② 他的形象思维和逻辑思维较强，善于组织和吸收信息，思维的周密性和条理性较强，但在思考宏观全局方面有所不足。

③ 他思维活跃，想象力丰富，稳定性较好，具有一定的创造性。

④ 他喜欢思考思维领域问题，也能顺应现实的变化和需要。

（4）能力

① 他在语言表达、写作以及生活品位方面，具有良好的艺术审美眼光。

② 他的独立性和领导能力不足，其中在管理、领导、决断、运筹方面有所欠缺。

③ 他的适应能力较强，善于随机应变以适应各种环境。

④ 在自我表现上，他不善于主动争取和表现自己的能力，容易埋没。

⑤ 他的开拓能力不足，缺乏足够的信心和行动能力，顾虑过多。

（5）工作

① 他的工作态度良好，工作谨慎，比较细心认真，遵章守纪，有责任感。

② 在具体工作上，他富有恒心和耐心，服从安排，适合做耐心细致的具体工作。

③ 他缺乏开拓性和冒险精神，不善于表现自己的能力，适合受人领导，善于与人合作共事。

（6）情感情绪

① 他的情感内敛，自我约束力强，能冷静理智地处理情感和情绪问题。

② 他情感丰富，情绪外露而不善于掩饰，具有倾泻欲望。

（7）人际交往

① 他不善于主动交际，不善于自我表现，人际交往中比较羞怯和拘谨。

② 他性情温和，独立性和主见不强，服从性好，缺乏自主意识和男性气概。

（8）生活

他的生活有规律，注重条理，注重仪表形象，爱干净整洁。但过于节俭，对钱物考虑过多。

已婚女性，27 岁，大专学历，金融机构职员，短婚未育。笔迹为圆珠笔书写，字体大小中等，力度重。

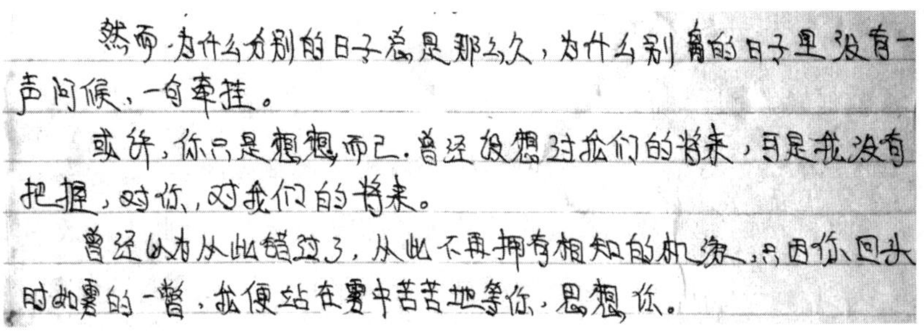

然而，为什么分别的日子总是那么久，为什么别离的日子里没有一声问候，一句牵挂。
或许，你只是想想而已，曾经设想过我们的将来，可是我没有把握，对你，对我们的将来。
曾经以为从此错过了，从此不再拥有相知的机缘，只因你回头时如梦的一瞥，我便站在梦中苦苦地等你，思想你。

图 9-11　已婚女性的笔迹

（1）女性的笔迹特征

① 全篇布局特征：全篇排列整齐、清晰工整，字靠近格线底部，字间距小。

② 字体结构特征：字体中等大小、大小一致，字体左倾，上区和右下区突出，右上区欠缺，笔画衔接紧密。

③ 基本笔画特征：短横、下滑横，长竖、左倾竖，真撇，直捺，平直起笔，针状收笔、下滑收笔、顿收笔。

④ 线条动态特征：速度慢，力度重，收敛、拘谨，柔软缓慢，生硬，不流畅，朴拙，机械，凝重，收笔内敛，但有较放纵笔画。

（2）性格

① 她性情内敛，遵纪守法，处事冷静谨慎，不感情用事，善于见好就收，逃避现实。

② 她本质上是拘谨内向的性格，但已在向开朗和主动性方面改变。

③ 她有急于行动的愿望，具有冲动和急躁的一面，同时也有隐藏内心真实想法的虚伪一面。

④ 当前的心态和情绪消沉悲观，缺乏生活热情与活力，对未来缺乏信心。

⑤ 她的自我意识强，有些以自我为中心，有固执甚至暴躁的一面。

（3）思维

① 她思维周密，但头脑不够灵活，反应较慢，思维容易停顿与间断。

② 她的程序性强，想象力一般，缺乏创造力。

③ 她思维的广度和深度一般，以逻辑抽象思维为主。

④ 她的思维比较稳定，但主动性和开放性不足。

（4）工作

① 她工作踏实，做事认真负责，按部就班，遵章守纪。

② 虽然她不愿拖泥带水，但缺乏灵活性和应变能力，因此工作效率不高。

③ 她不喜欢出风头，缺乏冒险精神，无大的抱负，成就欲较低。

（5）情感情绪

① 她的感情比较含蓄，表面上情绪表现比较稳定，能掩饰和克制某些不良情绪。

② 目前她的内心处于自我矛盾状态，情绪消沉低落，既有委屈压抑的不良情绪，又有寻求发泄的欲望。

③ 她有较强的冲动性，当克制不住不良情绪时会以爆发的形式予以发泄。

（6）思想

① 她的思想质朴单纯，不够圆滑世故，多幼稚的幻想。

② 她的个人欲望不高，重视现实利益，对未来缺乏信心。

③ 她的思想传统而保守，不妄想，善于反省以及逃避现实问题。

（7）人际交往

① 她在人际中较为保守和谨慎，不善于与人交往。

② 她的自我约束力强，多反省和克制，缺乏灵活性和应变力，不够活泼和洒脱。

③ 她的自我意识强，有些以自我为中心，言行直率，表现出固执和冲动的一面，也能压抑内心的真实想法而表现出虚伪的一面。

经过以上分析，基本可知这对婚外姐弟恋产生的原因及可能的前景。

（1）男性的婚恋特点

极大可能是因为自身家庭教养方式的原因，他比较缺乏男子汉气质而显得有些女性化。他待人友善，招人喜爱，温柔，平和，不具有攻击性，具有人际吸引力，容易和异性成为朋友。他向往婚姻（自述此前没有感情经历），对爱忠诚，感情稳定可靠，容易坠入情网，不易背叛。不过文雅有余、个性不足的他，很容易被强势的女性所吸引和征服而形成男主内女主外的婚姻组合，但是也容易被游戏感情的女性利用而受到伤害。他的事业心不强，缺乏远大理想和进取精神，只是心甘情愿地做好自己的本职工作，很少主动改变工作或职业。虽然他的生活可能是稳定可靠的，但难以出人头地，无法在较短时间内争取到更好的职位和社会地位。他的生活和事业走向极有可能是稳定而平淡的，这就是他不被女孩看好而一直没有感情经历的原因。

（2）女方的心理原因

女方是一位外冷内热型的女性，在冷静内向的外表下潜藏着较强的情感需求。她的事业野心和金钱欲望不强，但在感情上却需要得到经常的关爱。由于丈夫长期在国外工作，身边又没有亲朋好友和子女，她的情感需求长期得不到满足。在长期孤独和空虚的生活中，她对自己的婚姻积累了许多不满和失望，因而对家庭的未来缺乏足够的信心。不太善于与人交往的她，在心里遇到烦恼时缺乏倾诉对象，只有采用自我压抑的方式来对待。而自从认识温和友善、善解人意的男方以后，她找到了倾诉感情的对象。在内心的情感冲动与道德观念的斗争中，她的感情最终战胜了理智，迈出了出轨的一步。

（3）双方婚恋前景

① 感情的可靠性方面：男女双方都是比较稳重的人，均不具有自我放纵、玩弄感情的性格缺陷，双方的感情均较真诚，具有负责的态度，这段关系长期维持下去的可能性较大。

② 性格冲突方面：性格互补性较好。女方的性格中有以自我为中心的一面，脾气不太好，但男方的性格正好能够包容这一点。男方比较善于关心爱护对方，能有效地安抚她不稳定的情绪。不过，双方性格都偏内向，在以后的长期交往或共同生活中感情会逐渐趋于平淡，难以获得持续的生活激情与乐趣。

③ 事业方面：女方不属于野心和欲望强烈的人，是那种平凡居家过日子的人，对于男性事业上的“没出息”不会过于计较。但男方也属于这样的事业类型不太好，需要设法在事业上做出适当的努力，为将来获得更为宽裕的生活作准备。

④ 女方离婚方面：女方的夫妻关系建立时间较短，且没有子女问题，离婚难度不大，决定权完全在女方手中。不过，女方不太善于表达真实的内心想法，容易因内心矛盾和顾虑多而难下决心，从而导致双方陷入旷日持久的烦恼之中。

注：两地分居是婚姻的杀手，会加速婚姻的解体。数据表明，两地分居排在离婚原因的第四位。两地分居的夫妻需要面对以下无法回避的问题：虽然有多种方法保持联系，但还是有无法排遣的孤独感；缺乏面对面的情感交流与沟通，感情会随时间变淡；缺乏性生活，本能欲求难以满足。为了维护婚姻的和谐稳定，夫妻应尽量避免两地分居，以免造成婚姻的解体。

9.2.6 一对怨偶

建设并维护好稳定的婚姻一直是每个已婚者无法回避的问题。在婚姻家庭中，难免会出现或多或少的问题，其中很重要的一点就是如何磨合与处理好双方性格之间的冲突。

这是一对性格不合的夫妻，婚龄 20 年，因夫妻长期两地分居，丈夫出现外遇而面临婚姻破裂。女方希望知道挽救婚姻的希望有多大以及男方是否会主动提出离婚。

男方，46 岁，教师。字体高度 8 毫米，钢笔书写，力度轻，书写潦草。

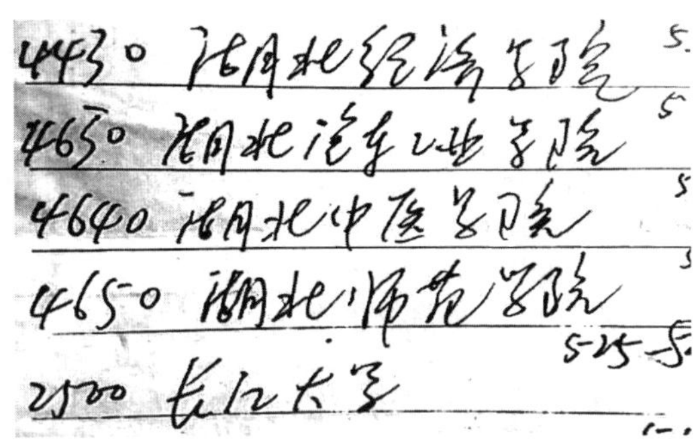

图 9-12　男方的笔迹

（1）男方的笔迹特征

① 全篇布局特征：潦草，靠近线格底部，字间距适中。

② 字体结构特征：字体中等大小，字体右倾，下区和右下区突出，笔画衔接不紧密。

③ 基本笔画特征：上挑横，长竖、右倾竖、左弯竖，连笔挑，平直起笔，针状收笔、上翘收笔。

④ 线条动态特征：速度快，力度轻，随便放纵，柔软曲线多，流畅。

（2）男方笔迹的重点分析内容

字体右倾，且力度轻，右下部的收笔迅速上仰，具有放纵之感，表示书写者缺乏稳重和耐心，与该年龄段所应具有的稳重成熟不符，反映在感情上就具有了缺乏自我节制和缺乏责任感的特点。而末笔向上仰反映在字体方位的右部，表示对未来充满热烈的向往和追求，同样也不符合该年龄段的性格特点。字体明显的右倾和上仰的快速笔画表现出积极主动、热情活泼的特点，预示了书写者年轻的心态。整体字态显出活泼的特点，反映在感情上表现出多情善感的特点。

（3）男方的性格综合分析

① 他性格偏外向，热情活泼，积极乐观，待人随和，主动进取，处事圆滑。

② 他心态浮躁，易冲动，有急于行动的欲望，不愿受约束，向往自由的生活。

③ 他意志较为软弱，成就欲望不强，做事灵活性强，不愿负责任，原则性和持久性差，缺乏忍耐力。

④ 他思维敏捷，头脑灵活，思维宏观超前，善于思考，但思维缺乏深度，虑事不周密。

⑤ 他感情丰富而外露，注重精神层面的追求。情绪不稳，易烦躁，自制力不足，有倾泻欲望，易受影响而感情用事。

⑥ 他乐于与人交往，乐于助人，但缺乏持久的热情。

女方，45 岁，工人。字体高度 7 毫米，圆珠笔书写，力度重，书写工整。

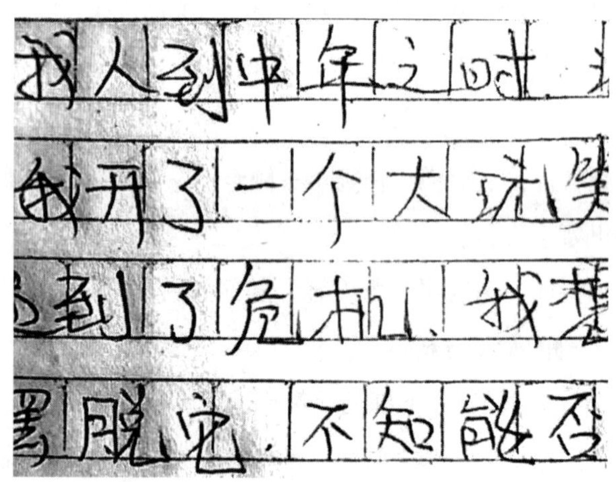

图 9-13　女方的笔迹

（1）女方的笔迹特征

① 全篇布局特征：字压在格底线上、字间距不受方格限制，字间距大小不一。

② 字体结构特征：字体中等大小、大小一致，方形，左倾，右下区突出，笔画齐全，衔接紧密。

③ 基本笔画特征：甩点，水平横，左倾竖、甩笔竖，真撇，长钩，平直起笔，针状收笔。

④ 线条动态特征：速度慢，力度重，拘谨、工整，刚健，生硬，线条亦凝重亦展放。

（2）女方的个性综合分析

① 性格综合

a. 她性格单一，质朴单纯，不够圆滑世故。

b. 她思想保守，为人本分，处事谨慎，责任心强，遵守社会规范，顾及舆论及他人评价。

c. 她意志坚定，有个性，原则性强，刚直有余，灵活不足，易表现出固执、缺乏忍让及批评别人的一面。

d. 她拘谨的性格已经向开朗、随和及主动性方面改变。

② 思维

a. 她属于综合性思维方式，有条理，虑事较严谨，但思维比较单一而不灵活，缺乏灵活的反应和应变能力。

b. 她的想象能力不足，多为不切实际的幻想，缺乏创新意识。

③ 思想观念

a. 她思想正统保守，积极主动性及进取心一般，成就欲不强，易满足。

b. 她注重实际，不愿改变现状，对新事物缺乏激情，对未来缺乏信心。

④ 人际

a. 她自我意识强，固执倔强，易以自我为中心而表现出刚愎自用的一面。

b. 她的思想保守，不善于交往。

c. 她言行直率，爱憎分明。

⑤ 情感情绪

她具有冷静与冲动的矛盾情感，即在常态下表现较沉稳，能克制或压抑不良情绪，但在情绪波动时则很容易外露，易表现出暴躁愤怒的一面。

⑥ 工作

a. 她工作认真踏实，能吃苦耐劳。

b. 她做事程序性强，有条理，遵守规章制度。

c. 她办事稳重，谨慎理智，不冒险。

除长期两地分居的因素外，这对夫妻各自的性格也为婚变种下了根苗。

（1）双方性格中的差距

① 男方文化素质相对较高，和文化素质不高的女方的交流沟通有困难。

② 男方注重精神层面的感情交流，而女方这方面比较缺乏，使男方的感情无法得到有效的交流和倾诉，久而久之，感情产生变化而移情别恋。

③ 男方性格比较温和，而女方脾气不好，比较刚烈，不善于尊重对方，使男方难以得到女方的呵护与关怀，于是就可能以婚外情的方式来寻求心灵的慰藉。

（2）男方的性格缺陷

① 他性格外向，善于交往，感情丰富而外露，容易主动接触异性，但原则性和责任感不足，又多情善感，容易因一时冲动而出轨。

② 他意志薄弱，缺乏男子汉的责任感和一往无前的勇气，拿不起放不下。

（3）女方的性格缺陷

① 她文化不高，性情刚直，言行直率，脾气暴躁，野蛮有余而温柔不足。

② 她感情贫乏，思维单一，难以和丈夫进行有效的感情交流。

男方的出轨，既有夫妻之间固有的性格冲突、文化差异、缺乏共同语言的原因，也有本人责任感不足、贪图享乐的因素。由于女方性格的强势，男方成为一个没有多少行动能力的人，想得多做得少，前怕狼后怕虎，缺乏为追求自己的幸福爱情而破釜沉舟的勇气。由他主动提出离婚，然后再和情人结婚的可能性不太大。

由于双方存在较大的性格差距，加上女方的性格缺陷，在短期内难以做出有效的改变和调和，这使双方关系难以得到有效改善。另外，女方过于刚直和暴躁的个性也使得婚姻的裂痕难以得到及时有效的修补，这段磨合多年依然难以改善的婚姻极可能会以双方分手而告终。

9.3 笔迹分析为你的职业出谋划策

如果你正为孩子的高考填报哪个专业而犯愁，如果你正为事业发展中遇到瓶颈而苦恼，如果你在工作中正为如何与同事相处而困惑，如果你想知道自己还有哪些有待开发的职业潜能，如果身为领导或人力资源主管的你正为如何招聘选拔优秀人才而烦恼……试试笔迹分析吧，或许你能获得意外的收获。

9.3.1 一位 IT 行业男性的性格及职业分析

一位 IT 行业的 29 岁男性，目前负责网站设计与管理，认为自己适合与人一起合作交流及策划，希望能够成为一名领导。

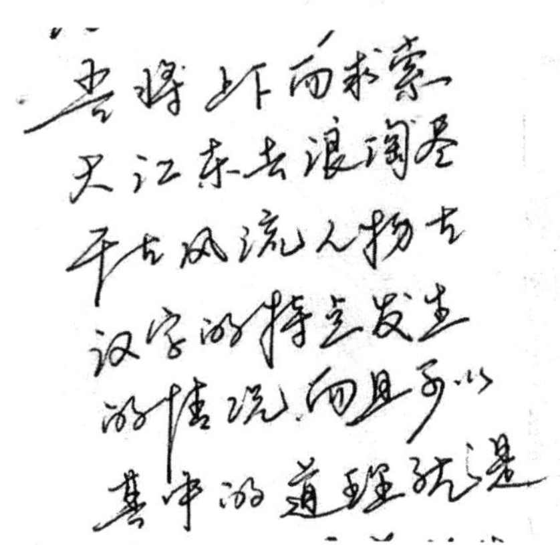

图 9-14 IT 男的笔迹

（1）笔迹特征

① 全篇布局特征：字行上倾，行间距适中，字间距宽窄不一。

② 字体结构特征：字体大且大小不一，行书，字体左倾，左区、下区和右下区突出。

③ 基本笔画特征：长横、上仰横，长竖、向下拉长、甩笔竖，针状收、顿收。

④ 线条动态特征：速度快，力度重、轻重不一，随便放纵、锋芒多，刚健，锋芒展露，刚硬流畅，凝重、凝重颤抖。

（2）性格综合分析

① 你的性格偏内向，但可塑性大，对环境的适应性和应变能力强，既能够表现出积极、热情、随和友善的一面，又容易表现出倔强冷漠的一面。

② 你的感情丰富，情绪饱满，心态不平，内心有些压抑，有寻求感情发泄的欲望，因此外在表现得较为急躁冲动，感情波动较大，易喜怒于色。

③ 你的思想传统保守，处事理智谨慎，自制力和责任感强，注重实效。

④ 你有理想，能拼搏，易露锋芒，勇于竞争，思想现实，目标明确，关注具体事物，对熟悉的事物能够果断处理，但对超出自己能力之事则容易优柔寡断，因此领导能力和决断能力显得不足。

⑤ 你的智力较佳，思维灵活迅速，虑事认真，有条理，善观察分析，想象丰富，有艺术审美眼光，具有创新能力。

⑥ 你的自我意识较强，人际交往中易自以为是，不善忍让，显得较固执甚至倔强，影响人际交往，使内心有抑郁感。

（3）职业能力分析

① 从职业能力上分析：你的意志力和进取心较强，有明确的目标，具很强的开拓创业素质，执行能力也很强，工作效能高，但在与人交流、合作、沟通上需要加强。另外，危机管理能力和细节关注能力也有不足。如从事侧重于宏观的事业，细节关注方面的不足可以忽略。

② 从职业心理素质上分析：你的事业心和责任感强，工作敬业，内在修养水平高，具有良好的创业素质。不过冒险性和果断性一般，心理健康程度和心理适应调节能力中等。应培养良好的心理素质，提高心理控制能力。

③ 从领导能力上分析：你的管理能力中等，倾向于专断型，对人的亲和力、包容力有待提高。另外，忍耐性和决策能力、管理能力也需完善。

④ 从思维能力上分析：思维能力强，其中形象、逻辑、想象、创造、灵感、横向思维能力强，只有思维的稳健性和深度稍低。

⑤ 从能力上分析：你在观察、理解、记忆、判断、应变、反应、艺术、表现、语言文字表达能力等方面较强、较均衡，只是在社交、领导、动手、决断上的

能力中等，对事业发展有一定的影响。

⑥ 从人际关系上分析：你的社会交际和交友能力中等，人际关系处理能力一般，影响人际交往的广度和深度。支配欲较强，易独断专行，很容易影响仕途的发展。可针对固执和自我意识过强的问题来改进和完善，培养忍让、冷静、稳重的良好性格。

总体来看，你的职业能力和智力较优秀，但心理素质和人际关系仍有不足。如果想从事合作、交流、策划的工作，以上不足就需要努力加以克服，以免这些缺陷影响自己的前程。

（4）笔迹书写者的反馈

谢谢您的分析！身体的疾病还没完全恢复，影响我的心情和智力。但我觉得我的心理调节能力应该很强，我用了十多年来调节自己。决断能力、社交能力也会较强。专断可能有点，但我觉得不过即可，这个直接影响决断能力，没必要刻意抹杀它。动手能力我觉得也会较强，因为有决断能力和执行力支撑着。我最不担心的就是忍让、冷静、稳重的良好性格，我几乎用了所有时间来培养这个。必须承认只有思维的稳健性和深度稍低，这个才是我有点担心的。

（5）笔者的回复

谢谢你及时反馈信息。看来你为自己的性格作出了许多的培养和改变，确实不简单。不过凡事量力而行即可，不必过于苛求自己。我的建议也仅作为一种参考性的看法。

有些项目没有得到认同很正常，下面详细解释一下。

① 专断型是表明你的领导风格倾向，没有好坏之分，确实不用刻意改变。

② 心理调节能力的高低取决于情绪的稳定性，调节能力强者情绪稳定性好。

③ 社交能力取决于处理人际关系能力、亲和性、宽容性等多方面，不表明善于主动交际其能力就一定高，主要看交际的质量和深度。

④ 可能你误解了动手能力的具体含义，这一项多与劳动或操作有关，我判为中等是你的优势不在于此，因此在处理具体事务上不太突出。

⑤ 至于忍让、冷静方面的评判标准是：看本身就具备这些特性还是刻意往这个方面努力。从你字体线条的收笔中有很多有力的甩笔和顿笔来看，你的忍让是被动的，是受到压抑的结果，可能与工作中能力得不到施展有关。因具有克制的意义，也就有了爆发的可能，这才有以上的建议。

⑥ 决断能力应该是我没有看准，因为没有考虑到你身体不佳对字体的某些笔画有一定影响，如图 9-14 中有些竖画出现了颤抖。如果是正常书写，这种特征确实表明决断力不足。

9.3.2 即将毕业的大学生的职业分析与建议

22 岁男性，国际经济与贸易专业的大三学生。字体高约 10 毫米。

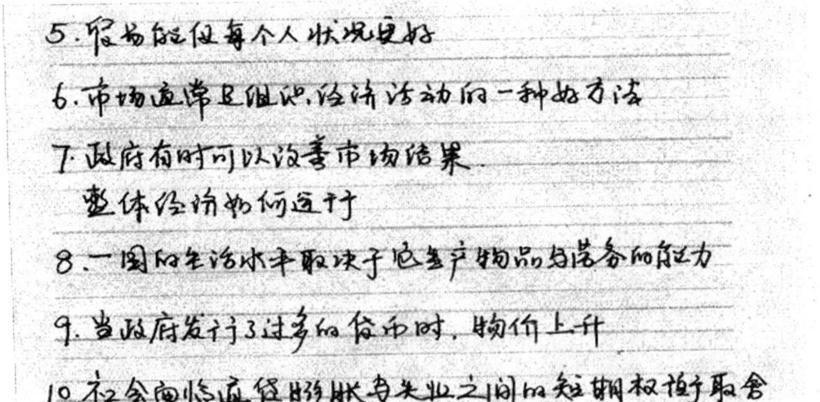

图 9-15 大学生的笔迹

（1）笔迹特征

① 全篇布局特征：字行平直，行间距大，字间距小。

② 字体结构特征： 字体大、大小一致，行书，略左倾。

③ 基本笔画特征：短竖、圆弧折、针状收笔。

④ 线条动态特征：速度适中，力度适中、均匀一致，刚柔相济，流畅熟练，

圆润，凝重。

（2）性格综合分析

① 性格

a. 你的性格偏内向，处事谨慎、沉稳，头脑冷静，自制力强。

b. 你的性格可塑性强，能屈能伸，外在表现出文雅和软弱的一面，实则外柔内刚。

c. 你曾经拘谨的性格正在向随和、圆滑转变，处事注重分寸。

② 思维

a. 你思维流畅，严谨而富有条理。

b. 你的想象丰富，喜思考思想领域问题。

c. 你的形象思维和逻辑思维能力均较强，思维敏锐、深刻，有谋略。

③ 能力

a. 你的观察、运筹、形象思维、想象、分析、判断能力强，善于组织安排。

b. 你的灵活性强，善于随机应变，环境适应力和应变力强，但易受环境左右。

c. 你有较强的艺术领悟和欣赏能力，具有创新意识。

d. 你凡事想得多，但行动能力不足，意志不够坚定。

④ 工作

你工作踏实，认真负责，守纪律，不爱出风头。

⑤ 情感情绪

a. 你的感情丰富浪漫，但内心不外露，表现比较含蓄。

b. 你情绪稳定，外在表现得从容镇定，但内心具有抑郁感伤情绪。

⑥ 心态

你的心态稳定，不易感情用事，对许多事表现从容，以宽容、忍耐的积极心态顺应现实的变化和需要。

（3）职业分析

① 职业能力分析

a. 职业能力方面：你的合作、执行、创造和细节关注能力较强，行动、开拓、创业、交流能力及进取心方面中等，意志力有待加强。

b. 职业心理素质方面：你的心理适应能力、情绪控制能力、责任感及内在修养水平较高，情绪紧张程度、心理承受能力、精神压力和情绪紧张程度中等，冒险精神和创业素质不足。

c. 领导能力方面：你的包容力、忍耐力和管理能力较强，决策能力和亲和力中等，经营能力、领导能力和影响力不足。

d. 性格方面：你的个性成熟度高，热情度、固执性、争强好胜心、自信心、成功欲望中等。

② 人格与职业的匹配性分析

a. 性格内向拘谨：适宜交际少、按部就班、突变性小的工作。

b. 黏液质气质：适宜稳定、安静、程序性强的室内工作。

c. 谦虚谨慎：适宜精细的工作。

d. 理智冷静，善思考：适宜执法工作。

③ 学业与人格的匹配性分析

国际经济贸易专业毕业生的职业岗位主要为国有进出口公司、其他所有制对外贸易企业、有对外贸易经营权的各类企业等。具体岗位为进出口单证制作、海关报关、结算货款、货物监运及协助商务谈判等。结合你的人格特点，应当能够适合并胜任这类工作。

④ 职业发展建议

只要专业对口，你的事业可以获得稳定提升。如果想获得较高的职位，则需要长期的努力。另外，虽然你具备了一定的管理素质，但还需要培养坚定的意志力以及执着的进取心和自我表现能力，这样被提拔重用的机遇才会多一些。

9.3.3 一位销售人员的职业分析与建议

如图 9-16 是一位 28 岁的男性销售人员的笔迹，字体高度 10 毫米，力度较重。

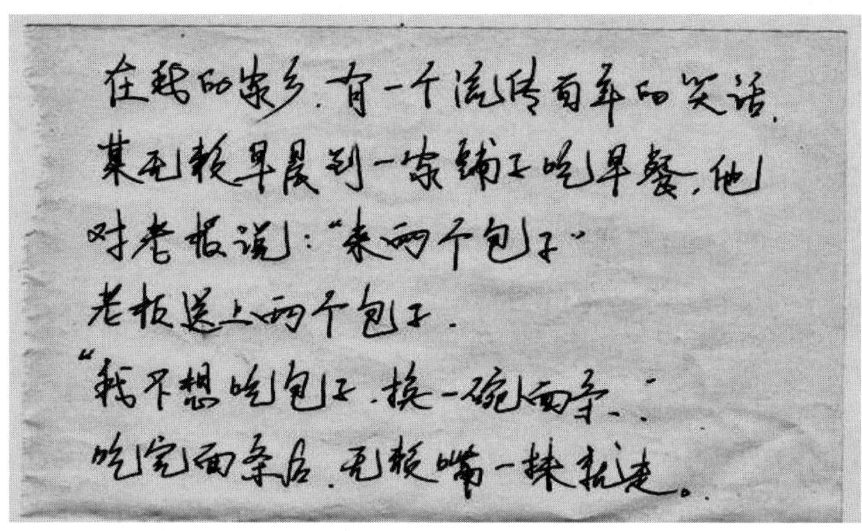
在我的家乡，有一个流传百年的笑话，
某老板早晨到一家铺子吃早餐，他
对老板说："来两个包子"
老板送上两个包子。
"我不想吃包子，换一碗面条。"
吃完面条后，老板嘴一抹就走。

图 9-16　销售人员的笔迹

（1）笔迹特征

① 全篇布局特征：左留边整齐，字行平直，行间距适中，字间距小。

② 字体结构特征：字体大，字体左倾，上区、右下区突出，中区与外围衔接不好，笔画杂乱无章。

③ 基本笔画特征：短横、上仰横，垂直竖、拖笔竖，直撇，长钩，锐角折，回钩起笔，针状收笔、顿收笔，标点书写随意。

④ 线条动态特征：速度时快时慢，缺乏节奏，力度重、轻重不一，随便放纵，刚健，刚硬流畅，生硬。

（2）综合分析

① 性格

a. 你的性格具有稳重的一面，头脑冷静，处事谨慎，虽然有时会有急躁冲动的行为，但自我保护意识强，善于克制而不致失去理智。

b. 你的性格刚柔相济，通常表现出文雅随和的一面，善与人协调沟通，但也具有好强的一面，勇于竞争也勇于放弃。

c. 你处事积极主动，独立性强，安排事务有条理，不易受外界影响。

d. 你精力充沛，意志坚定，自信心强，有理想，积极进取。

e. 你的自我意识强，个性鲜明，原则性强，易刚愎自用而显得心胸不够开阔。

② 思维

a. 你的思维敏捷迅速，形象思维能力强于逻辑思维能力。

b. 你的想象力丰富，有创造性。

c. 你思维的广度和深度比较均衡，但不够深入和广泛。

d. 你容易多思多虑而产生精神焦虑。

③ 能力

a. 你具有良好的组织管理能力，注重宏观，善抓全局，安排事务有条理。

b. 你的行动能力和实践能力强，能独当一面。

c. 你的环境适应力和应变能力强，但与人合作共事方面有所不足。

d. 你具有较强的创新意识，勇于冒险，能开创事业。

④ 情感情绪

a. 你情绪不太稳定，内心较烦躁，易紧张焦虑。

b. 你有较多受到压抑的内心欲望，不够豁达超脱。

⑤ 人际

你处事积极主动，善于与人协调沟通搞好关系，不过不善于理解别人且自我意识较强，从而影响人际交往的质量。

（3）职业能力分析

① 职业能力分析：你具有坚强的意志，行动力强，积极进取，有良好的开拓能力和工作效能，能够较好地应付面临的困难，适合创业。在危机管理、沟通、合作和执行能力上不够突出。倾听能力不足，有待提高。

② 职业心理素质分析：你事业心强，具有创业素质，富有责任感，处事果断。心理健康状况一般，有一定的精神压力和情绪紧张度，心理调节能力和适应能力中等。在心理素质、情绪稳定性和情绪控制能力上有待加强。

③ 领导能力分析：你在领导、经营、管理、决策能力上具有优势。在包容力、亲和力和洞察能力上表现一般。

④ 人际关系分析：你的情商较高，在社会交际、人际冲突解决能力以及让人信任程度上表现较好。在交友能力、人际关系处理能力以及受欢迎程度方面表现一般。

（4）职业参考建议

从以上各方面的综合分析来看，你的性格和能力完全能够胜任现有的职业，如果能全力发挥，应该能够做出突出的成绩。从职业能力来看，你已经具备独当一面的能力，适合进行创业。不过，在提高自身心理素质和搞好人际（或上下级）关系方面还需要加以完善。另外，你的思维逻辑性不太强，因此考虑问题有可能不很全面和深入，应多虚心听取别人的一些有价值的意见或建议，避免出现失误而造成损失。

其他可能适合的职业虽然较多，但改行不太容易，因此除了自己创业外，也可在本行业上谋求管理方面的职位。

9.3.4　一位机械工程人员的笔迹

23 岁男性，大专机械制造专业毕业，现从事机械制造技术工作。

器额的50倍，就是说世界上每天流动的资金中只有
国际贸易上，其它的都是在金融市场中进行的
活动。可以预计，随着电子商务和电子货币的发
的规模还会进一步膨胀。中国目前虚拟经济与
比例大致为1:1。2001年，以现行价格计算的国内
6724亿美元，权益工具的市场价值约为320000亿
债务工具的价值约为366154亿美元，即流通中的
价值高达688154亿美元，超过了世界国内生产总
外，2002年金融衍生工具的市场价值是31140亿

图 9-17　机械工程师的笔迹

（1）笔迹特征

① 全篇布局特征：全篇清晰工整，字写在上下格线中间，字行平直，字间距小。

② 字体结构特征：字体中等大小、大小一致，行书，字体垂直，下区突出、右下区欠缺。

③ 基本笔画特征：拖点，上仰横，长竖、向下拉长、拖笔竖，平直起笔，针状收、顿收笔。

④ 线条动态特征：速度适中，力度轻重不一，稳重宽大、收敛、拘谨，刚柔相济，线条富弹性和力度，流畅熟练、简洁，轻柔，凝重生硬、凝重轻柔。

（2）笔迹分析结论

① 性格综合

a. 你性情内敛，处事冷静谨慎，虽偶有冲动，但自制力强，能理智处理。

b. 你处事灵活，善审时度势，既能勇于争取又能勇于放弃。

c. 你不张扬，不冒险，做事认真负责，有耐心。

d. 你善于思考，有谋略。

e. 你的积极主动性强，但在困难面前自信心不足，易受环境左右。

② 思维

a. 你的形象思维和逻辑思维能力都较强，但思维的广度和深度一般。

b. 你的思维周密，有条理，注重细节。

c. 你的思维灵活，反应灵敏，善于随机应变。

d. 你的想象力较强，但思想有些传统和保守，创新能力中等。

e. 你善于独立思考，喜欢思考思想领域问题，也能顺应现实的变化和需要，富有谋略性。

③ 能力综合

a. 你的智力较高，各项指标均表现较好（观察、注意、记忆、想象、分析、判断、理解、表达、反应、计算能力）。

b. 你具有较强的艺术领悟和欣赏力。

c. 你在领导能力上，具有良好的组织和运筹能力，不足之处主要在于决断力不足。

d. 你的环境适应力强，能屈能伸，善于随机应变。

e. 你办事有计划和条理，工作踏实，认真负责，但全局观有所不足，处事缺乏果断性。

f. 你的表现能力一般，不喜欢出风头。

④ 工作特点

a. 你工作踏实，办事认真负责，守纪律。

b. 你办事有条理，耐心细致，注重细节。

c. 你关注具体的工作，组织能力强，有开拓热情。

d. 你不爱出风头，善于与人合作共事。

⑤ 情绪

a. 你的情感丰富，富有浪漫色彩。心态积极，情绪乐观而饱满。

b. 你的自我心理调控力强，内心不易外露。

c. 你比较理智，情绪稳定而不易失控。

⑥ 人际

a. 你的内心欲望不强，沉着安静，不太善于主动交际。

b. 你适应力强，待人随和，为人朴实，易与人相处。

c. 你注重自我形象，待人接物落落大方。

⑦ 思想

a. 你的思想观念保守，自我约束力强，注重现实。

b. 你的内心对现状有所不满，有压抑的不平和愤恨。

（3）职业分析

① 职业能力各项目的测评结果

a. 职业能力：你在合作、倾听、交流、沟通能力以及细节关注能力上较强。

在意志力、行动力、执行能力、创造能力、目标动机、进取心和工作效能上表现一般。在开拓、创业、推销能力以及危机管理方面有些欠缺。

b. 职业心理素质：你在心理素质、心理适应、心理调节上表现较好，心理比较健康。另外，责任感和敬业程度也很强。在心理承受力、精神压力方面表现中等。在冒险精神和创业素质方面表现不佳。

c. 领导能力：你具有较强的包容、亲和、管理、忍耐力以及洞察力，但领导能力以及决策能力不足，缺乏足够的影响力。

d. 人际关系：你具有较高的情商，能很好地解决人际冲突。在交友、人际交谈、人缘以及人际关系处理方面表现一般，社会交际方面比较欠缺。

② 职业规划与建议

从多方面的测评来看，你的智力和自身能力比较强，目前的职业优势在于适合搞具体的技术和研究工作（非想象创造方面）。虽然目前经验还有些不足，做事放不开手脚，但随着经验的增加和学习的深入，应当很快能够胜任当前的工作，并逐渐提高专业技术水平。至于目前存在的某些不足，如自信心、领导能力、社交能力方面，会随着阅历的增加和人格的成熟而逐渐完善起来，不用刻意为之。

你的性格可塑性很强，能够很快适应新的环境，也可以向科研、管理、财务方面发展。而这些职业（职位）都需要通过较长时间的学习和实践才能取得突破，才能取得满意的收入和较高的社会地位。

9.4 笔迹分析让你更了解自己

你能客观而全面地描述自己的性格吗？你知道自己有哪些缺点和不足吗？你想完善自己的性格吗？你能为自己的事业和婚姻提前做好合理可行的规划吗？如果你学会了笔迹分析，它可以让你更了解自己，帮助你发现自己的不足，更有效地完善自己。

下面是几份来自书写者本人的分析案例及反馈材料，希望笔迹分析能够更好地帮助他们了解自身的性格、能力、优缺点，并对他们提出改进建议。

9.4.1 一位博士研究生的笔迹分析

有一些比较理性的人，对笔迹分析的科学性持怀疑态度，他们在得到分析结论之后，还会不断询问你得出分析结论的依据或过程，以证实你到底是分析出来的还是忽悠人的。用特征法分析笔迹的优势在于：只要有比较准确的笔迹特征解释表，就可以分析得出书写者的性格特征结论，分析的过程和结论的得出是可以描述和解释的，即使出错，也能追溯到出错的原因。

如图 9-18，笔迹的书写人为男性，25 岁，在读博士研究生。字体高度 10 毫米左右。

外交部发言人刘建超8日晚表示，中国有关船只在中国管辖海
域进行正常的巡航活动是无可非议的。
有记者问：据报道，12月8日中国海监船只进入了钓鱼岛领海
活动，请予证实。
刘建超说：钓鱼岛及其附属岛屿自古以来就是中国的固
有领土，中方有关船只在中国管辖海域进行正常的巡航
活动是无可非议的。

图 9-18 博士研究生的笔迹

（1）笔迹特征

① 全篇布局特征：字行上倾、字行波浪，行间距宽窄不一，字间距宽窄不一。

② 字体结构特征：字体大、大小不一， 左右倾斜不定，下区突出，笔画

杂乱无章。

③ 基本笔画特征：长竖、向下拉长、甩笔竖，直平捺，连笔挑，针状收笔。

④ 线条动态特征：速度快，轻重不一、力度紊乱，缺乏方向性，随便放纵、飘忽不定、柔和，线条粗糙，缺乏和谐。

（2）笔迹分析结论

① 你性格开朗，热情活泼，精力充沛，积极进取，慷慨豪爽，勇于冒险。

② 你性情急躁，易冲动，心理不成熟，情绪波动大，自制力差，缺乏忍耐力。

③ 你自信心强，有理想和成就欲，组织、领导、行动、指挥能力强，能开创事业。

④ 你思维敏捷，反应迅速，思维宏观，理解、想象、创造力强。

⑤ 你的自我意识较强，目标明确，思想现实，关注具体事物，有急于行动的欲望。

⑥ 你的情绪不稳，内心易焦虑烦乱而陷于困惑迷惘。情感情绪饱满，易宣泄，不善掩饰及克制自己的情绪，具有直率的现实批判态度，显得愤世嫉俗。

⑦ 你向往自由的生活，不愿受约束，日常生活中不太注重整理环境和衣着整洁。

⑧ 你的感情丰富外露，勇于表现自我，但本能性的欲望强，与人交往缺乏深入，容易用情不专。

（3）书写人的反馈

多谢高手指点。可否将分析过程告知一二？

（4）分析过程及判断依据

分析过程可以通过笔迹特征的线条入手，下面就用线条来作出解释。

① 你的笔迹线条整体比较随意，显得有些凌乱，笔画缺乏明确的方向性和规律性，反映在生活中就是不太注重整理、修饰外在形象；反映在事业上就是不太注重外在的东西，如搞好人际关系、说话讲究策略等面子上的问题，因此言行就显得过于直率，让人觉得有些难以接受。

② 整体来看，你的笔迹线条速度较快，特别是末笔的锋芒较多，有的笔画还较放纵，而凝滞的线条极少，表现在性格上就是急躁和冲动，自制力和忍耐力当然就不强了。再结合线条轻重变化很大，表现在情绪上，就是情感缺乏稳定，情绪变化大，容易外露。

③ 笔迹字体虽然很大，但笔画间的连接比较合理，没有过于减省或混乱，字体各方位也没有明显亏损，在左部、左下部、下部和右下部均有突出笔画，反映了一种综合管理能力，说明你的组织、领导能力不错，能够合理规划布局。而下部和右下部突出则表明了你的行动能力，结合该笔画过快的特点，表明急于行动的趋势。

④ 单字整体结构虽然比较紧凑，但外伸笔画较多，反映了一种自我表现和主动交际的倾向。

⑤ 线条整体感觉不够稳重，结合急躁冲动和欲望强等特点来推测，你的感情方面可能不够谨慎和稳重，虽不是见异思迁之人，但性格不够成熟，易受当前情绪的影响而头脑发热，导致感情方面失败率较高。不过作为年轻人，这些毛病也不用过于担心和急于改正，随着社会阅历的增多和思想逐渐成熟，许多缺点会自然消失，相信你一定会变得更加优秀。

9.4.2 左右手书写的笔迹及反馈

大量事实证明：长期书写所形成的动力定型是很稳定的，只要能够进行熟练书写，即使换用左手，其笔迹特点也基本相同。

如图 9-19，这份笔迹书写者的情况：女，24 岁，职业为外贸业务，两年半工作经历。因右手患书写痉挛症而练习左手书写，但不太熟练。这份笔迹的上半部分是右手写的，字体高度 7 毫米左右；下半部分是左手写的，字体高度 6 毫米。

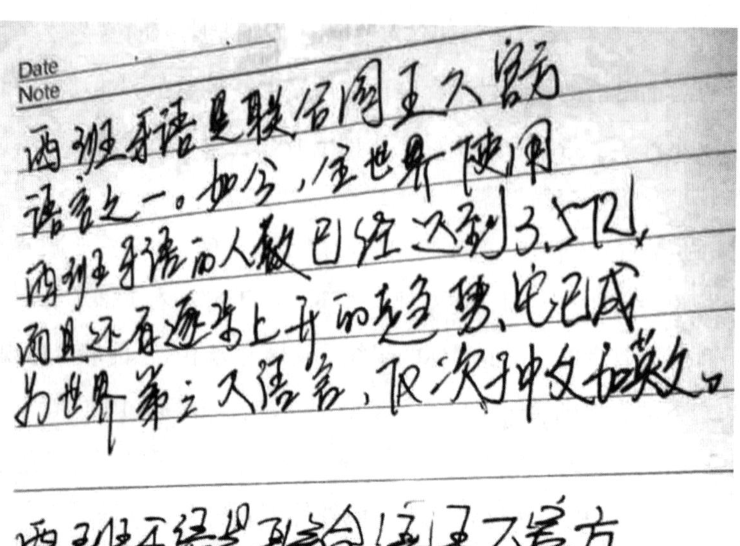

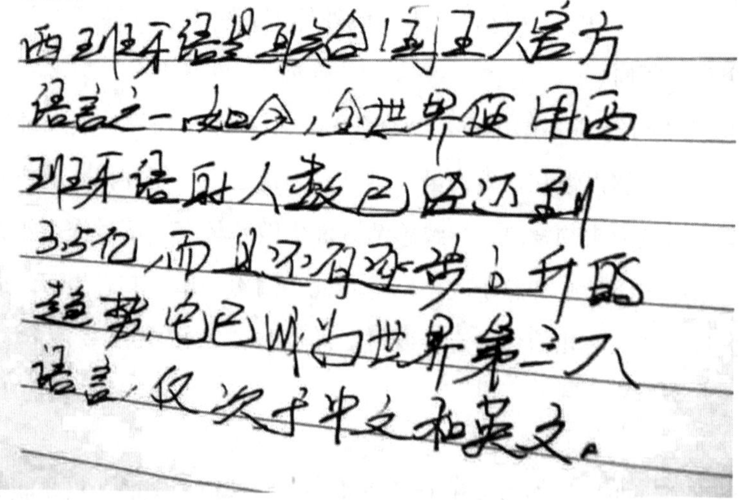

图 9-19　左右手分别书写的笔迹

（1）笔迹特征

① 全篇布局特征：潦草，字行起伏，字间距小。

② 字体结构特征：字体中等大小，下区和右下区突出、中区与外围衔接不好。

③ 基本笔画特征：上仰横，长竖、向下拉长，右钩竖，船形平捺，长钩，起笔重，上挑收笔。

④ 线条动态特征：速度快，轻重不一、力度紊乱，随便放纵，生硬、欠

连贯，轻重过渡缺乏自然。

（2）笔迹分析结论（略）

（3）书写者的反馈（括号内文字）

① 性格

性格比较单一，个性强，表现为：

a. 性格中同时具有抑郁和热情这互为矛盾的一面，但为了达到某种目标能克服抑郁，表现出积极主动性。（此点分析得非常准确，很多时候我会压抑自己内心的倾向而逼迫自己去做当时形势要求自己去做及表现的事情。）

b. 言行直率，不善于掩饰内心，处事灵活性不足，不够圆滑老练。（也很准确，性情有些急躁，诸多事情藏不住，容易暴露，而且不觉得自己应该去圆滑世故。）

c. 自信心强，有主见，敢闯敢干，积极进取，但比较固执，有刚愎自用的表现。（准确，对于刚愎自用这一点也说的是，自己形成某种见解，就不太能考虑别人的意见。）

② 思维

a. 思维敏捷，但条理性不足，易跳跃而间断，缺乏连贯性和重点。（思维自认为是比较活跃的，于是跟思维同样有跳跃性的朋友会很有共鸣点。）

b. 思维侧重于宏观方面，以感觉为主，理解、想象和创造力较强，但比较粗略，不够周密。（嗯，是这样的，这就是不够成熟的表现吧。）

c. 想象丰富，但注意力比较分散，以无目标的幻想为主，难抓重点。（是散漫的一族。）

③ 能力

a. 开拓能力强，勇于竞争，有创新意识。

b. 表现能力强，渴望显示自我或急于达到目标。（也许有渴望表现的强烈内心，但是在行动中还是比较少的。）

c. 行动力强，勇于实践，具有表现自己决断力的欲望。

d. 办事能力强，效率高。（是的，搁着的事情尤其是工作上的会使我很不舒服，一定要做完才觉得松了口气。）

e. 领导能力不够均衡，在组织、运筹方面有所不足。另外，自制力和应变能力也有待提高。（组织领导方面没有什么才能，比较喜欢做自我可以完成的事情。）

④ 心态

心态比较浮躁，内心行动的动机较强，有某种野心，但具体目标比较迷惘，致使心态较烦乱。（准确。心态浮躁，野心就是不想当个大众化的人，走大众的路线，可是又怎么去走不一样的人生？确实迷茫。）

⑤ 生活

向往自由自在的生活方式。当前生活方式比较散漫，在日常生活中不太注重条理、整洁和修饰。（呵呵，我一度觉得要跟因纽特人一道，因为他们一个星期会四天不上班，现在有改进很多啦，不过室友还是会唠叨我内务不勤，但是个人整洁方面还可以，修饰确实不怎么上心的。）

⑥ 情感情绪

心理承受力不足，易焦虑。情绪波动较大，易冲动或激动，不善于掩饰及克制自己的情绪。（心理承受力不好，医生判断我书写痉挛也是这样说的，易焦虑，这些都说得准确。）

⑦ 人际

人际方面有所不足，在忍让、合作共事、理解别人方面有待提高。（我觉得自己还是比较能忍的一个人，合作和理解别人方面是有待提高。）

9.4.3　一位 29 岁男性的笔迹分析反馈

作为一名医生，不但要会看病，还应该懂得开药方。与此相类似，笔迹分析不但要学会分析书写者的个性，还应通过学习掌握的相关知识对书写者提供有针对性的建议和帮助。

如图 9-20，图 9-21，这是一位 29 岁男性提供的两份笔迹：一份有些潦草，一份较工整。字体高度 10 毫米。

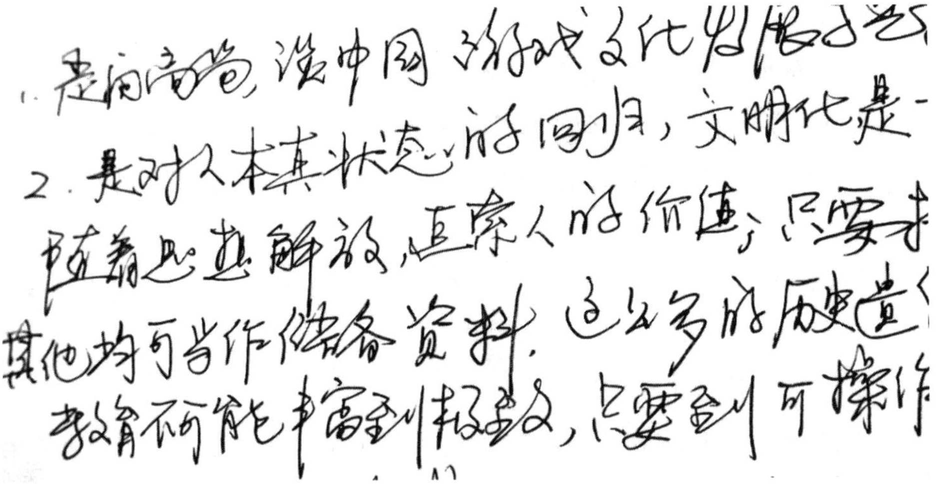

图 9-20　潦草些的笔迹

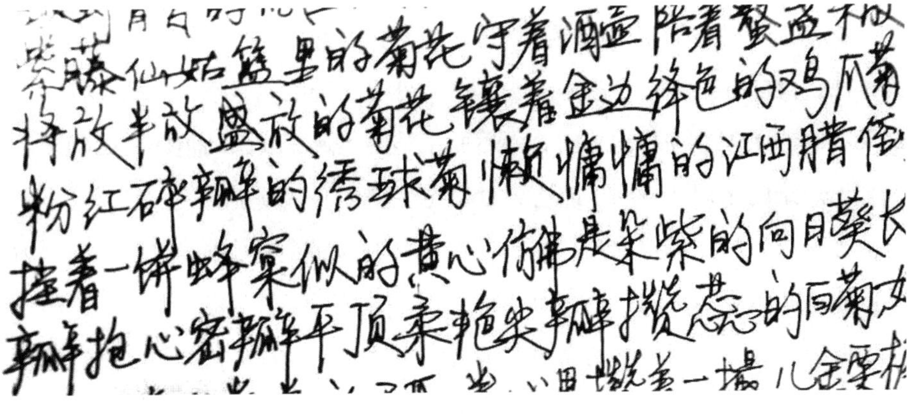

图 9-21　工整些的笔迹

（1）简单的笔迹分析结论

笔迹特征：字行不稳定，行间距和字间距宽窄不一，布局较为凌乱；字体中虽然有直硬的笔画，但多为杂乱缠绕的线条。

① 你的思维迅速，但考虑问题缺乏全面，思路较为散乱，缺乏条理性。思维的目的性不明确，主见不强。爱思考，但想象能力一般，易多思多虑而优柔寡断。

② 你情感丰富，有宣泄欲望，可能因受到某种挫折而使情感受到压抑。情感情绪不稳定，理智性不足，易因冲动而感情用事。

③ 你的思想灵活，能接受新事物，但原则性不强，具有软弱的一面，易受外界影响而改变自我。当前的思想比较混乱，陷于困惑迷惘之中。

④ 你的事业欲望不强，缺乏积极进取的坚强意志，不善于开拓竞争。性情急躁，心态浮躁，自律不太严格，崇尚自由。理想不高，缺乏切实的目标。

⑤ 你处事比较灵活，人际交往方面良好，不轻易树敌，善于与人合作共事，不过朋友多为泛泛之交。

（2）书写者的第一次反馈

很有功力，很受教，不过如果当时是认真点的工整些的字迹，你看出的又会是什么呢？呵呵，先谢谢你，有时间的话请再作些职业发展道路的建议。

（3）我的第一次回复

不知你最常写的字是偏向潦草还是工整？你前面潦草的笔迹线条杂乱，毫无章法，反映在心态中：内心千头万绪，处于一种混沌状态；反映在行动中：缺乏明确的条理性和行动方向。而后面工整的笔迹，线条的走向就明确多了，反映出思维的条理性得到了改善，处事也变得细心认真了。

笔迹材料的选择很重要，并不是对什么笔迹都能进行准确分析的。因为在不同心理状态下写出的字会有所变化，比如平时写字很平稳，但突然买彩票中了500万元后，会因为激动而写出颤抖的字来。如果直接拿这种字进行笔迹分析，分析者就可能错判为书写者身体虚弱导致的写字颤抖。而心情低落时写的字，笔画会变得无力，甚至字行和横画都会向下倾斜，但心情好的时候，这些书写现象就消失了。

由于你的性格偏内向，因此猜测比较认真的笔迹应该是你平时书写的风格，潦草的笔迹可能属于临时性的心理变化所致。

（4）书写者的第二次反馈

呵呵，给别人看的时候一般是写工整的字，而且会更工整，给自己用的时候都写得潦草。我能给你第一次的说法的反馈是：也许是你描述得过于深刻精准，也许是你用来描述性格的词语都有些极端和外延类别很大，使得一个大类的人都被涵括在其中，让在其中的我很符合，所以很吃惊——几乎能全部符合我的目前阶段的特征。只是，你说爱思考和想象力不丰富，不知道你是如何推论出的，我觉得我确是想象力丰富而不爱思考，我有时间宁愿让脑子空着也不会去主动想问题，因为我有空时总是枯坐着让音乐来填满脑子。其余几点都很准确，说到深处去了，不知道能否请教你是根据笔迹中的什么才得出那些结论的。呵呵，至于稍微工整的字和潦草的字你认为是“供选择的材料”，可是事实是平时我两种字体都用的呀。

很期盼你能分享这方面的知识并且花时间回答我，先谢谢你。

（5）我的第二次回复（部分笔迹分析结论的判断依据）

谢谢你的反馈。爱思考和想象力不丰富这两条确实是错误的，应为不爱思考和想象力中等。下面具体讲一下。

想象力丰富与否，可以从几个方面来参考。

① 字体大小。写字小的人通常放不开手脚，思维范围注重小的方面，因此想象力相对差一些。

② 书写是否灵活流畅。书写灵活者通常思维比较活跃，和书写工整者相比，想象力要丰富些。

③ 书写笔画放纵与否。笔画书写随意、线条向外延伸者通常对外界关注较多，有接触新事物的欲望，因此思维的触角延伸较远，使想象力得到提升。而书写规整，线条拘谨者对外界新事物的关注较少，思维比较封闭，因此想象力相对贫乏。

你的潦草笔迹，有想象力丰富的一面（字体大，书写随意，有放纵笔画）——我是以此为依据来判断的。但其中隐含着想象力不足的笔迹特征：行间距和字间距小，字挤在一起，反映出想象空间不足的特点；笔画不舒展，有些看似放纵的笔画出现明显的回钩，反映出想象力受到限制而难以延伸——这是我忽略的部分。

爱思考与否，有几个参考要点。

① 从书写力度和速度来参考。书写速度快、力度轻的，通常思维灵活，但速度较快，也有缺乏耐心的特点，不喜欢刻意费脑筋想问题，因此考虑问题时间比较短一些。而书写较重和较慢的人，生活节奏和思维速度就缓慢得多，相对于前者，就需要更多的时间来慢慢思考。

② 书写中的凝重笔画。书写时，特别在单个线条的末端，出现明显的因笔力加重而减速甚至停顿的现象。这种笔画常常反映出书写者正在对事物进行思考或者对思想领域的探索。而潦草随意的笔画则是不假思索的产物。

部分项目的大致判断依据：

① 思维迅速（书写速度快）；考虑问题缺乏全面（全篇布局以及有些字书写得比较凌乱）；思路较为散乱，缺乏条理性（笔画的轨迹顺序比较乱，缺乏稳定的字体风格）。思维的目的性不明确（字形和笔画比较凌乱，缺乏明确的方向性）；主见不强（缺乏稳定的字形，缺乏明确的个人风格，字体倾斜方向不一）；优柔寡断（竖、捺画缺乏力度，虽然延伸较长，但出现明显的停顿和回钩）。

② 情感丰富（有明显的缠绕线条）；有宣泄欲望（字体的下部和右下部出现突出的线条)；但可能受挫折而使情感受到压抑(竖、捺出现停顿和回钩)。情感情绪不稳定(字行高低不平，字间距大小不一，线条运笔方向变化多端)；理智性不足，易冲动而感情用事（有放纵的笔画，且速度快，力度轻，线条运笔方向变化多端）。

③ 思想灵活，能接受新事物（有向四周延伸的笔画，字体比较随意，圆形线条较多)；但原则性不强，具有软弱的一面，易受外界影响而改变自我(字体缺乏力度，笔画较柔软，写法缺乏个性）。当前的思想比较混乱，陷于困惑迷惘之中（全篇组合显得杂乱，有些线条的运笔线路混乱）。

（6）书写者的第三次反馈

这个……真是挺强，不得不服。呵呵，不过有能力看出病症，应该也有能力稍稍开个药方的。我想分析笔迹不是只能分析而不能做点指导的吧？如果是反过来，回去只要练好字就可以纠正自己，那就简单多了。但是，修正自己的不足绝不会这样简单的，不知道你会有什么好的建议，我想如果不能修正自己，那今后不是很惨？不至于不能修正吧？谢谢你。

（7）我的第三次回复（自我完善的参考方法）

虽然你目前有一些不足之处，但是通过那份认真的笔迹来看，应该是能够得到改善的，以下是几点参考建议。

① 可以每天抽一点时间坚持练字，以达到在潜移默化中完善性格的目的，不过耗时较长，可能要坚持一年以上。

a. 字体：尽量避免先前的那种凌乱笔迹，保持那种较工整些的字体即可，这种字体练习可以训练耐力和心理稳定性。但不可过于追求工整，以免矫枉过正。

b. 线条：书写速度可以适当放缓，尽量做到运笔线路简洁清晰，避免出现纠缠不清的笔画，可以训练自己多思考以及训练思维的稳定性和条理性。

c. 布局：由于行间距字间距过小，因此在练习时，应当使字间距适当放宽，行间距也应加大一些并保持稳定，可以训练自己的独立意识和组织管理能力。

d. 局部：避免出现竖、撇、捺往反方向回钩的现象。如果难以纠正，可以专门练习书写单个笔画或选择某些包含这些笔画的字体进行练习（如“来”“永”“尖”等），可以训练自己的意志力和行动能力。

② 进行自我心理调适。

a. 树立明确的人生目标或发展方向，目标应该切实可行并能坚持做到（如每天坚持学习某知识一小时）。

b. 遇事多思考，避免行动上盲目跟风或者凭感觉行事。

c. 树立正确的人生观，对当前的社会现状努力保持平常心，克制浮躁的心态。

d. 针对目前遇到的困难和挫折，应冷静分析原因，及时调整，正确对待，不逃避问题，保持乐观自信的心态。

e. 培养独立自主的坚强意志，增强自我意识，敢于承担责任，使自己的个性得到充分体现。

你的这种字体是很常见的，不要有什么担心和害怕。造成这种笔迹的主要原因可能和当前的社会现象息息相关。由于社会的不公造成了一些颓废和迷惘的年轻人，他们的青春热情和勇气被无情的现实所消耗，导致心态浮躁而日益消沉，对自己的未来缺乏信心和切实可行的努力方向，于是笔迹中就会流露出浮躁、迷惘、挫折等诸多负面信息。

（8）书写者的第四次反馈

最后一点疑问，从你的分析可以看出字和人的互涉关系真是很大，这是我以前从没有仔细体会的。但是，如果是不会写字的人，那你不是无从判断他的性格并帮助他改进了吗？你的分析和指导很有价值，但愿我能从善如流，把性格塑造好。我还想问，在努力改进之余，除了毅力之外，还有什么条件能使那些性格矫正成功的案例发生在我身上呢？谢谢你。无意之中，又见识了一门新学问，很有科学性。

呵呵，至于我自己，是家庭的原因，社会的原因则是很间接很间接的。你之前说的我“在一种挫折中没有走出来，很压抑”，这一点能判断出来，我一直觉得很神。本来的事实就是，1992 年到现在，我还没从父亲去世的影响中真正走出来。

好在现在，无意中能受惠于 “笔迹学”这门学问的指导，相信自己还是可以改进再改进的。

（9）我的第四次回复

通过你的反馈可以基本确定，你的性格缺陷主要是受到童年时父亲去世的影响所致。因为一直受到母亲的照顾而缺乏父亲（男性气质）的影响，所以形成了男性气质不足的缺陷，对自己的人生发展造成不利影响。

补充几点建议：

① 多和男性气质强的人交往，参与他们的活动，努力使自己融入他们之中，

可以潜在地完善自己的男性气质。

② 可以在生活习惯上做出调整，如听阳刚的音乐、坚持锻炼身体，单独购物或旅行，勇于表达自己的立场，寻求主动的人际交往。

（10）书写者的最后一次反馈

一语千金，字字千金。谢谢点拨，呵呵，果然强大。

9.4.4　一份毛笔字的笔迹分析

书法，特别是用毛笔书写的软笔书法，需要书写者多年的不断练习，书写过程倾注了过多的有意控制成分，极有可能与书写者平常的书写风格大不相同，因此笔迹分析的难度比较大。特别在分析篆书、隶书、楷书等工整写法的书法作品时，作品个性化的书写风格会更少，使得分析难度更大。如果书写者平时的书写风格和书法比较接近的话，还是可以分析准确的。

如图 9-22 是一件书法作品。书写者，男，34，从业于金融行业，喜爱书法。

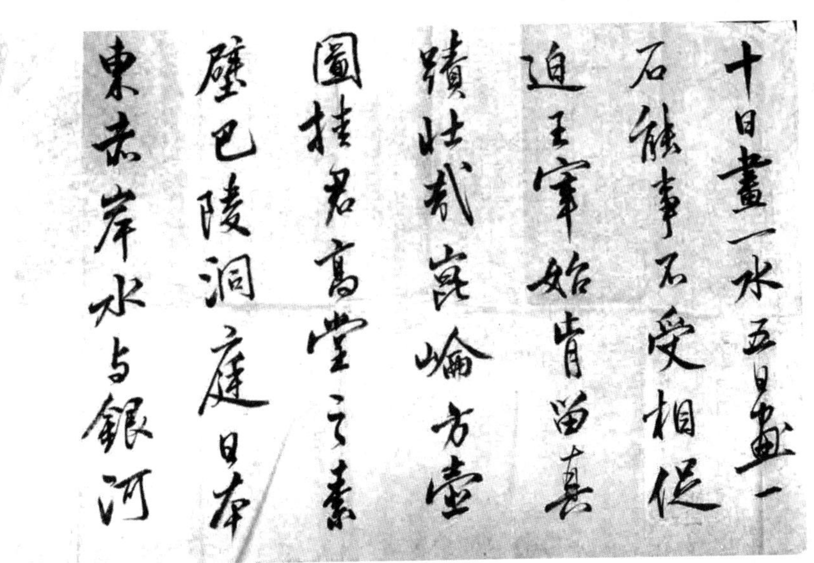

图 9-22　毛笔字笔迹

（1）笔迹特征

竖写，字行较整齐，行距大；行书写法，字体上倾，部分字上大下小；字态拘谨，有的笔画不到位，中部结构衔接紧密；既有流畅又有凝重的线条，线条外刚内柔，整体表现刚柔相济；部分字底部横画拘谨而平捺舒展；横上倾，中部横较长且偏左；收笔既有顿笔也有减轻的笔画。

（2）综合分析

① 你的性格中有谨慎理智、冷静自制、执着专注的一面，也有急躁冲动、积极热情的一面，总体偏于内向性格。

② 你自信心强，积极进取，有理想，具有领导、指挥能力，处事果断，严谨认真，富有责任感，但行动和实践方面有些放不开手脚，可能是受到外在压制所造成的。

③ 你的感情丰富，情绪稳定，自制力强，意志坚定，不感情用事，因情感情绪的宣泄欲望受到克制而有压抑感。

④ 你智力较高，思维灵活迅速，逻辑性强，喜思考思想领域的问题，虑事细致周到，富有条理。

⑤ 你的自我意识强，外在表现出固执甚至倔强的强硬态度，而内在随和并易妥协。

⑥ 你的思想传统，不善交际，遵纪守法，创新意识不足。

⑦ 你有一定的艺术鉴赏力，注重生活美学。

（3）书写者反馈

虽然是书法作品，但是并没有刻意模仿书家，已经形成了自己的风格。所以很不错，95% 符合。喜思考思想领域问题，你是怎么看出来的？不善交际一条不太符合。

（4）我的回复

喜思考思想领域问题的判断：字体中有些线条连笔多且较轻柔，反映了思维的流畅和连续性。而有些凝重的线条则反映了思维的深度。字体上部大而下部笔画及下拉笔画的拘谨反映了对精神层面的抽象事物思考比对具体事物的思考要多些。不善交际这一条确实是自己判断错误。谢谢你的具体反馈。

（5）书写者反馈

分析得很全面。我喜欢书法、太极等传统艺术，感情上比较克制和压抑，未婚。生活态度积极乐观，对佛教有一定研究。在证券公司负责管理工作。

9.4.5 一位 23 岁男性的笔迹分析反馈

分析图片型的笔迹，对图片质量有较高的要求，特别是分析清晰度不高而且文字比较小的笔迹时，对力度（笔压）特征的判断往往会出现困难。由于对许多笔迹特征的判断和书写力度直接相关，因此对力度特征一旦判断错误，就会对分析结果造成显著的影响。如果对笔迹的书写力度没有把握，为慎重起见，建议笔迹提供者能告知书写力度的大致情况。

如图 9-23，这份图片型的笔迹来自手机拍照，因清晰度不高而出现力度判断失误，使分析结论出现了少量错误。

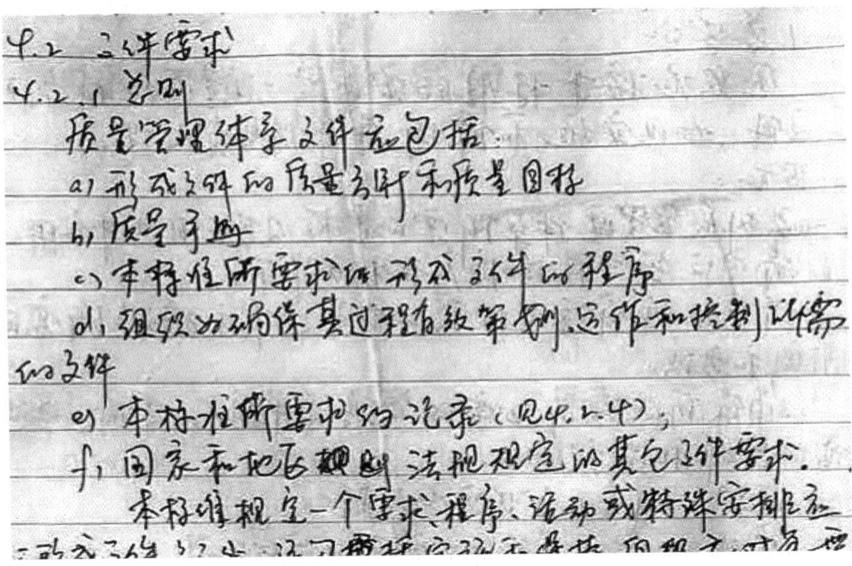
4.2 文件要求
4.2.1 总则
质量管理体系文件应包括：
a) 形成文件的质量方针和质量目标
b) 质量手册
c) 本标准所要求的形成文件的程序
d) 组织为确保其过程有效策划、运作和控制所需的文件
e) 本标准所要求的记录（见4.2.4）；
f) 国家和地区法律法规规定的其他文件要求。
本标准规定一个要求、程序、活动或特殊安排应

图 9-23　23 岁男性的笔迹

（1）笔迹特征

字体较大，字距宽窄不一，字体左倾，力度轻，速度快，潦草松散，线条力度普遍轻且变化无规律，缺乏稳定性和方向性，缺乏修饰，较凌乱，锋芒多，较随意、马虎。

（2）笔迹分析结论

① 性格外向，热情活泼、积极主动，乐观进取，性情急躁，易冲动。

② 有理想，具有创新意识，善抓全局，组织领导能力强，处事灵活，办事干脆果断，易露锋芒，但恒心不足，有些粗心马虎。

③ 思维灵活、敏捷，想象力丰富，反应迅速，但思维倾向于宏观，缺乏精细。

④ 有急于行动的欲望和进取心，情感情绪易外露且波动较大，易焦虑，不善于忍耐克制，因此感情缺乏深刻。

⑤ 善交际，但性情不定，与人交往易飘忽不定而缺乏深度。

⑥ 爱好广泛，但兴趣易变，缺乏持久。

⑦ 心态浮躁，耐性不足，虽有行动的愿望，但具体的实践行动较欠缺。

⑧ 较散漫，花钱大方。

⑨ 可能身材偏瘦长，体质不佳。

（3）书写者的第一次回复

力度轻，速度快：我不知道力度的概念，不过我写字会有一半左右笔画印在下一张纸上，当然字越潦草的时候印得越多，速度也是越潦草的时候越快。

性格外向：别人说我内向，我觉得自己双向，不过也有人说我双向，一般感觉熟人内向，陌生人外向。

恒心不足，有些粗心马虎：这个很对。

想象力丰富：非常对。

思维倾向于宏观，缺乏精细：觉得办别人的事情的时候精细缺乏宏观，办自己事的时候宏观缺乏精细。

情感情绪易外露且波动较大，易焦虑：说得很对，我感情出现波动的时候都是大波动，而且碰到悬而未决的事就很焦虑。

不善于忍耐克制：小事还能克制，大事就算一时克制，过一段时间也会爆发。

善交际，但性情不定，与人交往易飘忽不定而缺乏深度：善不善交际不知道，不过也算是一般的；后半句很对，我性情总是不定，交往真的很难深入，很郁闷。

虽有行动的愿望，但具体的实践行动较欠缺：这个很对，很想改改。

较散漫，花钱大方：非常对，我上班和应酬类型的聚会老是要迟到一会儿，就算以前打卡迟到扣钱的工作也迟到了三次，心里还想亏点钱多睡会儿觉也值得。花钱小东西会算，大东西很大方，自己很喜欢的东西就不会想着讨价还价。

可能身材偏瘦长，体质不佳：这个对，我体质感觉不算好的那种；身材瘦长，不过倒是不轻。

我还想问一下，我体质不好是咋看出来的？哪里不好？我体质确实很虚，动动就出汗。还有“因此感情缺乏深刻”是啥意思？

（4）我的回复

因为图片是平面的，远没有原件的细节多，因此力度（笔压）确实没有看准，影响了对内外向和交际能力判定的准确度，不好意思。从你的说明来看，力度（笔压）应当是轻重变化较大才对。

至于体质不佳，主要从笔迹线条中来分析与推测。

① 你的笔迹线条书写很快，但笔画松散，又缺乏稳定性和方向性，即规律性不强。

② 字体瘦长，虽然较大，但显得很柔弱而底气不足，表现在身体上就可能是身材瘦弱，不善于照顾自己，起居饮食容易缺乏规律，如长此以往，身体自然会受影响。应养成良好的生活和饮食习惯来调理身体。

感情缺乏深刻，主要是说在感情问题上缺乏深度，即对待恋情不够执着，缺乏深层次的感情交流，又容易受情绪影响而缺乏冷静与克制，因此在恋爱上容易操之过急，易一时头脑发热而错过合适的恋人。另外，对待爱情的态度有些随意，容易使对方认为你用情不专。

（5）书写者的第二次回复

顺便再问一下，我适合什么类型的职业，或者一个公司内的哪个部门？能给宽泛点的范围吗？

（6）我的回复

能力特点：你的管理、组织、应变、反应、想象、创造、理解能力强，喜欢工作内容有变化，追求多样化的工作，注意力善于转移。但思维逻辑性、程序性、纪律性、细节关注方面不足，对于单一重复、约束过多的工作适应性较差，难以发挥能力优势。

优势职业或职位：如果在公司或企业任职，你在行政管理、公关、销售、设计规划方面具有优势。对单一技术操作、技术管理等程序性强的职位则缺乏优势。如果想选择其他职业，可考虑向社会工作、组织工作、咨询服务方面发展。

（7）书写者的第三次回复

我想问一下，易焦虑是怎么看出来的，啥原因造成的？能从笔迹分析里面看出一二吗？

（8）我的回复

焦虑的判断：书写速度快而潦草，但字行高低不平，反映了性情急躁而不稳定的特点；单字线条有些比较合理，而有的杂乱无章，缺乏稳定性和有序性，反映了心态烦乱的特点。收笔中有顿笔的特点，反映了心烦是受到外在压抑所导致。

导致焦虑的具体原因不好妄断，但外因可能是得不到赏识、实现事业目标进展缓慢、事业或感情临时受挫所致。而内因在于心浮气躁的个性导致忍耐性和恒心相对不足。而这种急于求成的心态，是由与实际面临的相对缓慢的工作或感情发展节奏形成较大反差所致。

改善焦虑的建议：

① 制定的目标应切合实际，且应留有余地，及时调整。

② 遇事避免急于求成，对可能遇到的问题或挫折学会忍耐和接受。

③ 思考应当劳逸结合，避免过于多思多虑。

④ 正确看待自己和面对社会现实，保持乐观自信。

⑤ 勇于接受挫折，冷静分析，不逃避。

⑥ 劳逸结合，使心情适当放松，如听听音乐、看喜剧片或散步。

（9）书写者的第四次回复

这种急于求成的心态，是由与实际面临的相对缓慢的工作或感情发展节奏形成较大反差所致。这点说得很对。

9.5 笔迹分析让你更了解别人

你想更加有效地了解身边的人，从而更好地与他们和谐相处吗？你想稍稍了解一些同事的性格特点，以避免不必要的冲突吗？……笔迹分析能够为你更加有效地了解别人提供有价值的线索。

9.5.1 一份左手书写的英文笔迹

分析外文笔迹，对初学者有较大难度，主要因为外文的书写与汉字有所不同，而且初学者难以找到足够的参考资料来进行特征对照，因而无法下手。在我国，对字母笔迹特征的研究比较薄弱。字母类的笔迹，主要通过对字母书写的速度、笔压（力度）、字母情态、笔画形态、线条曲直、连笔程度、字母封口松紧、上中下部分、起笔、运笔、收笔、走势等来分析判断。如果想更加有效地进行外文笔迹的分析，可以学习徐庆元的笔迹主动触觉理论。

如图 9-24 是一份左手书写的英文笔迹。

图 9-24　左手书写的英文笔迹

该笔迹是用记号笔之类的书写工具书写的，字体大小无法确定，压力不易判断，汉字笔迹特征也对不上，分析字母文字会有一些难度。虽然是用左手书写，但比较熟练，因此对分析结果影响不大。这类笔迹可以以线条特征为重点进行分析。

（1）笔迹特征

① 字行上倾，速度快，连笔，曲线多，有节奏。

② 线条速度快，流畅的方向一致；下笔重，速度和力度均匀一致；圆滑流畅，快慢均匀，随意而熟练，刚柔相济。

③ 下垂笔画下拉，快，甩尾上挑，封口开放；上部和下部有突出笔画。

（2）综合分析

① 具有谨慎自制、稳重忍耐的一面，现在正向积极进取方面转变。

② 思维敏捷，反应迅速，善随机应变。逻辑性强，有条理，具有良好的观察力和直觉判断力。想象力丰富，艺术领悟、欣赏力强。另外在环境适应力、语言、写作、管理能力上较强，有谋略，易于成为知识型管理人才。

③ 意志坚定，目标明确，执着进取，具有明确的计划和条理，行动果断，许多事情能够独立从容应对。

④ 自信心强，对自己评价较高，支配、领导欲强而表现出自以为是的固执一面，有孤芳自赏心态。

⑤ 感情丰富，情感情绪饱满而有倾泻欲望，但外露有度。

⑥ 勤于思考，思想深邃，见解深刻，能抓住事物的要点。

⑦ 爱面子，注重自己的形象及外表修饰。

9.5.2　一位 24 岁女孩的笔迹分析

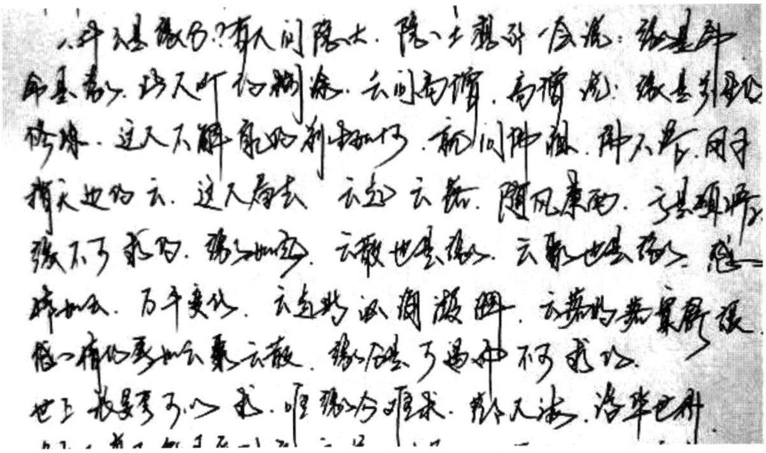

图 9-25　24 岁女性的笔迹

（1）笔迹特点

① 全篇布局特征：左留边窄，潦草，行间距适中，字间距宽窄不一。

② 字体结构特征：字体大小不一、有机搭配，下区突出、左下区欠缺、中区与外围衔接不好，笔画夸张、笔画杂乱。

③ 基本笔画特征：上仰横，长竖、向下拉长、甩笔竖，横撇写成横，锐角折，针状收、回钩收，封口严密，标点书写随意。

④ 线条动态特征：速度时快时慢，缺乏节奏，线条轻重不一、力度紊乱、缺乏方向性，随便放纵、锋芒多，刚硬、锋芒展露，刚硬流畅、硬直。

（2）性格综合

① 她虽外表随和，但性格不稳定，时沉静时激越，时温良时愤世嫉俗，思想较偏激。

② 她处事积极主动性强，易露锋芒，勇于竞争，勇于表现自我，具有冒险精神，同时自我保护意识强，表现出谨慎、内向的一面。

③ 她日常不注重条理、整洁和修饰，生活节奏快，闲不住，比较散漫。

④ 她急躁冲动，自制力不足，容易激动。

⑤ 她有主见，独立性和原则性强，较固执，易表现出我行我素、自以为是的一面，为人处事缺乏忍让，具有直率的现实批判态度。

⑥ 她内心封闭，孤独，人生之路坎坷，多波折。

（3）思维特点

① 她的思维速度快，直觉、感知能力强。

② 她的思维较杂乱，条理、逻辑性以及组织能力不足，易跳跃而间断，虑事易顾此失彼而难抓重点。

③ 思维形象性强，想象奇特，但多为无目标的幻想。

（4）工作特点

① 她处事果断，勇于竞争，但具有急于求成或急功近利倾向。

② 她想象力和创造力强，不过组织和管理能力欠缺而志大才疏。

③ 她处事果断，但做事不太爱负责，好走捷径。

④ 她喜欢自由，不愿受约束，注意力分散，不够专注，使开拓创造能力得不到充分发挥。

（5）人际交往

① 她在人际交往中的灵活性和应变力不强，对别人的情感反应不敏感，不善于为他人着想。

② 她比较孤僻，不善交际，与人交往飘忽不定，防卫心较强。

③ 她心胸不宽，言行直率，易造成人际关系紧张。

（6）心态

① 她当前的内心处于矛盾之中，有某种心结。心理承受力较脆弱，易想不开造成内心焦虑、烦乱而陷于困惑迷惘之中。

② 她向往自由自在的生活。

③ 她的思想现实，多关注具体事物，关心与自己相关的物质利益。

④ 她内心欲望强，易欲求不满而愤世嫉俗，有急于行动的欲望。

（7）情感情绪

① 她的心理不成熟，情绪波动大，易烦躁，喜怒无常。

② 她心态不平，不易掩饰及克制自己的情绪。

③ 她的感情丰富而不稳定，情感情绪过于饱满而易倾泻。

④ 她易多思多虑，有些杞人忧天。

9.5.3 一位 26 岁女性的综合笔迹分析

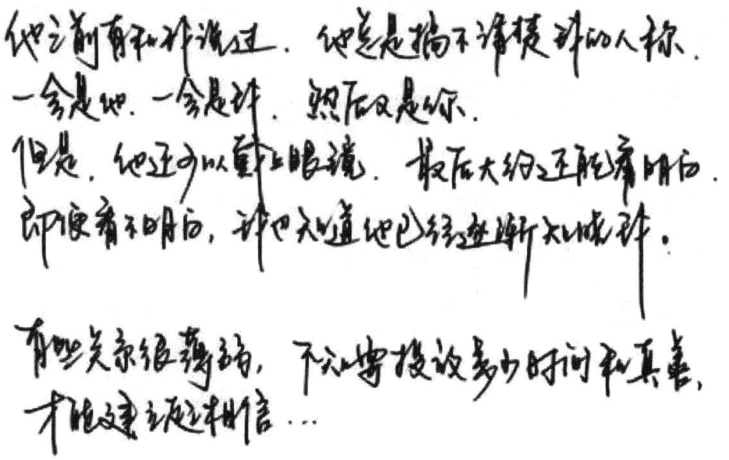

图 9-26 一位 26 岁女性的笔迹

（1）笔迹特征

① 全篇布局特征：潦草，行间距适中，字间距小。

② 字体结构特征：字体大、大小不一，上区和右上区欠缺，下区和左上

区突出。

③ 基本笔画特征：甩点，上仰横、下弓横，长竖、向下拉长、甩笔竖，直撇，连笔挑，平直起笔，针状收笔。

④ 线条动态特征：速度快，刚健、柔和，刚硬流畅、硬直，线条亦凝重亦展放。

（2）综合分析

① 性格

a. 她的性格既有主动热情、活泼乐观的外向一面，也有冷静谨慎、理智现实的内向一面，目前正在以积极的态度改变原有的拘谨性格。

b. 外在表现出随和友善的一面，但实际上较为固执甚至傲慢自负。

c. 她具有冒险精神，勇于竞争，易露锋芒，同时善于自我保护，处事能屈能伸，能做到既勇于斗争又勇于放弃。

② 思维

a. 她的思维灵活敏捷，反应迅速，有条理。

b. 她的分析、理解能力强，思维较深入，有谋略。

c. 她的想象力丰富，善于凭感觉来考虑问题。但思维倾向于宏观而不够周密。

③ 能力

a. 她具有良好的环境适应力和应变力，善于随机应变。

b. 她善抓全局，有良好的领导能力。

c. 她意志坚定，具有坚韧的斗争精神，行动力强，办事效率高。

d. 她有良好的艺术审美眼光，具有创造力。

④ 工作

a. 她注重效率，办事干脆果断，安排事务有条理。

b. 她有理想和事业心，富有责任感，具有开创精神。

c. 她办事易于急躁，不愿做琐碎具体或程序化的工作。

⑤ 交际

她通常表现出容忍随和的一面，善于交往，易与人相处。不过由于自我意识强，有时会表现出固执的一面而影响人际关系。

⑥ 情感情绪

a. 她情感丰富，情绪不稳，内心外露，易喜怒于色，情感情绪较饱满，易于倾泻。

b. 目前有抑郁感伤情绪，可能是才华无法施展所致，不过善于用快节奏的工作或其他活动去消解和转移。

⑦ 心态

a. 她具有浮躁而急于行动的心态。

b. 她不喜欢受约束，渴望自由的心态。

c. 她心态不平衡而比较压抑。

⑧ 思想

a. 她有心计，思想深邃，见解深刻。

b. 她的思想现实，目标明确，关心与自己相关的具体事物。

9.5.4 一位男性教师的笔迹

28 岁，男性，教师，字体大。

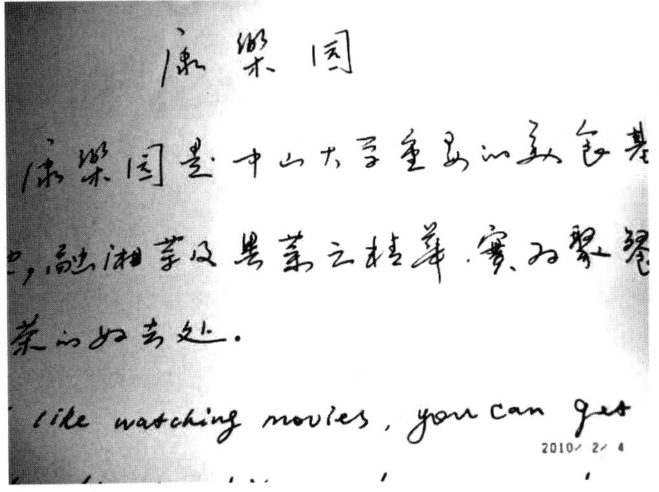

图 9-27 28 岁男教师的笔迹

（1）笔迹特征

① 全篇布局特征：潦草，行间距大，字间距适当。

② 字体结构特征：字体大、大小不一，右下区突出。

③ 基本笔画特征：回钩点，甩笔竖，小撇，圆弧折，针状收笔、回钩收笔。

④ 线条动态特征：速度快，轻重不一，拘谨，柔软曲线多，流畅熟练、轻柔流畅，收笔内敛，凝重轻柔。

（2）综合分析

① 性格

a. 他性格温和，待人随和，具有良好的宽容忍让作风。

b. 他性情内敛，虽然有急躁的一面，但自我约束力强，能保持克制和节制而不致失去理智。

c. 他思想比较现实，关注自我，有心计，多谋略。

d. 他的心态积极，但独立性、行动能力和忍耐力不足，自信心不强，缺乏胆魄，自认为平凡，处事态度谦虚。

e. 他兴趣较广，但缺乏专深的爱好，兴趣容易变化。

② 思维

a. 他的思维敏捷灵活，头脑反应迅速，善于随机应变。

b. 他的思维注重宏观，周密性一般，虑事不够深刻。

c. 他的思维易于跳跃而间断，缺乏稳定性和连续性，导致注意力相对分散。

d. 他的思维形象性较强，想象丰富，但主要是凭感觉，多为无目标的幻想。

③ 能力

a. 他的智力较高，想象力强，具有创新意识和很好的感知能力。

b. 他具有审美眼光，有一定的艺术鉴赏力。

c. 他的社会和环境适应力强，善于随机应变，具有较强的抗挫折能力。

d. 他的独立性和决断力不足，胆量较小。

e. 他的写作、语言、理解、表达能力较强。

④ 工作

a. 他做事持久性不足，知难而退，易虎头蛇尾。

b. 他做事比较随意，条理性和逻辑性不佳，难以抓住重点。

c. 他喜欢具有变化性的工作，对新奇的事物兴趣较大。

⑤ 思想

a. 他的思想比较实际，注重实效，倾向于保守。

b. 他的思想较复杂，内心不外露，善于审时度势，迂回前进。

⑥ 情感情绪

a. 他的心态不平，有些压抑，具有拼搏欲望。

b. 他感情丰富，具有浪漫气质。

c. 他的情绪不稳定，感情冷热变化快，易烦躁焦虑，想发泄情感而时有外露。

d. 他的内心想法不愿直接外露，而以情感情绪的形式间接表现出来，显得有些表里不一。

⑦ 人际

a. 他待人圆滑，以随和、宽容、忍让的表象为主，多为不持久的热情。

b. 他善于与人交往，言行得体，注重分寸。

c. 他的内心不愿外露，谨言慎行，有较强的防御心理。

d. 他具有自私的一面，有以自我为中心的倾向，不为他人着想。

9.5.5 一位 28 岁优秀女性的笔迹

如图 9-28，这是一位 28 岁的女性书写的，字体高度 6 毫米。

根据国外进行的药物相互作用研究资料介绍，获得以下有关
本品的信息：
抗酸剂：在探讨抗酸剂与阿奇霉素同时给药的药动学研究中，
阿奇霉素的峰浓度大约降低了25%，未见对总生物利用度的影响。对服
用阿奇霉素又需要服用抗酸剂的患者，不应同一时间服用这些药物。
西替利嗪：健康志愿者同时口服阿奇霉素和西替利嗪(20mg)5天，
稳态浓度下两者在药代动力学上无相互作用，亦未观察到QT间期的显著

图 9-28　28 岁优秀女性的笔迹

（1）笔迹特征

① 全篇布局特征：全篇排列整齐，字行平直，行间距大，字间距小。

② 字体结构特征：字体中等、大小一致，字体右倾，笔画齐全。

③ 基本笔画特征：长横、上仰横，右倾竖、拖笔竖，真撇，圆弧折、锐角折，连笔挑，针状收笔、顿收笔。

④ 线条动态特征：速度适中，力度和速度均匀一致，收敛，刚柔相济，整体线条和谐统一、富弹性，整体凝重生硬，收笔内敛，但有较放纵笔画。

（2）笔迹分析结论

① 她的性格偏外向，待人热情活泼，随和大方，乐于助人，宽容忍让，易与人相处和交流。

② 她外柔内刚，意志坚强，积极进取，有理想和志向，事业心强，勇于竞争，行动迅速，处事果断。

③ 她头脑精明，有条理，思维灵活敏捷，反应迅速，理解能力强，属综合性思维特点，倾向于宏观思考，思维严密性和细致性略不足。爱思考思想领域问题，想象丰富，具有较强的艺术领悟和欣赏能力。

④ 她的分析、判断、理解、组织、运筹、指挥、实践、决断能力俱佳，处事灵活，能适应各种环境，领导能力强，在事业上具有较强的综合实力。

⑤ 她心态稳定，情绪不易波动，感情丰富，内心外露，不善掩饰，言行直率，勇于直接表露好恶和见解。

⑥ 她积极自信，开朗乐观，热爱生活，向往未来，关注自己的成长与未来。

⑦ 她处事易急躁冲动，有一定的虚荣心，爱表现自我，具有冒险精神，耐心不足，处事不太严谨，但比较克制，不会失去理智。

（3）点评

总体来看，她的综合实力很强，能文能武。在事业上是难得的优秀人才；在人际上具有很强的人格魅力，能够与不同性格的异性相处；在婚姻家庭上也可以把家庭生活建设得很好，是优秀男性的合适婚恋人选。

9.6 笔迹分析让你更了解孩子

你的孩子学习认真吗？如果孩子不听话怎么办？如何及时发现和矫治孩子的性格缺陷或心理问题？如果你的孩子即将参加高考，该如何根据他（她）的特长和性格帮他（她）选择合适的专业？笔迹分析可以为你提供重要的帮助。

9.6.1 一个乖乖女的笔迹

如图9-29，这是一个14岁初三女生的作业，字体工整，书写力度重。格线间距8毫米。

家中空调每制冷工作10min后，就转变为
为了测量空调制冷时的电功率，他在
能，相关数据见表，空调送风10分钟
能为0.5kw·h，空调制冷时的电功率

图 9-29 一个乖乖女的笔迹

（1）笔迹特征

① 全篇布局特征：全篇排列整齐、清晰工整、字阵前后过于一致，字靠近格线底部，字行平直，字间距小。

② 字体结构特征：字体小、大小一致，楷书，正方形，字体垂直，下区和右下区略突出，笔画齐全、衔接紧密。

③ 基本笔画特征：水平横，长竖、垂直竖、甩笔竖，真撇，真捺，直角折，平直起笔。

④ 线条动态特征：速度慢，力度重、直线多、力度和速度均匀一致，拘谨、工整，生硬、硬直，凝重。

（2）性格综合

① 她的性格比较内向，头脑冷静，自制力强，遵规守纪，理智而谨慎，情绪稳定，不易冲动。

② 她的意志比较坚强，善于忍耐，能吃苦耐劳，做事持之以恒。

③ 她的原则性较强，显得比较执着和固执，在为人处世上灵活性不足，缺乏变通，不善与人合作。

④ 她比较注重现实，行动能力较强，做事细心，认真负责，善于做具体的程序性强的工作。

⑤ 虽然她的头脑反应不快，但思维严谨，善于观察和分析，考虑问题条理分明。

⑥ 她的思想比较单纯，表里如一，朴实无华，思想观念传统而保守，不喜欢主动与人交往。

⑦ 她的心态很稳定，不易受外界干扰，目前心态积极乐观，有向他人表达情感或积极情绪的欲望。

（3）思维特点

① 她的思维较为周密，头脑清晰，考虑问题条理分明，注重细节。

② 她的思维不够敏捷，考虑问题速度有些慢，应变能力不足。

③ 她的逻辑思维能力较强，善于观察和分析，不过想象力不够丰富，缺乏直觉或灵感性的奇思妙想，艺术天分不高。

④ 她的头脑冷静理智，考虑问题耐心细致，不容易受情绪的影响。

（4）情感情绪

① 她的情感内敛，头脑冷静，情绪稳定，内心不外露，善于忍耐和克制，不易受外界影响而感情用事。

② 她的内心欲望不强，情感不够丰富，以理智和现实的态度对待感情问题。

（5）思想

① 她的思想传统而保守，安于本分，不善于表现自我，在主动适应社会方面有所不足。

② 她的原则性强，不善于接受新事物，固有的思想观念不容易改变。

③ 她的思想单纯而不够成熟，看待问题的广度和深度不足，缺乏深刻见解和开拓创新精神。

（6）人际交往

① 她不善于主动进行人际交往，表现比较保守和拘谨，不善于表现自我。

② 她为人诚实守信，自制力强，有责任感，容易被人信任。

③ 她不喜欢竞争，占有欲和支配欲不强，安于本分，顺其自然。

④ 她单纯本分，不过不太注重说话技巧，处事不够圆滑老练，因原则性过强而表现得有点死板僵化。

（7）忠告和建议

她的性格很稳定，短期内应该不会有很大改变。由于她侧重于以理性的态度来考虑解决问题，因此在理科和工科方面的学习和工作是比较适合的。她的弱点在于过于理性而感性不足，这导致情商有点不足，可能会对将来的人际交往和婚恋方面产生一些负面影响。建议她能够进行自我修炼，逐步提高自己的感性意识，使自己逐渐成为一个性格完美、充满人格魅力的女孩。

情商的参考训练方法：

① 适当关注一些关于时尚的信息（服装、化妆等），使自己的思想和着装能够跟上现实。

② 适当观看一些关于情感方面的影视作品，培养自己在感性方面的意识和经验。

③ 交几个同性好友，并保持多年的持续交往，可在穿着打扮、衣食住行和情感经历方面互相学习和借鉴，使自己女人味更强一些，让自己可以更好地适应社会。

注：类似上述工整笔迹在初高中的学生中比较常见。由于有这类笔迹的孩子自律性较好，因此老师和家长通常都喜欢这种听话的孩子。不过，由于这类孩子比较单纯和理性，如果父母没有及时对孩子的情商以及适应社会的能力进行培养的话，当孩子走向社会后，有可能会在为人处世方面出现适应不良的问题。

9.6.2　一个有个性的女孩

如图 9-30，这是一个 14 岁初三女孩的作业，书写力度偏重。

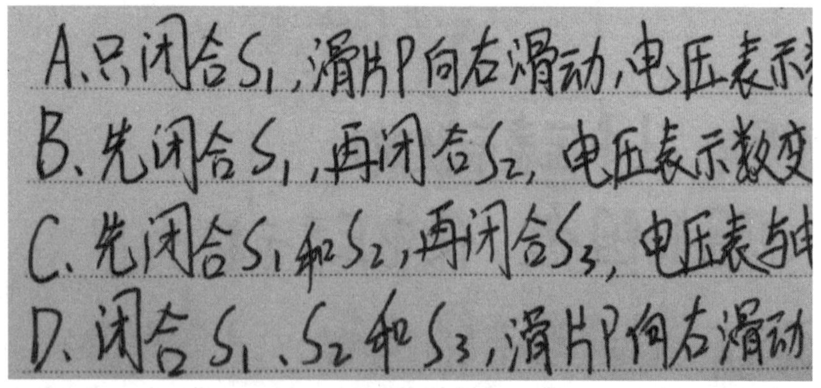

图 9-30　一个有个性的女孩的笔迹

（1）笔迹特征

① 全篇布局特征：字行起伏，字间距宽窄不一。

② 字体结构特征：字体大小不一，字体左倾，上区突出、左上区欠缺，

笔画衔接不紧密。

③ 基本笔画特征：上仰横，左倾竖，长撇，锐角折，针状收。

④ 线条动态特征：速度适中，力度重，锋芒多，生硬，下笔重。

（2）性格综合分析

① 她的性格具有谨慎自制的内向一面，同时也具有积极主动、乐观向上的一面。

② 她的自我意识较强，有主见，独立自主，进取心强，表现出特立独行的一面。

③ 她的原则性较强，爱憎分明，宽容忍让性不足，常表现出固执甚至倔强的一面。

④ 和同龄人相比，她的心理更为成熟，思想更为复杂，不容易轻信别人。

⑤ 她的意志坚强，处事果断，但心胸不够开阔，易争强好胜而不善于忍让和妥协。

⑥ 她的性情较为急躁，自我控制能力一般，虽然能够忍耐克制，但有时头脑不太冷静而容易冲动。

⑦ 在人际交往方面，她比较自信，有主见，但在与人打交道时，不愿表露内心，有些不大合群。

（3）情感情绪

① 她的情感比较丰富，容易外露，忍耐克制力一般，有寻求表达和发泄的欲望。

② 她的情感较为强烈，稳定性不大好，较为敏感，容易受外界影响而感情用事。

③ 她的情绪不稳定，容易受影响而出现明显波动。

④ 她目前的情绪比较积极乐观，善于主动宣泄不良情绪。

（4）思维特点

① 她在进行思考的时候常表现出头脑清晰、思路明确、有条有理的特点，

思维较为周密，考虑问题比较全面，既能注重全局，也能兼顾细节。

② 她的思维较为敏捷，头脑灵活，反应快，应变能力强。

③ 她的想象能力中等，对外界的关注度不高，开拓创新精神有待提高。

④ 她的形象思维和逻辑思维能力比较均衡，能深入思考问题。

（5）思想观念

① 她的思想曾经是传统和保守的，但目前逐渐向灵活和开放的一面改变，尝试接受新事物。

② 她的思想比同龄人更加成熟一些，能够深入考虑问题，但有时还是容易受一些因素影响而感情用事。

③ 她的思想比较复杂，但还不够成熟，主要表现在原则性较强，个人好恶易显露于外。

（6）人际交往

① 她在人际交往方面的能力一般，虽然能够积极主动地与人打交道， 善于表现自我，但容易自以为是而不顾别人感受，不善于宽容忍让别人。

② 她在与人打交道时，自我控制方面不太稳定，容易受别人影响而在言行上与人产生矛盾。

③ 她待人不够宽容，容易为小事计较，导致人际适应能力不足，不善于与人交往。

④ 在与人合作共事方面，她不大合群，对人的防范心较强，不易信任别人。

（7）忠告和建议

她的缺点主要表现在人际关系方面处理的不太好，可能是受到父母的为人处世以及思想观念影响所致，使她更倾向于以批判的眼光从负面看问题。建议她在人际交往中对一些看不惯的人和事多一些宽容和理解，尝试进行换位思考，尽量和身边人保持良好关系。虽然她倾向于独立自主表现自己的能力，但在将来却又不得不面对现实社会中复杂的人际关系，锋芒毕露、自以为是的个性很容易招致别人的疏远和嫉恨。个人能力虽然很重要，但良好的人际关系甚至人脉也是走向成功非常有效的途径。

她的性格目前还没有完全定型，具有较大的可塑性。她可以有意识地从自己的言谈举止中慢慢改变，逐步完善自己的性格。比如，尝试不求回报地帮助别人，享受助人为乐的成就感；在即将生气的时候先深呼吸几次，多思考一下，避免说出过分的话；不但能注意到某个事物的负面影响，同时也要看到其积极的一面；采用换位思考的方法对别人的想法进行多方位的认识……相信随着岁月成长和思想成熟，她的智商和情商都能得到均衡发展，人生旅程更加精彩和美丽。

注：目前我国的家庭中独生子女家庭占多数。和多子女家庭相比，独生子女家庭的孩子所受到的关爱会更多，他们更容易因家长的放任或溺爱而逐渐形成骄横、任性、以自我为中心等性格缺陷。如果不对这些人格缺点及早改进，在走向社会后，就很可能面临各种社会适应不良的问题。

9.6.3 父母离异对孩子的伤害

当前，随着我国离婚率上升，离异家庭的子女也日益增多，他们的心理健康问题已成为社会普遍关注的热点问题。离异家庭子女是由于父母婚姻破裂而导致家庭解体后出现的一种特殊的社会现象。有调查发现，54%的犯罪青少年是因父母离异而导致品德不良的。父母离婚对未成年子女来说无疑是一场灾难，要把这场灾难可能给子女造成的心理创伤减轻到最低限度，化消极因素为积极因素，必须有针对性地对这些子女采取必要的心理保健和教育措施。

如图 9-31，这是一份简单的图片型笔迹材料，是一个离异家庭的孩子书写的遗书，文字水平较低，字体的大小和轻重也不明确。由于无法确定孩子写这份遗书的真正动机是什么，因此有必要通过笔迹分析来了解孩子内心的真实想法。为避免主观武断，下面采用统计法分析一下这个孩子的性格以及自杀的倾向性。

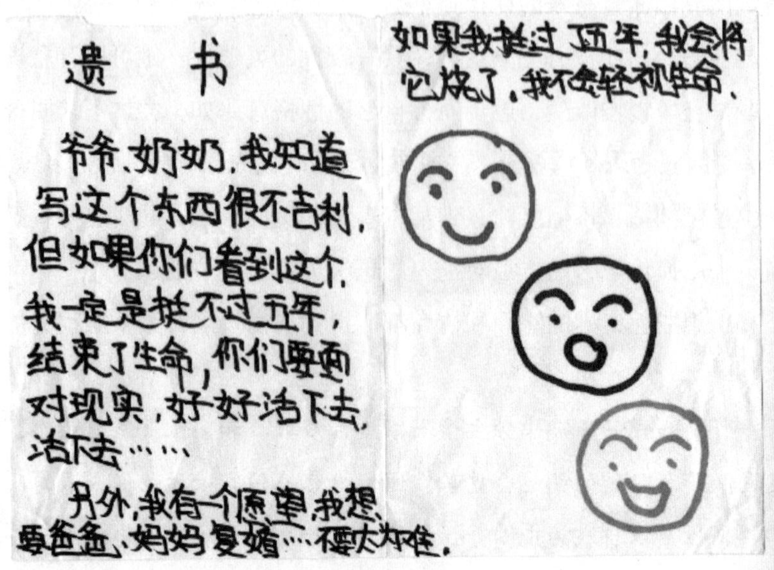
遗书

爷爷、奶奶，我知道写这个东西很不吉利，但如果你们看到这个，我一定是挺不过五年，结束了生命，你们要面对现实，好好活下去，活下去……

另外，我有一个愿望，我想要爸爸、妈妈复婚……

如果我挺过了五年，我会将它烧了，我不会轻视生命。

图 9-31　孩子的遗书

下面以笔迹分析初学者入门实践所采用的一般分析步骤示例。

第一步：在笔迹特征量表中查找并提取符合的所有笔迹特征，排成列表。

（1）字行下倾（第二、三、四、五行）：消极，悲观，意志消沉，抑郁，有挫折感，情绪低落，压抑，内向，缺乏自信，顺从，依赖，自卑，缺乏进取，情绪不稳，精力不充沛，缺乏耐心，不持久，犹豫，懒散。

（2）行间距窄（小于字体高度的二分之一）：偏内向，沉稳，谨慎，自制，守规矩，节俭，孤独，依赖，适应力差，现实，关注具体事物，缺乏长远思考，缺乏理想。

（3）字间距小（小于四分之一字体宽度）：缺乏自信，自卑，孤独，依赖，独处时缺乏安全感，不善交际，沉着，随和，易与人相处，谨慎，自制，自私，吝啬。

（4）楷书：正直，本分，守纪律，程序性强，缺乏变通，有耐心、恒心，不善交际，思维周密，组织能力强。

（5）字体左倾：偏内向，不善交际，羞怯，内心封闭，孤僻，消极，对未来缺乏信心，逃避现实，理智，谨慎，自制甚至压抑，深沉，多谋，多反省，保守，胆小，怕惹事。

（6）右下区突出（捺拉长）：有行动能力，情感情绪外露，注重未来。

（7）拖点：有主见，谦虚，随和，细心，情绪稳定。

（8）下滑横：消极，消沉悲观，失望，缺乏信心，缺乏热情，凡事看负面。

（9）左倾竖：谨慎，自制，现实，内心封闭，善掩饰，多疑，虚伪，冷静，消极，压抑，认死理，难与人相处，自我意识强。

（10）真撇：心胸宽广，感情丰富，爱生活，爱自然，开朗，乐观，注重未来，热情，健谈，兴趣广泛，情绪饱满，洒脱，现实。

（11）钩角明显：意志坚定，有主见，精力充沛，有魄力，观察、分析能力强。

（12）平直起笔：认真，直率，坦荡，平和，理智，成就欲不强。

（13）上翘收（捺的收笔）：坦荡，善良，随和，谦虚，忍让，温和，不管闲事。

（14）下滑收（横的收笔）：意志薄弱，情绪低落，消沉，身体不佳，缺乏信心。

（15）速度慢：内向，深沉，保守，忍耐力强，沉稳，冷静，不冒险，反应差，慢性子，独来独往，爱思考，周密，多谋。

（16）拘谨（笔画到位，不向外延伸）：冷静，谨慎，不出风头，踏实，朴实，不善交际，想象力差。

（17）工整：冷静，内向，不善表现，现实，分析能力强。

（18）生硬，不流畅，朴拙：处事不灵活，应变力差，心理不成熟，生活方式散漫。

（19）凝重：含蓄，拘谨，克制，压抑，忧虑，抑郁，孤独，多思虑，深刻，沉默，孤僻。

（20）笔笔凝重：爱思考，压抑，多虑，忧虑。

（21）凝重生硬：压抑，多疑，处事不灵活，应变力差，爱幻想，单纯。

（22）整体凝重，收笔内敛，但有较放纵的笔画：本质拘谨、谨慎，但已在向开朗随和及主动性方面改变。

第二步：统计上述列表中的高频词（重复出现频率较高的词语，标出的数字为词语重复出现的次数）。

统计结果：谨慎6，压抑6，内向5，现实5，消极4，冷静4，自制4，随和4，消沉3，保守2，自卑2，深沉2，理智2，抑郁2，悲观2，情绪低落2，内心封闭2，坦荡2，分析能力强2，爱思考2。

第三步：对上述词语进行简单归类并据此写出简单结论。

基本结论：性格内向，头脑冷静理智，爱思考，自制力强，处事谨慎，内心压抑，心态消极，情绪低落，悲观消沉，抑郁寡欢，待人随和坦荡但内心封闭，本分，守规范，按程序办事。

第四步：在基本结论的基础上进行合理推测，然后到列表中挑选出合适的相关词语补充到结论中。

列表中的可能相关词语：适应力差，缺乏长远思考，缺乏理想，不冒险，对未来缺乏信心，逃避现实，成就欲不强，不感情用事，不出风头，踏实，朴实，细心，多虑，本质拘谨、谨慎，但已在向开朗随和及主动性方面改变。

添加扩充后的结论：

（1）性格内向，头脑冷静理智，不冲动，不冒险，不感情用事。

（2）工作踏实，细心，能按照程序办事，不爱出风头，自制力强，成就欲望不足。

（3）思想现实，处事谨慎，着眼于具体事务，缺乏长远目标与理想。

（4）心态消极，易逃避现实，对未来缺乏信心。

（5）情绪低落，悲观消沉，具有极端压抑而不得解脱的情绪，多思多虑，郁郁寡欢。

（6）朴实无华，思想单纯，为人本分，待人随和，但内心封闭。

（7）本质拘谨、谨慎，但已在向开朗随和及主动性方面改变。

第五步：检查笔迹分析结论，对遗漏、含糊不清之处进行修改或补充。

第六步：自杀倾向评估。

父母离异后，儿童随父亲或母亲过着单亲生活，他们很难适应家庭的这种突变，心理会处在一种严重的失衡状态，有一个较长时间的心理适应期，一般要经过 2 ～ 3 年或 3 ～ 5 年的时间。如果承担抚养子女的一方，离异后能够及时调整自己，尽快给孩子创设一个温暖的家庭环境，孩子的适应期可以缩短。而如果承担抚养子女的一方，离异后不能很好地调整自己，经常表现出对离异对方的忌恨、诅咒，情绪消沉、喜怒无常或借酒消愁等，那么他们的子女所遭受的心理折磨比夫妻当事人还要严重很多。比如，有的孩子索性离家出走，甚至产生轻生的念头。

这份笔迹反映出书写者已经产生了严重的心理和情绪问题，具有情绪低落、悲观消沉、极端压抑而不得解脱，整天忧心忡忡、郁郁寡欢等心理疾病的症状，具有明显轻生厌世的倾向。如果家长未能及时发现孩子的异常并采取有效的干预措施，将有可能导致悲剧的发生。建议家长立即进行心理干预，必要时可求助于专业心理治疗机构。

笔迹特征关键点点评：

这份简单的笔迹具有典型性，积极向上、充满活力的线条较少。相反，字体左倾、行向下倾、末笔向内钩、横下倾、竖左倾以及凝重的线条等，这些特征结合在一起，使书写者消极、抑郁、悲观消沉、内心沉重和封闭的不良心态更加具有典型性。

9.6.4 帮孩子选报大学专业

高考是孩子人生的一件大事，该如何选择报考大学的哪个专业却令人头疼。许多孩子其实对自己的特长和性格特点并不太清楚，不知道哪些专业与自己更匹配，而家长也只能凭借自己的经验或主观愿望为孩子选报专业。如果能够将孩子的学习成绩、性格特点、职业发展前景、职业适应性等因素进行综合评判，帮助孩子确定最适合的专业，就能为孩子将来的学习和工作树立正确的方向。

19.（8分）

答：文章标题为"静"，全文却无一"静"字，而文中却处处体现了"静"这一特点。①全文在对环境的描写中，写到了出游当天幽静的环境——天阴，没有太阳，没有下雨，游人极少②又写出了与妻子一起划船，内心"静"的感受，③而又写了妻子所作的画，也反映出一种静的心态。处处点明了文题"静"字，通过对环境、人物、心理的描写，侧面体现出这一特点。

图 9-32　高三男孩的笔迹

如图 9-32 图是一个 18 岁高三男孩在 2013 年临近高考前写在试卷上的笔迹。家长已经初步为孩子选出了几个候选专业，但不知哪一个最适合，希望通过笔迹分析对孩子填报的专业作出最适当的选择。

（1）笔迹特征

① 全篇布局特征：字靠近格线底部，字间距小。

② 字体结构特征：字体过小、大小一致，正方形，字体左倾，左下区欠缺。

③ 基本笔画特征：真点，上仰横，左倾竖、甩笔竖、拖笔竖，真撇，直角折、平直起笔、针状收笔、上翘收笔。

④ 线条动态特征：速度慢，力度适中，收敛、拘谨，柔性，简洁，生硬，不流畅，朴拙。

（2）笔迹分析基本结论（性格综合）

① 孩子的性格较为内向，不善于与人交往，喜欢安静地一个人独处，内心深沉，不愿主动向别人表露。

② 他性情温和，容易与人相处，表现出谦虚和随和的一面，不善于主动表现自我。

③ 他比较单纯，品质善良，思想观念较为传统和保守，遵纪守法，做事认真负责。

④ 他头脑冷静，处事谨慎，自制力强，对于出现的情绪波动，能有效地

进行克制而不表露在外。

⑤ 他性情较为软弱，主见不强，独立性不足，缺乏冒险精神，对自己缺乏足够的自信，很在意别人的看法。存在消极自卑的心理，容易产生负面的自我评价，出现诸如羞怯、孤独、多疑等问题。

⑥ 他的感情丰富而细腻，有发泄内心情感的欲望。当前的心态比较积极，情绪乐观。

⑦ 他善于观察，注意力集中，做事细心，思维周密，善于分析和思考，有谋略。不过在宏观思维方面有所欠缺，决断力不足。想象能力一般，缺乏创造性。

⑧ 他在钱物方面比较节俭，不够豪爽大方。

（3）完善性格的措施和建议

经过笔迹分析，孩子的性格还是比较正常的，没有严重的人格和心理问题。不过在竞争激烈的当前，孩子的性格也存在一些明显的缺陷，其中过于温和、不善于表现自己的个性和不善于人际交往，会对将来的就业和婚恋产生明显负面影响，应及时纠正和完善。

① 独立性不足，缺乏个性的改正措施

主要由家长采用行为疗法来培养孩子自理生活的能力，以此促进其人格的独立成熟。

a. 为他创造各种独立的机会，并及时肯定和鼓励他的进步。

b. 不要强化孩子的依赖心理，要有意识地淡化他的这种心理。由于他对别人的注意和关心十分敏感，别人随意流露的关心和注意有时正好强化了他的依赖之心。

c. 对他向心目中依赖的人表现出亲昵和依恋的感情应充分尊重和理解，不要挖苦嘲笑，避免孩子因精神支柱被毁灭而导致精神危机。

② 社交问题的自我改善方法

a. 培养自信心。每个人都有缺点，也必然有优点。不必为自己的某些短处而自惭形秽，要看到并发挥自己的长处，克服自己的缺点，摆脱与人交往的自卑阴影。遇事多采取主动态度。

b. 努力用知识充实自己。知识可以丰富人的底蕴、增加人的风度、提高人的气质，知识储备丰富自然会增加人际吸引力，使人际交往自如。所以他应努力拓宽知识面，学习掌握一些社交知识和技巧。

c. 加强交往能力的锻炼。要充分利用一切机会积极锻炼自己，学会同各种各样的人打交道，关键时刻表现自己。遇到聚会、联谊，要善于寻找时机与周围的人攀谈。

d. 保持松弛。羞怯的人常常过于关心他人对自己的看法，而常处于紧张状态，此时应尽量用玩笑或幽默来自我解脱。如果能把注意力集中到自己应注意的人或事上时，就会渐渐忘记自己的不自在。

e. 学会微笑。微笑是友善的表示、自信的象征。微笑可以使人摆脱窘境，可以缩短与他人之间的感情距离，可以化解朋友间的误会，同时微笑可以减少自己的羞怯之心。

③ 通过长期练字来纠正不良个性的训练方法

a. 选用行书字帖，让字体大小与母本一致，坚持长期练字（每天半小时），可以促进大脑的形象思维，改善思维的灵活性和对事物全局的掌控能力，增强感性的认知，从而改善人际交往的质量。

b. 单项训练（每天半小时）：练字时将字体高度加大到 8 毫米；选取有竖画的各种单字进行练习（如中、华、本、平），将竖画的收尾部分往下拉得长一些、快一些、有力一些。长期坚持练习可以使独立性、行动能力和自信心得到改善，从而更好地表现男性气质。

（4）职业能力评估

① 职业能力测试

总体来说，他在意志力、进取心、执行力和行动能力方面表现不突出，工作效能不高，在交流、沟通与合作方面表现平平，但在细节关注方面比较强。

不足之处在于开拓、创造以及创业能力方面。

② 职业心理素质测试

在职业心理方面，他的心理健康状况中等，其中心理适应能力、心理承受能力、心理调节能力、身体健康状况方面表现一般，不过情绪控制能力较强，情绪紧张度以及精神压力不大。

③ 领导能力测试

由于性格的弱点，导致他在该项目上的表现不佳，其中领导能力、决策能力、经营能力和影响力比较欠缺，在管理能力、包容性、忍耐力和亲和力方面表现一般。

④ 智商测试

在思维方面，他理性强于感性，表现为数学能力较强，善于分析与推理，注意力集中，但想象能力不足。智商中上等，在思维灵活性、反应能力、记忆能力、语言表达方面表现一般。

⑤ 人际关系测试

在人际交往方面他的表现一般，其中在社会交际和人际交谈能力上有所不足，在交友能力、人际关系处理能力和人际冲突解决能力方面表现平平，人缘一般。在人际交往上比较被动，常采取消极被动的退缩方式。

（5）建议选报专业

参照霍兰德职业理论，这个孩子由于性格内向，不善于表现自己，也不善于人际交往，因此如果选择社会性服务的职业（如教育工作者、咨询人员、公关人员、医疗保健人员等）会遇到较多社交方面的困扰；如果选择经营、管理、监督方面的职业和做领导工作，会因为个性的柔弱而难以胜任；如果选择艺术方面（如室内设计），会因为想象力和创造能力不突出而碌碌无为。他的优势在于服从性好，做事认真负责，能够胜任琐碎的常规性的工作（如办公室人员、统计、出纳等），不过这一类职业多由女性来担当，职业发展空间不大。而他目前在吃苦耐劳方面还有所不足，因此作为操作型的技术工人来培养也不具有优势。他的主要优势在于理性的逻辑思考，善于进行严密的分析推理，因此往研究型的人才方向努力更有前途。

结合当前的就业形势以及职业发展前景，把重点放在理工科研究型的专业上比较合适。下面是其家长打算报考的几个候选专业的具体分析。

① 车辆工程。以与车辆工程有关的产品设计开发、生产制造、试验检测、应用研究方面为主，兼具技术服务、经营销售、管理等方面的工作，具有进行机械和车辆产品设计、制造及设备控制、生产组织管理的基本能力。

针对当前汽车行业的发展，该专业以研发、设计、制造为重点，如能从事相关工作，职业发展会较为稳定，结合本人的性格特点，可以通过不断的知识积累，成为专家型的技术人才。不足之处：职业特点限制了人际交往范围，社会经验会相对滞后。

② 汽车服务工程。主要培养具备“懂技术、擅经营、会服务”的综合素质，能够适应汽车技术服务、贸易服务、金融服务等汽车服务领域工作。毕业后能够适应汽车生产厂商销售和售后服务部门、汽车（含二手车）流通企业、汽车特约维修服务企业、保险公司汽车保险定损和保险公估部门、汽车运输与物流企业等企业或部门的技术与管理工作。

该专业的侧重点在于汽车销售、服务方面，职业前景良好。如果发展顺利，对自己在人际交往、人脉建立以及婚恋方面有很大帮助。不过自己的个性需要完善，特别需要努力不断提高人际交往方面的能力。

③ 通信工程。主要培养在通信领域中从事研究、设计、制造、运营及在国民经济各部门和国防工业中从事开发、应用通信技术与设备的专业人才。毕业后可从事无线通信、电视、大规模集成电路、智能仪器及应用电子技术领域的研究，设计和通信工程的研究、设计、技术引进和技术开发工作。

学习该专业对理科成绩要求较高。目前这个领域就业形势较好，收入较高，有望进入大型的电子企业、通信公司工作。另外这类企业异性交往机会相对较多。

④ 机械设计与自动化：略。

虽然他的性格很适合学习该专业，但机械行业目前的发展前景不好，就业后的收入不理想，加上该行业的从业人员女性不多，对人际交往以及将来的婚恋不利。

⑤ 计算机软硬件方面：略。

这类专业已经过了发展黄金期，就业形势不佳，加上电子产品更新换代速度很快，因此这一行业的淘汰率很高，需要不断学习新知识。另外，这一行业不但工作辛苦，而且人际交往也非常欠缺。

⑥ 建筑学、土木工程：略。

这类专业有两个发展方向：往建筑设计方面发展，收入有较大的增长空间，但需要不断积累经验；往土木施工方面发展，需要吃苦耐劳，还需要与各种层次的人打交道及应酬。

参考建议：根据孩子的性格特点，可以优先考虑通信工程等电子专业。因为这类专业目前的发展比较好，而且孩子将来就业后可以更容易接触到女性，将来婚恋有更多的机会。也可以考虑往建筑设计或车辆工程方面发展，但这些专业无法对孩子的人际交往和婚恋提供帮助。如果选择汽车服务工程或土木工程，这些专业比较注重人际交往应酬，需要孩子在人际方面进行不断调整和完善。机械设计和计算机方面的职业发展前景不是很好，不适合作为学业发展的方向。

9.7 笔迹分析失误两例

常在河边走，哪能不湿鞋。在分析形形色色笔迹的时候，出现差错是在所难免的。当然，有时候也会偶然出现一些低级失误，比如把书写风格十分接近的两份笔迹当成同一个人的笔迹给分析了。还有一种比较常见的失误，就是书写者所提供的笔迹材料并不是在正常状态下书写的，很多差错率偏高的笔迹分析结论就是分析了这种不合格笔迹所形成的。

9.7.1 一份分析失误的笔迹

下面是一次通过网络进行笔迹分析的案例。书写者为27岁女性，硕士学历，现为职大教师。她提供了两份图片型笔迹材料，由于第一份不大清晰，因此采用了较为清楚的第二份笔迹进行分析。经过书写者反馈后，才知道第一份笔迹（图9-33）是正常书写的，而第二份（图9-34）是在非常开心的状态下书写的，导致分析结论出现了一些错误。

第一份笔迹："剧"的高度为8毫米，力度重，很快，末笔加力，会划破纸张。第二份笔迹："要"的高度为21毫米。

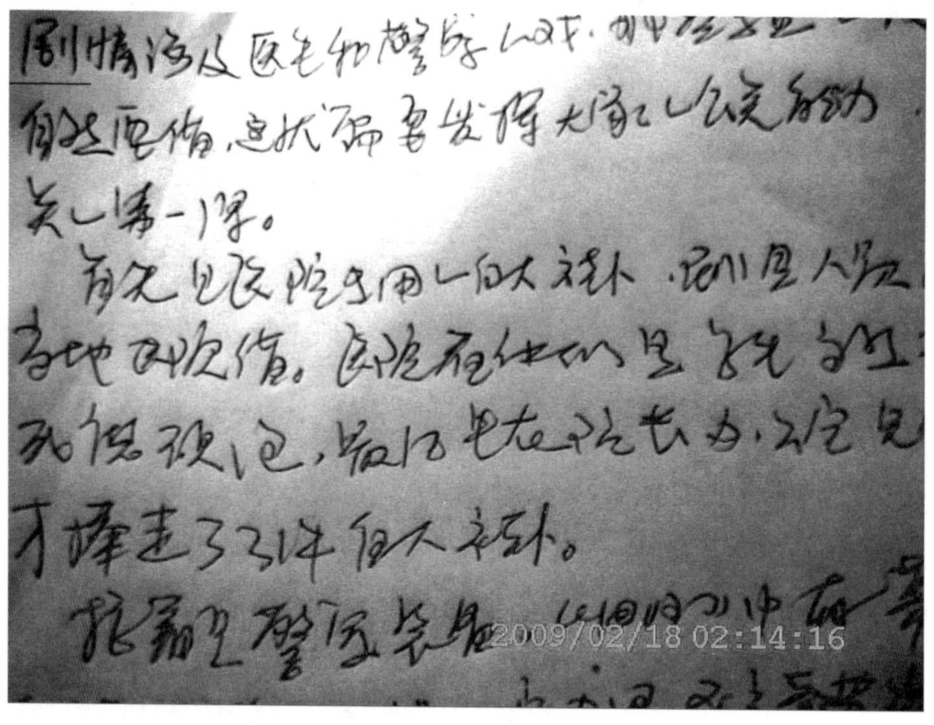

图9-33 正常的笔迹

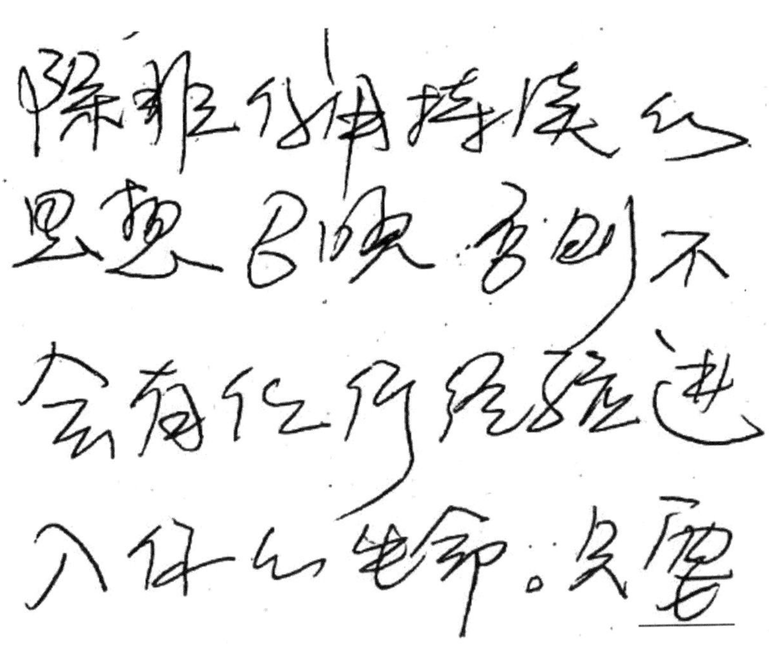

图 9-34　开心状态下的笔迹

（1）第二份笔迹的特征

① 全篇布局特征：潦草，有些字难辨，行间距宽窄不一，字间距宽窄不一。

② 字体结构特征：字体很大，左右倾斜不定，右上区欠缺，下区突出，笔画杂乱无章、衔接不紧密。

③ 基本笔画特征：长竖、向下拉长，顿挑平捺，无角钩，圆弧折，连笔提，针状收笔。

④ 线条动态特征：力度重、轻重不一，速度很快，随便放纵、飘忽不定、锋芒多，长大劲健，刚硬流畅，生硬，颤抖，粗糙，缺乏和谐。

（2）分析结论和书写者的回复（粗体字为不准确的分析结论，括弧内文字为书写者的回复）

① **性格外向，热情开朗，慷慨大度，**急躁冲动，积极进取。

（我比较慷慨大度，急躁冲动。表面看比较积极进取，但是实际行动却不多，或是把行动暗暗地大打折扣。可能是与我现在比较迷茫有关吧。性格还是外向，可能是我的潜藏性格吧，呵呵。虽然有的时候我的外表显得很冷，但是内心是很热情开朗的，要不怎么几乎天天都是乐呵呵的，呵呵。）

② 心理不够成熟，内心外露，情绪波动较大却不善于掩饰和克制，易喜怒于色。

（心理太不成熟了！我一直奇怪自己为什么总是这么的不成熟，什么都表现在脸上，情绪波动极大，有的时候即使是掩饰也感觉掩饰不住。这条极为精准，非常佩服。）

③ 思维灵活敏捷，以形象思维为主，但偏于宏观而不周密。注意力较分散，做事条理逻辑性不足，难以抓住重点。想象丰富，但多无目标的幻想。

（“想象丰富，但多无目标的幻想。”太准了！“思维灵活敏捷，以形象思维为主”也极准，这也能看得出，呵呵。“但偏于宏观而不周密。注意力较分散，做事条理逻辑性不足，难抓住重点。”注意力确实很分散，经常讲着这个，就跳到别的上面去了。但是我觉得自己做事的条理和逻辑性还是不错的，尤其是具体的实际工作。重点可能抓不住，因为有亲戚说我说话不着边际。）

④ 多动活泼，**生活节奏快，闲不住，喜欢富挑战性或竞技性的活动**。

（是比较多动活泼，生活节奏却极为缓慢，可能与职业有关。很闲得住呀，经常有事情都会不急，经常闲着没事做，喜欢闲着的感觉。“喜欢富挑战性或竞技性的活动。”这点我拿不准。喜欢户外活动，算不算有挑战性？比较喜欢挑战自己，不喜欢与别人比较和争抢。）

⑤ 兴趣广泛，关注外界，对不同事物学习和接受较快，但缺乏深入而难以专注持久。

（这条没有什么可反馈的，因为完全正确，就是不知道我这种难以深入和专注的性格是不是能有所成就，现在这也是我对未来的选择所考虑的一部分。）

⑥ 虽想表现得随和一些，实际上却刚愎自用，好我行我素，**不为他人着想，**致使交际效果不佳。

（真的是这样，我确实很刚愎自用，我行我素。我觉得自己经常考虑别人多一点，经常会想到别人的需要，但是往往却想不到点子上，不能在关键问题上起到作用，所以交际效果确实不怎么好。）

⑦ 可能当前在事业或感情上受挫而心烦意乱，受压抑的心态不平不甘，拼搏冒险或寻求感情发泄的欲望强烈。

（事业上受挫呢，有点心烦意乱。但并不是感觉自己受压抑了，因为知道一切都是自己的原因，只要自己去做，一切都会好起来，很相信自己的能力。心里确实不甘，不甘于自己现在的生活，不是觉得现在有什么不好，而是觉得现在真的很无聊，不喜欢这种稳稳当当、平平常常又很枯燥无味的生活。是想拼搏冒险一下。）

⑧ 思想现实，有理想，开创进取性强。**目标明确，行动果断，**勇于实践，**善于表现自我及抓住机遇，**有投机倾向。但是做事责任心不足，爱凭感觉且灵活性过强，缺乏耐心，易虎头蛇尾或半途而废。

（我觉得自己有点异想天开，我就害怕自己是这个样子的，所以没有足够的勇气去选择。“目标明确，行动果断，勇于实践，善于表现自我及抓住机遇，有投机倾向。”我确实有投机倾向，目标不是很明确，行动也不是很果断，确实勇于实践，但是不太善于表现自我和抓住机遇。不知道老师是怎样看出这点的，如果是的话，我会很高兴自己有这样的潜力，这对我的选择可能是一个有益的推进。“但是做事责任心不足，爱凭感觉且灵活性过强，缺乏耐心，易虎头蛇尾或半途而废。”这简直就是我的模版，太贴切了，呵呵。）

⑨ 不愿受约束，向往自由自在的生活，有自我放纵的倾向。在日常生活中表现为不重视条理、整洁及修饰。

（我能说什么呢？心里好激动，就像是遇到了知己，我喜欢自由呀！自由自在的生活是我的最高目标呀！）

（重新看了您的分析，感觉就像是一个没肝没肺的豪放女，尤其是加粗的这几点。但就是这几点感觉跟自己不太符合，可能我的字给了您一种错误的印象，或是我的潜在性格其实是这样子的。）

（3）我的回复

呵呵！终于又看走眼了。仔细分析失误原因，发现是自己误读了你有关力度特征的描述，且仅采用了清晰的那份笔迹材料所致。

你提供的有关力度的描述不太准确，不是力度很重，而是轻重不一，甚至同一线条都有轻重变化，重的只是笔画的某一部分而已，而我却错判为整体偏重，致使许多分析项目出现偏差。另外，清晰的笔迹材料的“要”字居然有21毫米，属于巨大字体，而较模糊的那份笔迹才8毫米左右。由于采纳的字体大小标准没有参照模糊版，因此出现错误。还有，清晰版中的竖、捺等延伸较长，而模糊版则延伸不明显。而仅对这两三点重要特征判断失误，就会导致许多分析结论的错误。

力度重，速度极快，字体巨大，结构松散，笔画长大，反映在个性上就包含了外向、开朗、我行我素、爱表现自我、喜欢运动及竞技性活动等方面。一般男性有这种较夸张的字形，如果女性的笔迹确实符合这些特征，就极可能具有男性化特点，也就是所谓没心没肺的豪放女。如果你平常书写时字体不是巨大形，竖、捺的延伸也不长的话，以上标记的几处就确实是错误的。还有，分析出的开创进取、勇于实践、行动果断、自我放纵等结果也都有可能不准确或不符合。

（4）书写者的再次回复

总体的力度是很重，个别笔画尤其重，呵呵，而且写字时变化很多，时而觉得自己的字体很好，时而觉得很烂，而且刻意的也写不好，与当时的情绪关系很大。前后两个版本在书写时情绪变化很大，前一版本小心翼翼，后一版本完全放开了，写的时候觉得真的是很爽和开心，呵呵。我一直觉得可能是我自己压抑了自己的潜在性格。我确实有点我行我素，并且喜爱运动，而且开创进取心还是比较多的，不喜欢按常规做事情，放纵自我也很精准。

（5）点评

临时性情绪异常时所书写的笔迹会有临时性的变化，如紧张或极为激动时，笔迹会颤抖；极为生气时，笔迹的线条可能会出现异常延长而划破纸张的现象。而心情极为开心时，可能字体会变得更加舒展、流畅，线条也会放得比较开，显得放纵。而失误的这份笔迹也正是在这部分出现了明显错误的判断：一是生活节奏快，闲不住，喜欢富挑战性或竞技性的活动。二是好我行我素，不为他人着想。三是善于表现自我及抓住机遇。

9.7.2 另一次分析失误的笔迹

书写者是 28 岁男性，本科学历，现从事保险理赔勘查工作。喜欢安静，希望在计算机行业发展。

第一份笔迹图片（图 9-35），字体高度 10 毫米，力度偏轻。第二份为分析第一份笔迹后要求书写者再次提供的笔迹图片（图 9-36）。

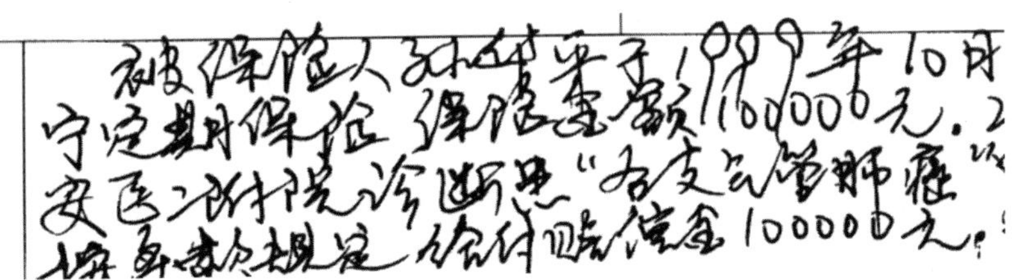

图 9-35　非正常状态下的笔迹

答：以前没听说过她生过什么病，身体
还不错，干农活很在行。
问：现在身体状况怎么样？
答：现在她还不能独立行走，经常需要
人加以扶助，但神志清醒。左侧肢体无
法正常活动。

图 9-36　正常的笔迹

因为先提供的笔迹材料可能是书写者在有工作压力的情况下所写，且书写受线框限制而比较拥挤，因此导致分析出的结论出现了不少偏差。后来使用了书写者在正常状态下所写的笔迹图片，分析结论才比较准确了。下面可以看一下两份笔迹结论有什么区别。

下面括号内所列出的内容，是根据非常态笔迹而得出的明显错误的笔迹分析结论。

（1）两份笔迹特征的比较

① 相同点

字行起伏，字体较大，字体左倾，潦草，笔画杂乱，右下区突出，上仰横，甩笔竖，圆弧折，针状收笔，力度轻，速度快，随便放纵，曲线多，柔和，锋芒亦展亦收。

② 不同点

行间距的有无，字间距的有无，刚柔相济与否，下区突出与否，长竖明显与否。

（2）综合分析结论

① 性格

a. 性情温和，温文尔雅，待人热情，易与人相处。

b. 性格可塑性强，圆滑，灵活多变，善于有目的地改变自己的行为，不够真诚而表现出虚伪的一面。

c. 性情比较急躁，情绪不稳，容易冲动。心态比较浮躁，对未来的发展前景信心不足。（性格比较懦弱，缺乏自信，处事优柔寡断，独立性和主见不强，缺乏竞争意识。）

d. 理智，善于忍耐而不轻易对抗，能屈能伸。

e. 兴趣面较广，也有比较深入的爱好，有实施具体行动的愿望。（但缺乏深度。）

② 感情

a. 感情丰富而细腻，有些多愁善感。

b. 内心较敏感，有自己的见识，但容易凭感觉办事。（缺乏明确的主见。）

c. 待人不够真诚，虽外在表现不错，但防范心较强，易出现朋友虽多却都是泛泛之交的情形。

d. 意志力中等，既能够坚持自己的立场，也能在压力下作出某种妥协。（意志不够坚定，缺乏执着追求的勇气，内心目标易变换而易于在恋爱中受挫。）

③ 能力

a. 领导能力不足。在包容力、亲和力、（忍耐力）管理能力上表现不错，但领导能力、决策能力、忍耐力和影响力方面有所不足。

b. 心理素质中等。在心理适应力、情绪控制能力、责任感、果断性和内在修养方面表现良好；在责任心、事业心、冒险精神、敬业程度、心理承受力、情绪紧张度、抗挫折能力、创业素质方面表现一般。（在创业素质、责任感、果断性以及冒险精神方面需要加以完善。）

c. 适应能力较强，能够适应各种工作环境，善于学习和包容。

d. 智商中等偏上。其中反应能力、应变能力、分析、判断能力和理解能力较强，观察、注意、记忆、管理、组织、运筹、规划能力以及语言文字表达能力一般。（但管理、组织、分析、判断力以及注意力方面需要加强培养。）

e. 社交能力中等。待人热情，随和宽容而圆滑，易与人合作共事。在人际交往中有一定的自信心和胆量，能够独立思考并合理处理问题。（胆量较小，缺乏自信，不够独立，易在交际中缩手缩脚。）

f. 人际关系方面表现良好。在 EQ、人际交谈、受欢迎程度和人际冲突解决方面表现不错，在人际关系处理能力、人缘、交友以及让人信任方面表现中等。

g. 行动能力较强，勇于实践，能够就具体事物进行深入钻研，有一定的开拓与冒险精神。在恒心和意志力方面表现一般，主要是受心态浮躁的影响所致。（行动能力不足。在冒险、开拓、钻研探索、策划以及意志力、恒心方面都有所不足。）

h. 具有很强的交流和沟通能力，善于倾听别人的意见，能与人有效地合作。在当前职业上没有很高的目标，行动动力不强，缺乏钻研创造的精神，工作效能一般。

（3）事业发展建议

① 在服务行业上具有较强的性格优势，能够很好地胜任这类工作，可以考虑在立足本职工作的同时，培养并深入钻研感兴趣的新事业，为向其他行业转换作准备。可以在咨询、教育以及社团工作方面进行尝试。

② 计算机和IT行业对个人素质有很高的要求，在智力上需要具有很强的数字推理、序列推理、空间辨认能力；在个性方面，需要具有深思熟虑的头脑，甘于寂寞的心态；在兴趣方面，要有很强的组织能力和实验能力。如果想在IT行业取得成绩，有一个较长时间的经验积累过程，短期内可能没有立竿见影的效果。只要保持稳定的心态，坚持不懈，取得事业的突破是完全可能的。（如果需要在短期内取得成效，建议不应把这个行业作为事业的重点发展方向。）

③ 已经具备了适度的事业野心和实践能力，只要本人努力向更高层次发展，培养出独当一面的领导能力应该不是太难。在当前没有改换其他职业的可能时，可以在做好本职工作的情况下努力展现出自己的实力，以获得上级赏识，从而找到升迁的机遇。（当前事业野心不强，缺乏独当一面的能力，缺乏领导魄力，因此依靠自己的能力获取高层职位比较困难。但很适合作为领导的副手或参谋，可以依靠领导的提拔来提升自己的社会地位。）

（4）点评

从上文可以看出，准备合格的笔迹材料是极为重要的，如果书写者在心态或情绪正处于不稳定状态或书写空间受到较大限制的情况下，分析这样的笔迹材料就很容易产生较大偏差。因此，对于这种类型的书写材料以及简历、报告等刻意讲究书写规范和美观的笔迹材料最好不要采用。

参考文献

[1] 铧芜，冰泳．笔迹心理探秘［M］．合肥：黄山书社，1992.

[2] 刘兆钟．笔迹探秘［M］．上海：上海科技教育出版社，1997.

[3] 韩进．从笔迹看性格［M］．北京：中国城市出版社，1998.

[4] 徐庆元．笔迹与心迹［M］．贵阳：贵州省新闻出版局，1999.

[5] 郑日昌．笔迹心理学［M］．沈阳：辽海出版社，2000.

[6] 赵庆梅．笔迹分析与测试［M］．沈阳：辽宁人民出版社，2001.

[7] 马鹏程．笔迹与心迹的感悟［M］．沈阳：白山出版社，2003.

[8] 陈今朝．笔迹个性分析技术［M］．北京：中国城市出版社，2005.

[9] 马鹏程．汉字笔迹心理学［C］．沈阳：辽宁大学出版社，2006.

[10] 俞文钊，吕建国，孟慧．职业心理学［M］．大连：东北财经大学出版社，2007.

[11] 曹操战．职业能力测试范本［M］．广州：暨南大学出版社，2006.

[12] 巴瑞特，拉塞尔，卡特．国际高智商协会素质测试手册［M］．海口：南海出版公司，2004.

[13] 余琴．管理新招：看笔迹用人［N］．广州日报，2008-09-01（C5）.

[14] 竺大文．撩开笔迹分析的神秘面纱［N］．浙江日报，2009-02-27.

[15] 邱予．夫妻积怨十年闹离婚 笔迹分析揪出心魔［N］．厦门商报，2010-02-02（A9）.

[16] 任宝华．笔迹分析到底有多神［N］．楚天金报，2009-10-19（5）.

笔迹学工作联盟简介

笔迹学工作联盟 2016 年元旦年会合影

前排左起：沙勇革　罗峻　李峰　陈云　文千　傅伟群

笔迹学工作联盟成立于 2013 年 1 月 1 日，由李峰、文千、罗峻、陈云发起成立。是一个从事笔迹学研究、交流和推广的自发性团体。

笔迹学工作联盟本着“技术创造梦想”的理念，汇集笔迹学专业人士，促进研究，探索应用，交流技术，共同成长，以“开放，专注，互助，分享”为团队精神，努力开创笔迹学发展的繁荣之路。

目前，笔迹学工作联盟成员已发展到 23 人，分别来自于北京、南京、咸阳、武汉、宁波、大连、汉中、广州、深圳等多个地区。涵盖教育、人力资源、心理咨询、企业管理、新闻等不同领域。

联盟总部设在南京，每年定期召开工作会议，同时为促进成员不断成长，也定期和不定期地进行成员内部的学习培训和研讨，努力提高联盟成员的整体技术水平。联盟成员个人也在当地通过宣传、讲课、教学以及分析实践等各种方式不断推动和促进笔迹学的发展。

笔迹学工作联盟拥有雄厚的师资力量和专业的教学队伍，常年开办笔迹学的培训课程。

主要专家和讲师：

（1）李峰（北京），中国笔迹学会（筹）副会长，笔迹读心网创办人，笔迹触觉分析专家。

（2）陈云（南京），中国笔迹学会（筹）副会长兼秘书长，《汉字笔迹心理分析》著者之一，笔迹沙盘疗法创始人，笔迹心理分析专家。

（3）罗峻（武汉），中国笔迹学会（筹）副秘书长，笔迹分析统计法创始人，笔迹特征分析专家。

（4）文千（西安），中国笔迹学会（筹）副会长，笔迹心灵禅创始人，笔迹意象分析专家。

（5）傅伟群（宁波），中国笔迹学会（筹）副秘书长，九型人格导师，笔迹学培训导师。

笔迹学工作联盟官方网站：笔迹读心网 www.du-xin.com。

作者联系方式

Q Q 号：851547269

微 信 号：luojunlaoer

电子邮箱：851547269@qq.com